WAC BUNKO

近衛文麿

野望と挫折

林 千勝

WAC

はじめに——近衛文麿は自殺ではなかった！

「戦争」と「経済」の関係を仕切るのは「政治」です。「戦争」を考えるとき「政治」は避けて通れません。そして日米開戦へいたる激動の時代、「政治」の中枢にいたのは青年宰相近衛文麿《このえふみまろ》でした。

彼は、わたしが言うところの「扇の要《おうぎかなめ》」に位置していたのです。

近衛文麿について高名な歴史学者は、「近衛文麿という人物は、軍部や官僚、右翼、左翼から最高指導者として待望されましたが、本当は何がしたかったのか、これがまず見えてきませんん。彼をめぐる諸勢力の動きも複雑に入り組んでいます」と述べています。

「何がしたかったのか」がまず見えてこない……、これが近衛についての定説です。

けれども、暗がりでものを捜すように凝視《ぎょうし》して、「まず見えてきません」というところのものが初めはおぼろげながらも、しかし、だんだんはっきり「見えてきてしまった」としたらどうでしょう。

近衛の行動は、一見、複雑でわかりにくいといわれています。変わり身が早いようで、優柔不断とも見られてきました。

しかし実は近衛の人生には一貫した明確な筋が通っていたのです。彼はきわめて主体的だったのです。己の名誉と栄光を手にするために、極めて自己本位的に利用できるものは、天皇でもコミュニストでも自分の子供でも見境なく利用したのです。

そのため、アメリカに留学した長男・文隆も、帰国後は自分の秘書官として働かせたり、陸軍の召集のままに満洲に派遣させたりしています。挙げ句の果てには、文隆は、凍土のシベリアに拉致・抑留され、ソ連・スターリンによって、日ソ国交回復の一九五六年(昭和三十一年)に、病死という名の「謀殺」「圧殺」によってラーゲリで短い生涯を終えています。ソ連のスパイになることを強要されたものの拒絶したための死でした。

息子のそうした壮絶な死を、昭和二十年十二月に「自殺」したとされる近衛は知る由《よし》もありませんでした。

本書では、近衛文麿のそうした野望と挫折の生涯を追いながら、「見えてきてしまった」ものを徐々に解き明かしていきます。そしてはっきりと、ついには克明に叫びます。

近衛は、自分が利用した勢力によって、実は「謀殺」されたのだ——と。青酸カリを使用しての「自殺」とされている彼の荻外荘《てきがいそう》での最期の日々の数々の矛盾や不可解な行動も本書で解き明かしていきます。

こういう叙述で、近衛の生涯を追究したノンフィクション作品は、私の知る限りいままでなかったと思います。初めての試みといっていいかもしれません。

ちなみに、わたしは、拙著『日米開戦　陸軍の勝算――「秋丸機関」の最終報告書』（祥伝社）で昭和前半期の「戦争」と「経済」の関係を語りました。

七十二年前のあの戦争は、勝算もないまま、無計画で非合理で無謀なものだったのか。開戦を決意した日本陸軍はやみくもに突入したのかについて、私は、「陸軍省戦争経済研究班」の報告書を詳細に調査し、少なくとも陸軍は、科学性と合理性に基づいて開戦に向かったことを明らかにしました。「秋丸機関」と呼ばれた研究班は、第一級の英才を動員し、英米の経済力を徹底研究し、米国とは総力戦を戦わないことを前提に勝算ありと分析していたのです。また、「経済」の面から「戦争」をあきらかにする見方も示しました。

しかし、そこで話していない大切なことがあります。それは「政治」です。その「政治」について、本書で語り尽くした次第です。

また本書によって、グローバリズム勢力に支配され、その傘下の共産主義勢力に浸透されている戦後日本政治のあり方の原型が、近衛政権だったということもわかるでしょう。

なお、本文で引用した文献については、原文を読みやすいように現代表記に改めたり、振り仮名を付けたところがあります。また、一部を除いて、引用文献をその都度明記はしていませんが、すべては、文末の参考文献と照合できます。また、敬称は原則として省かせていただきました。

林　千勝

二〇二三年（令和五）六月

近衛文麿

野望と挫折

目次

装幀／須川貴弘（ＷＡＣ装幀室）

本書は２０１７年11月25日発行の『近衛文麿　野望と挫折』を
加筆・修正し、ワックＢＵＮＫＯ化したものです。

第一章　この世をば

この世をば

世界には有名な家系が数多くあります。そのなかでも由緒《ゆいしょ》ある歴史をもつ藤原氏は、皇室に次いで稀有《けう》な存在といわれています。近衛家は藤原氏のなかで代表格の家です。

本書は藤原氏のおこりからはじめます。


いまからおよそ一千四百年前の皇極《こうぎょく》四年、すなわち西暦六四五年。

中臣鎌足《なかとみのかまたり》は中大兄皇子《なかのおおえのおうじ》（のちの天智《てんち》天皇）とはかって、天皇をおびやかし政界を壟断《ろうだん》する蘇我《そがの》入鹿《いるか》を暗殺して功をたてました。蘇我氏をほろぼし、有名な大化の改新を成し遂げるのです。

「中臣」は瓊瓊杵尊《ににぎのみこと》の高天原からの降臨に同道した天児屋根尊《あめのこやねのみこと》の子孫といわれ、天皇と人とを仲介する氏の名です。

のちに鎌足が病床につき死を目前にしたとき、天智天皇は功をたてた鎌足を称えて「藤原」の姓をさずけます。これが藤原氏のはじまりです。鎌足が藤原氏の祖であります。

「藤原」の名は鎌足の生地である大和国高市郡藤原にちなんだものといわれています。

鎌足の子である不比等《ふひと》がその姓をひきつぎ、以後、不比等の流れが「藤原」と認められたというのが通説です。

藤原氏一族、子々孫々の栄華《えいが》はすでによく知られています。藤原道長《みちなが》はもっとも有名です。きらびやかな貴族文化をイメージする人も多いでしょう。

しかし、藤原氏についてのそうではない面、裏面というべきものが、次のように語られています。

藤原氏は鎌足以来、日本の頂点に君臨しつづけました。

けれども、それは皇統のためではなく藤原家自身の繁栄のためでした。

藤原氏にとって「天皇」は、藤原氏の権勢を保持するための道具であり、寄生し養分をすいとる対象であったのです。藤原氏は娘を天皇に入れて皇后とし、天皇の外戚《がいせき》となることによって揺るぎない権勢を手にいれました。十世紀から十一世紀にかけて栄華《えいが》を誇った藤原道長は、三人の娘を皇后とすることに成功しています。

「この世をば　わが世とぞ思ふ望月《もちづき》の　欠けたることもなしと思へば」はあまりにも有名な藤原道長の絶頂期の歌です。

天皇に入れる娘をしっかり準備しておくために娘の数は多ければ多いほどよかったし、さらに閨閥《けいばつ》を広げるために娘だけではなく息子も多ければ多いほどよかった。

だから子どもをどんどんもうけ、正室《せいしつ》も側室《そくしつ》も競って藤原の子を宿しました。

単純に歴代天皇の母親の姓をみた場合、百二十五人中三十一人が藤原姓です。じつに四人に一人です。

皇統の血は藤原で塗りつぶされたといっても過言ではないほどです。

皇后の産んだ子はもっとも有力な皇位継承候補になるので、その皇子たちを藤原氏は「わが子」として手なずけます。藤原氏の意にそむく天皇は強引に退位させられました。

奈良時代から平安時代にかけて藤原氏は律令《りつりよう》（法律）を支配することに邁進《まいしん》します。

律令を自分たちに都合がいいように解釈し、「天皇の命令」という錦《にしき》の御旗《みはた》をかかげて朝廷を独占するのです。天皇を傀儡《かいらい》とし、律令の枠にとらわれない自由を藤原氏だけが謳歌《おうか》しました。

そもそも日本の律令は支那《しな》とは違って合議制を前提にととのえられたものでした。しかし藤原氏により、この前提は踏みにじられていったのです。

藤原氏は莫大《ばくだい》な富も手に入れました。

高位高官には下位の官僚とは比べようもないほどの封禄《ほうろく》が与えられます。したがって高位高官を独占する藤原氏に富が集中していきました。律令の整備によって、豪族は支配していた土地を手放し、生き残りのために高い官位と役職をのぞみました。

朝廷の人事権は原則天皇が握り、その天皇を動かすのが藤原氏でした。

ですから、かつての豪族たちはみな藤原氏にすりよるほかに生きる道がなかったのです。

潰《つぶ》す。

「藤原は日本中の土地を手にいれた」

羨望《せんぼう》をもってそのようにも言われてきたのです。

藤原氏の狙いは一党独裁です。すり寄るものは生かすが、そうでないものは容赦《ようしゃ》なくたたき潰す。


やり方は手段をえらばず陰惨で残酷でした。そして抜け目がないのです。儀式も、行事も、勤めも、日常も、遊びも、教養も、恋愛も、そしてもちろん結婚や出産、養育も、すべてが戦いの舞台でした。下策《げさく》な相手はすぐに潰されます。

これが藤原氏の血であり伝統なのです。したがって代々、「藤原を恨む」という声がいたるところで秘《ひそ》かにささやかれてきました。


藤原氏の源流は百済《くだら》という説もあります。

「力のみが正義」という大陸的な発想をもっていたからでしょうか。

「和《わ》を以《もっ》て貴《とうと》しと為《な》す」の聖徳太子の理想とは根本的にあいいれません。藤原氏は、聖徳太子がえがいた理想を利用しながら、律令の完成直前の混乱に乗じて藤原氏のためだけの世を築いたのです。日本は藤原氏の私物と化したといっても過言ではなかったのです。


中世にいたり貴族社会が没落したあとも、藤原氏は巧妙に武家社会に血脈をひろげ、ときの権力者と陰でつながるやり方を保ちつづけました。

そして、近世の貧窮《ひんきゅう》の時代をのりこえて、明治維新とともに鮮やかによみがえります。明治新政府は、旧公卿《くげ》と諸侯《しょこう》とをあわせて「華族」としました。

皇統も受けている近衛家は藤原氏の代表格の家であり、天皇に近い一族として持ちあげられました。近衛家は藤原氏嫡流《ちゃくりゅう》の五摂家《ごせっけ》の筆頭として、歴代当主は各時代の政治や文化におおきな足跡を残してきました。

五摂家とは、七世紀の権力者藤原不比等の四人の男子、武智麻呂《むちまろ》、房前《ふささき》、宇合《うまかい》、麻呂《まろ》のうちの房前の末裔《まつえい》、藤原北家《ほっけ》が五つにわかれた、近衛、九条、二条、一条、鷹司《たかつかさ》の各家をさすものです。道長は藤原北家です。五摂家は代々摂政と関白を独占的に輩出する家柄として貴族社会の頂点に位置してきましたが、近衛家はその五摂家のなかでも筆頭として特別な存在だったのです。

さらに江戸時代初頭、近衛家十七代信尹《のぶただ》は継嗣《けいし》を欠いたため、異腹《いふく》の妹が後陽成《ごようぜい》天皇とのあいだにもうけた第四皇子を養嗣子にむかえました。したがって以後、近衛家のことを皇別摂家《こうべつせっけ》ともいいます。

さきほどもふれましたように近衛家は有力大名の系譜との間でもさかんに門閥《もんばつ》を形成してきました。この傾向はずっと変わりません。

近衛文麿の祖父忠熙《ただひろ》は幕末に左大臣として朝廷の頂点にあって公武合体を推進した人物でし

た。この忠煕と子の忠房《ただふさ》の夫人はともに薩摩藩主島津家の養女で、忠房の子である篤麿《あつまろ》の夫人は加賀藩主前田家の五女です。なお、忠房が夭折《ようせつ》したため篤麿は忠煕の養子となったのです。ちなみに、篤麿の子である文麿の夫人は豊後佐伯《ぶんごさえき》藩主毛利家の次女の千代子です。文麿の次女温子は熊本藩主細川家の細川護貞《もりさだ》に嫁《とつ》ぎました。

千数百年にわたって権力に執着しつづけてきた藤原氏。

藤原氏の血にとっての最上位の価値観は、残念なことですが本来的に皇統への崇敬《すうけい》にあるとはいえません。

その末裔の筆頭、近衛文麿は、ことのほか藤原の血への信仰が篤《あつ》かったといいます。

近衛は「藤原文麿」と刻まれた印鑑をこよなく愛しました。

彼は昭和天皇に政務を上奏《じょうそう》するとき、椅子の背にもたれて座り、ながい足を組んだまま、ときには組みかえて、すずしい顔をしていました。重臣《じゅうしん》たちであれば謹厳《きんげん》そのものの姿勢で立ったまま、ほとんど腰をかけなかった椅子です。

近衛は、因習的な権力や権威を過度にありがたがる風潮を嫌悪していたのだと説明されています。

近衛より十歳年下の昭和天皇は早くからしっかりと帝王学を身につけ聡明で慈悲深く、極めて伝統的でありつつも開明的で親英的な思考をもたれていました。

近衛の態度には、そんな「天皇」なにするものぞ、という潜在意識が反映していたのでしょう。

近衛の秘書であった牛場友彦は戦後、近衛を次のように評しています。

「公家《くげ》の血ですよ。これはほんとうに常人と違うからな。それは冷酷なこと、とことん冷酷、ひがみが強いという点もありますよ、それは。あんちきしょうなんて……あの目がいかん、近衛さんの目が、へびのような目ですよ、あれね」

直《じか》に近衛に接していたものにしか語ることのできないリアルな表現です。

そして、「またなかなか人を信用しないんだな。寂しい人ですよ。……一人もないというんだ、自分の尊敬する人は」。

近衛は誰をも尊敬していなかったという証言です。

近衛自身も次のように述べています。

「親しめども信ぜず、愛すれども溺れず……これが関白というものの信条だったのよ。これで近衛家は七百年におよぶ武家政治を切り抜けて来たのよ」

このような近衛文麿がもっとも偉大な祖先、藤原道長の絶頂期の歌を口ずさみ、「かくありたきものよ」と感慨にひたったとしても不思議はないでしょう。そうならば、近衛は世上の動きをとくと眺めながら覇権《はけん》というものについても十二分に思いをめぐらしていたことでしょう。

「この時代、外国（ソ連と米国）の勢力を利用しない手はないではないか。しからば、そのために、まずは共産主義者と陸軍を使ってみなければ面白くない」などと。

公家はみずから軍事力をもたないので伝統的に外部勢力を利用してきました。

戦後戦犯容疑で巣鴨《すがも》プリズン（拘置所）に収容された陸軍の武藤章は、次のように記しています。

「明治天皇は英明にあらせられて、維新の功臣たちを周囲に置かれた。彼らは公卿《くぎょう》ではなかった。大正、昭和の御代《みよ》となるに従い、明治の老臣は亡び、逐次《ちくじ》再び公卿又は公卿化された人々が天皇の周囲に集まった。彼らは或る勢力と或る勢力とを争わせて、その間に漁夫《ぎょふ》の利《り》を占めることを能とする。……日本の歴史は公卿の罪悪を隠蔽《いんぺい》して、武家の罪のみを挙示する傾きがある。大東亜戦争の責任も軍人のみが負うことになった。武人文に疎《うと》くして歴史を書かず、日本の歴史は大抵公卿もしくはこれに類する徒が書いたのだから、甚《はなは》だしく歪曲《わいきょく》したものと見ねばならぬ」

近衛は美しい月が好きでした。邸宅の風呂場の浴槽から月が見えるようにと、窓を曇りガラスから透明ガラスに替えさせたというエピソードが残っています。浴槽から満月を眺めて「ああ、とてもいい心持だ」とご満悦であったことでしょう。

近衛のひとみには、道長がみたあの望月の光が千年の時空をこえて、しだいにはっきりと、そして燦然《さんぜん》と映じられていったのです。

この世をば　わが世とぞ思ふ望月の　欠けたることもなしと思へば

我が闘争

その日近衛家は大変な興奮に包まれました。二百五十年ぶりに正室の腹に世継《よつ》ぎが生まれたからです。

近衛文麿は明治二十四年（一八九一年）十月十二日、東京市麴町区の屋敷《やしき》で、ドイツ留学を終えアジア主義者となって帰ってきた篤麿と正室衍子《さわこ》の子として産声《うぶごえ》を上げました。

鎌足から四十六代目、近衛家の創始者基実《もとざね》から二十九代目です。屋敷は今日の九段下から九段会館を曲がった先の一角。当時このあたりには華族の大邸宅が並んでいました。

祖父近衛忠熙《ただひろ》はかつて孝明《こうめい》天皇を補佐した関白であり、八十三歳でなお元気でした。近衛家の嫡子の誕生をことのほか喜び、みずからが名づけ親となることを楽しみにしていました。

その日忠熙が屋敷のうしろの庭に出てみると、ちょうど宮城《きゅうじょう》の濠《ごう》から出てきた亀が五匹そろっているのを目にしました。珍しい吉事《きちじ》です。

漢籍に明るい忠熙がさっそく支那《しな》最古の辞書「爾雅《じが》」をひもとくと、「五を文亀《ふみがめ》という」と書かれていました。なぜ「五を文亀という」のかは浅学菲才《せんがくひさい》のわたしには定かではありませんが、とにかく、支那最古の辞書にそう記されていたのです。

そのために誕生した嫡子は「文麿」と命名されました。七日間、近衛家、そして親戚の前田家、島津家がうちそろって祝い事が続きました。

ところが衍子が出産後八日目に産褥《さんじよく》熱《ねつ》で亡くなってしまったのです。祝いが悲しみに転じてしまいました。

一年後喪《も》があけて、いつまでも文麿を乳母《うば》たちだけで育てることもままならず、篤麿は衍子の妹で前田家の六女の貞子《もとこ》と再婚したのです。

文麿は長じるまで、そのことを知らされずに育ちます。知ったときのショックはとても大きく、文麿の心は人間不信で満たされたといいます。

文麿を主に養育したのは継母《ままはは》の貞子ではなく「奥」の「老女《ろうじよ》」でした。「奥」や「老女」は華族家庭の伝統的な制度です。養育に関しては母親ではなく「老女」がある意味で幅をきかしていたのです。さらに文麿が五歳になってからは、旧小田原藩士の未亡人で教育者の女性を養育係としました。

父篤麿は、貴族院議長や学習院院長そしてアジア主義の盟主として活躍します。

一方、血族と数十人の家臣らを対象とした「陽明会」という親睦団体をつくって近衛家家憲・家則を制定するなど家の哲学の継承にも努めています。

文麿が学習院初等科を終えて中等科に進んだ翌年の明治三十七年元日、今度は父篤麿がアクティノミコーゼ菌に体中をおかされるという難病で亡くなります。篤麿四十歳の早すぎる死でした。

中学一年生、満十二歳の文麿が近衛家「当主」となり公爵を襲爵《しゅうしゃく》しなければならなかったのです。後見人は、実業家、衆議院議員、貴族院議員、元日銀総裁、有力判事などそうそうたるものでした。

しかし篤麿の死後、篤麿が主宰していた対支那外交、学校建設、北海道拓殖などの事業への出資者たちが目先のことだけを考えたのでしょうか、返済を求めて近衛の屋敷におしかけてきたといいます。

これを目の当たりにした文麿は世間の薄情を肌で感じたのでした。

このようなとき篤麿の同士であった頭山満《とうやまみつる》らがしばしば借金取りを追いかえす役を演じ、文麿をまもったそうです。

明治四十二年三月、文麿は学習院中等科を卒業しました。

この間、第一高等学校校長新渡戸稲造《にとべいなぞう》の「人格の完成」についての講演をきく機会があり文麿はおおいに感銘を受けています。そのためか、多くの卒業生たちがそのまま学習院高等科へ進むなかで、文麿は入学試験をうけて第一高等学校英文科に入学したのです。文麿の本心には、「華族」のくびきから逃れたいという気持ちもあったのでしょう。

この一高で同じクラスになったのが生涯の友となり、のちに文麿の死の直前にも立ち会うことになる山本有三と後藤隆之助です。

一高時代、文麿十八歳のとき、おおきな事件がありました。

明治天皇が本郷の前田家に行幸《ぎょうこう》する運びとなったのです。前田家にとっては光栄のきわみです。送迎には前田家だけではなく姻戚である近衛家の面々も参列するのが当時のならわしでした。文麿の実母、その妹の継母ともに前田家の出でしたので、兄弟たちは皆うちそろって参列しました。

しかし「送迎役」として期待された近衛家当主の文麿は断乎として参列しなかったのです。翌々日には皇后の行啓《ぎょうけい》もありました。これにも文麿は参列しませんでした。文麿は天皇・皇后への反抗的な姿勢をかたちにしたのです。

さらに、文麿が二十歳を迎えた十月、天皇から杯《さかずき》を賜り従五位に叙せられることになりました。たいへんな栄誉です。当然のことながら、宮中に参内《さんだい》しなければなりません。

ところが文麿は、なぜか数日前から日光へ行ってしまいました。すぐに帰京するように再三の催促をうけ、ようやく前日に東京に戻ります。

しかし文麿は馬鹿馬鹿しいと考えたのか、結局これも断乎として参内しなかったのです。恐らくこのような態度をとるものは当時の日本人にはほかにいなかったでしょう。

文麿はこのように激しい軋轢《あつれき》をおこしながら一高時代を過ごしたのです。天皇への反感を抱き、少なくとも素直になれない文麿の魂は人生の闘いの道しるべ、すなわち自らの思想を求めました。そして文麿にとってはこの思想が時代の「正論」という力を宿していることが必要でした。

ここからは文麿を「近衛」と表記していきます。

一高を卒業した近衛は、第一志望であった東京帝国大学法科が不合格となり第二志望の哲学科に入学します。この哲学科の中心は天皇中心の国家主義であったといいます。近衛はすぐに失望し、一カ月あまりで京都帝国大学に入りなおします。ただし法科です。法科でマルクス経済学を教えていた河上肇《はじめ》教授に魅《ひ》かれたなどが理由として語られています。

京大では学習院出身の木戸幸一、原田熊雄と合流しました。

運命的な出会いです。近衛、木戸、原田はやがて昭和の激動のなかで宮中政治の舵《かじ》とりをになうことになる三人です。京大には一高出身の後藤隆之助もいて、京大ではじめて親しい関係となりました。

近衛の京都でのくらしは女中と塚本義照という十代の住み込み書生つきで、毎月大卒初任給の三倍の仕送りをうけていました。きわめてめぐまれた環境が用意されたのです。

近衛は大学では法学部にもかかわらず法律の勉強をせず、西田幾太郎《きたろう》の哲学や河上のマルクス経済学などに接し共鳴するところが多かったようです。

近衛はオスカー・ワイルドの「社会主義下の人間の魂」を翻訳して「社会主義論」の表題で『新思潮』という雑誌に二号にわたって発表します。『新思潮』は菊池寛、山本有三ら一高時代の友人たちがはじめた文芸雑誌です。

この論文は、「私有財産制を諸悪の根源」と説き、社会主義を理想的に賛美します。「人類の目的は労働ではなく教化された安楽にあり、科学と社会主義は新しい個人主義（自由主義）によって使いこなされるべきだ」というような警句に富んだ文章でもあります。権力や刑罰を否定し、一種の無政府主義に通じているともいわれます。

ところで近衛は京大在学中の二十二歳のとき、佐伯藩毛利家当主の次女で女子学習院に通う十八歳の千代子と結婚します。学習院中等科時代に通学途上で見初《みそ》めて以来、恋心を募《つの》らせていました。

千代子は誰もがふりかえる女優のような美人で、かつ健康的な女性であったといいます。近衛は美形《びけい》好きです。

新居は吉田山のふもとにかまえました。結婚から二年後にはめでたく長男文隆が生まれます。この年、近衛は留年します。悠々自適な学生生活でした。一年半後こんどは長女の昭子が生まれます。すると、近衛は祇園《ぎおん》に通いはじめるのです。近衛ひとりで座敷に十人ほどの芸者を呼んで盃を干《ほ》しながら気にいったのを選びました。ついに選んだのが〝藤菊〟という源氏名の芸者です。

近衛と親交を結んでいた作家の有馬頼義《ありまよりちか》はこのときの様子を次のように伝えています。ちなみに頼義は、後に近衛がすすめる新体制運動の中心人物有馬頼寧《よりやす》の三男です。

「その瞬間から、菊は近衛の持ち物になった。囲うか、そのまま商売に出しておくかは近衛の自由であったが、菊の一生は、それで決定した。これも厳しいものであった。女が、ほかの男に心を移してはならない。これを、女将《おかみ》が看視するのである。二人の間に、そういう関係が成立すると、それは公然であった」

大正五年秋、近衛二十五歳、藤菊二十一歳のときです。

京大時代、近衛は世襲公爵議員として貴族院に議席をあたえられました。

住友家が京都に建てた清風荘にすむ最後の元老西園寺公望《さいおんじきんもち》を近衛が訪ねたのも京大時代です。

貴族院議員として政治への関心もおおきくなりだしていました。西園寺は、政権与党である立憲政友会前総裁で元首相、親英米派の巨頭です。

西園寺は四十二歳年下で学生服姿の近衛を五摂家筆頭当主として遇して丁重に「閣下、閣下」と呼びました。近衛はかなり当惑し、違和感を覚えたといいます。

実は西園寺はかつて十四歳年下の篤麿の渡欧の面倒をみたときにも「閣下、閣下」と呼んだのです。近衛は親子で西園寺に丁重に遇され、かつ世話になり指導をうけたのです。

西園寺は将来性をおおいに感じさせる五摂家筆頭当主の青年近衛が気にいり、これ以降、国を背負う存在となるようにと期待をもって師匠的な役割をはたしていきます。

大正六年ロシア革命の年、近衛は京大を卒業し、国家学専攻で大学院に籍をおきました。

大正七年には東京にもどり、貴族院に議席をもちつつ目白の本宅から内務省文書課に事務嘱託《しょくたく》としてつとめはじめます。新渡戸稲造と西園寺公望の紹介による内務省への就職です。

これにあわせて、二十二歳になった菊は近衛の手当《てあて》により東京に移ります。

菊は目白の本宅にほど近い雑司ヶ谷にある感じがよい家に身を落ちつけます。近衛がみずから探しまわってみつけた新築の四部屋の日本家屋です。菊の生活費、遊興費、女中の給料などはすべて近衛がだします。

大正七年十一月には菊は女子を出産しました。古いしきたりに従って菊は近衛家から第二夫人と認められ、お祝いの品々が届けられました。近衛は、講和会議へ随行中のパリから「幸子」

と手紙で名づけました。

ところが近衛はパリ講和会議の前後から菊に会わなくなってしまいます。やがて菊に近衛からの暇の申し渡しが伝えられます。かわいそうに菊は幸子を抱いて京都に戻っていくのです。

しかし近衛家はその後、養子入りや結婚の世話など幸子への援助をつづけました。幸子は家庭をもち子供をもうけたころ、父親である近衛とはじめて会うことができました。

藤菊はこのような経緯を『婦人公論』昭和三十二年四月号に「近衛文麿公の蔭に生きて」と題して寄稿し世にひろくあきらかにしています。

本宅の千代子は手先が器用で家事が得意な良妻賢母でした。

料理、裁縫、刺繡《ししゅう》などの腕は抜群です。小さいころから野山を駆けまわっていたので運動神経も抜群で、ゴルフでは女子選手権を三井財閥家の三井幸子夫人と争います。

一方、文学や芸術、哲学には興味がありませんでした。だから近衛とは話があいません。

華族の従来からの風習とはいえ、近衛との結婚によってことのほか耐え難い境遇におかれた千代子は、懸命に子供の面倒をみることで気を紛らわすのです。

ふたたび有馬頼義に登場してもらいます。

有馬は近衛夫妻について次のように観察していました。

「近衛が毒をあおいで死んだ直前、夫人は次男の通隆が、近衛の部屋を調べようと云ったのに対して、『私はお考えの通りになさるのがいいと思うから、探しません』と云って、結果的には近衛の自殺をふせごうとしなかった事実があり、常識で云えば、これが『相思相愛』の夫婦であったとは思えない……」

さて、近衛の内務省づとめは、ときおり次官の指導で行政の勉強をする程度のものでした。近衛はこの間みずからの考えをまとめていました。

大正七年十二月、第一次世界大戦がほぼ終結したころ、近衛は「英米本位の平和主義を排す」と題する重要な論文を、篤麿恩顧《あつまろおんこ》のアジア主義者が主宰する雑誌『日本及日本人』に発表しました。二十七歳のとき近衛の我が闘争が、思想闘争としてはじまるのです。

この論文で近衛は次のように主張します。

英米人のいう平和とは、自己に都合のよい「現状」のことである。それに人道主義という美名を冠したにすぎない。

「第一次世界大戦は専制主義・軍国主義に対する民主主義・人道主義の戦いだ」と英米は主張し、「暴力と正義、善と悪の争いだ」とも言っている。

しかし、英米などの列国が植民地とその利益を独占しているような現状は人類の「機会平等の原則」に反していて「各国民の平等生存権を脅かすもの」である。

したがって、むやみな武力行使を認めるわけではないが、そうした現状を破壊しようとするドイツの行動は「誠に正当な要求」であった。

そして英国が早くも自給自足政策を唱えて植民地の門戸閉鎖をさかんに論じていることを指摘しています。

「かかる場合には、わが国もまた自己生存の必要上、戦前のドイツの如くに現状打破の挙に出る」ようにならざるを得ないとしています。

つまり、英米は正義だ人道だと大義をかかげているが、実は「英米本位の平和主義」であり、欺瞞《ぎまん》に過ぎないのだという主張です。

近衛は、日本国内の風潮も厳しく批判します。

日本にも「英米本位の平和主義にかぶれ国際連盟を天来のごとく渇迎する態度あるは、実に卑屈千万にして正義人道より見て蛇蝎《だかつ》視《し》すべきものなり」。

この論文を発表してまもない大正八年一月、近衛は西園寺公望を全権とする日本代表団の随員としてパリ講和会議に参加するとともに十カ月にわたる欧米視察旅行にでました。

パリ講和会議とは、第一次世界大戦後の講和条件と国際連盟を含めた新たな国際体制構築について討議した会議です。ベルサイユ会議と呼ばれました。

日本代表団は六十四名で、全権の西園寺や次席全権の牧野伸顕《のぶあき》元外相をはじめとして、随員として近衛文麿、吉田茂、松岡洋右《ようすけ》、重光葵《しげみつまもる》、芦田均などのちの日本政界で活躍する人物が参加しています。牧野伸顕は篤麿が設立した東亜同文会会長です。牧野は女婿《じょせい》の吉田茂を秘書として同行しました。松岡洋右は外務書記官で報道班の担当でした。近衛と吉田と松岡の関係がこのときからはじまりました。

途上、上海に寄港したおり、近衛はフランス租界に亡命中の孫文《そんぶん》と会談します。孫文は近衛の論文「英米本位の平和主義を排す」を読んで近衛に共感していたのでした。近衛にとって嬉しいできごとでした。

パリ講和会議で近衛が目のあたりにしたものは、やはり自国に都合のよい国際秩序ばかりを主張し、日本が提唱する人種差別撤廃案には頑強に反対する英米の姿でした。近衛は大きなため息をつきます。

しかし近衛はただため息をついていただけではありませんでした。冷静な目で、欧米で活発に展開されている「プロパガンダ」という政治手法に着目したのです。国益にそった対外発信をする海外通信社、政党運動を支援する国内言論機関、そして情報局などの「プロパガンダ」機関が欧米ではきわめて重要な役割を果たしていることを知ったのです。

近衛の「プロパガンダ」重視の手法の原点です。

近衛は帰国後、さっそく岩永裕吉という人物に接触します。

岩永は、ロイターのくびきを脱した国際通信を夢みて、まず個人事務所で「岩永通信」を発行し、次に大正十年に新聞聯合社の前身である「国際通信社」に迎えられて理事・専務理事を歴任して、事業を発展させます。岩永も近衛を取りまくキーマンのひとりになります。

「英米本位の平和主義を排す」という思想は、当分のあいだ近衛の行動の基本軸でありつづけます。近衛のこの「我が思想」は理屈としては誠に「正論」です。

しかし西園寺などの親英米派いわゆる「現状維持派」にとってはきわめて悩ましいものでありました。とげのあるものです。近衛の天皇への反抗心もよこあいからのぞいてみえます。

近衛の「我が思想」は理想であるだけに将来かならず現実との相克《そうこく》を招くものです。理想の実現性はおおいに疑問なわけです。理想を追いかけて行動にでたとき破局がすでに顔をのぞかせています。後に歴史がこのことを証明します。

近衛の「我が思想」の延長線上には天皇の真意との確執も待っているのです。西園寺は不安な気持ちといやな予感におそわれました。

近衛は、大陸への積極的なかかわりを志向する政友会幹事長森恪《かく》の紹介で、「革新」軍人や「革新」官僚たちとも会っていくことになります。

「英米本位の平和主義を排す」は少しずつ実践へと歩をすすめていくのです。

大正十四年、三十四歳の近衛は、新橋の座敷にでていた駒子こと山本ヌイを世話するようになります。月々の手当は三百円。いまの貨幣価値で百万円弱くらいです。ヌイは現役の「新橋女子大生」でした。近衛はヌイを離せなくなってしまったのです。

藤菊に暇の申し渡しを伝えてからまだ数年。ヌイのなにが近衛をそんなにとらえたのでしょうか。

ヌイには以前に落籍していた男との間に娘がいましたが、近衛はヌイに下谷池之端に家をもたせ、あらたに女児をもうけ佐知子と命名しました。藤菊とのあいだの女児「幸子」を思い出させます。そのせいか、のちに佐知子は「斐子（あやこ）」に改められました。近衛の酔狂で「文（麿）に非らず」という名です。

近衛はこの家では「パパ」と呼ばれました。めったに家に帰ってこない「パパ」です。

ヌイは近衛を「あなた」とも呼び、外では「うちの主人」と呼びました。近衛とヌイと斐子の「一家団欒」は近衛が亡くなる直前まで続きます。近衛にとって裃《かみしも》を脱ぎ捨てることができる安息の場であったようです。

斐子はしばしば目白の邸宅にも顔をだし、祖母貞子のせわで食事をしました。斐子は後に近衛の弟忠麿の養女として籍をいれますが、戦後には山本姓に戻ります。

昭和十六年の開戦前、ヌイと斐子は代々木の新築二棟の屋敷に移ります。庭をはさんで近衛専用の客間棟がある住まいです。ヌイはここで近衛の政治活動上の社交を手助けします。近衛が京都や軽井沢、箱根に行くときも、しばしばヌイは一緒でした。ヌイは近衛との同行がとても楽しみでした。

ヌイはこのような経緯を「公卿宰相のかげに―近衛公の愛に生きて廿年―」と題して東京タイムズ朝刊一面に昭和三十二年二月から五月にかけて全五十六回連載し、世にひろくあきらかにしています。同時期の藤菊の『婦人公論』への寄稿をはるかに上回る規模の近衛情報を披露し大反響をよびました。

しかしヌイや斐子との「一家団欒」中も近衛の他の女性との関係はなおさかんであったようです。

赤坂の芸者出身で世間の人気を二分していた売れっ子美人歌手市丸《いちまる》とのつきあいが深くなっていくのです。そのつきあいの詳細は本題からそれるので割愛しますが、やがて市丸は総理大臣の愛人と噂されます。近衛のこれらの女性関係は本妻の千代子をおおいに悩ませました。大正末には千代子は心労がもとで体調をくずし、生死をさまよったそうです。

大正十五年、近衛は父から受けついだ東亜同文書院（大学）の院長となって支那を訪問します。

「東亜同文」とは同じ文字をもつ東アジア民族の大同団結を訴える名称です。

近衛は大正年間に数多くの論文を公表し、かつ演説を行いました。

近衛は大正から昭和にかけては貴族院改革をはじめとする政治的動きを活発に展開していきます。同時に近衛は政治家、軍人、官僚らとの接触や情報収集の間口をひろげていきました。

さらに近衛は元老西園寺と政界有力者とのとりつぎ役としても、おおきな存在感をみせつけていました。

昭和六年一月、近衛は四十歳で貴族院副議長に就任します。九月には満洲事変がはじまります。昭和八年、近衛は満洲事変後の情勢を背景に「世界の現状を改造せよ―偽善的平和論を排撃す―」と題した論文を大衆雑誌『キング』二月号誌上に発表しました。この論文の考え方は「英米本位の平和主義を排す」に近いものです。

日本は満洲問題勃発《ぼっぱつ》以来、国際関係において非常なる難局に立っている。満洲における日本の行動は既にしばしば国際連盟の問題となりつつある。即ち、日本は今や世界平和の名により裁かるる被告の立場に置かれたる感があるのである。この時に当り我々としては単に満洲における日本の行動が我国家の生存上必要欠くべからざりし所以《ゆえん》を説明するに止《とど》まらず、更に進んでは欧米のいわゆる平和論者に対し真の世界平和はいかにして達成せらるるもので

あるかということについて吾々の信念を率直に表明して彼等の考慮を求むべきであると思う。恐るべきものは戦争である。(中略)

先進国は今日まで随分悪辣《あくらつ》な手段を用いて、理不尽に天然資源の豊穣《ほうじょう》なる土地を、あるいは割譲《かつじょう》し、あるいは併合してきたのである。このことは植民の歴史に明らかなるところであるが、既に自分らが十分その地図を広めた後はこの現状を維持する為に、平和主義を唱え、この現状を打破せんとするものに対しては、人道主義の敵であるとして、圧迫を加えるのである。平和人道の公敵であるがごとき口吻《こうふん》を弄《ろう》するものさえある。然《しか》れども真の世界平和の実現を最も妨げつつあるものは、日本に非ずしてむしろ彼らである。彼らは我々を審判する資格はない。真の世界平和を希望することにおいては、日本は他のいかなる国よりも多くの熱意を持っている。ただ日本はこの真の平和の基礎たるべき経済交通の自由と移民の自由の二大原則が到底近き将来において実現し得られざるを知るが故に、止《や》むを得ず今日を生きんが為の唯一の途として満蒙への進展を選んだのである。欧米の識者は宜しく反省一番して、日本が生きんが為に選んだこの行動をいたずらに非難攻撃するを止め、彼ら自身こそ正義人道の立場に立ち返って真の世界平和を実現すべき方策を速《すみ》やかに講ずべきである。

この論文は、満洲事変後に日本が国際連盟に提訴され、諸外国の反感をまねいていたことをうけて近衛が書いたものです。

満洲における日本の政策を肯定するとともに、植民地支配を長年行ってきた欧米列強に対するつよい反発があらわれています。

この英米につきつけた「正論」は時流にのり、国民のあいだでわき起こりつつあった排外的愛国心とマッチし近衛は人気を博します。この「人気」は近衛のおおきな目的であったのです。

そして英米につきつけた「正論」は、日本の親英米勢力につきつけた「正論」でもありました。「正論」という言葉は、「闘争」とおきかえてもいいかも知れません。近衛人気は、後にこの国に災いをもたらすことになります。

やがて近衛は、「漫然たる国際協調主義に終始せず、世界の動向と日本の運命、国民の運命の道を深く認識して、常に軍人の先手を打って革新の実を行う以外ない」と主張しはじめます。これがいわゆる近衛の「先手論」です。表面は「政治主導」のための主張ですが、あとで紹介する風見章《かざみあきら》や尾崎秀実《ほつみ》とのコンビで、軍の先手を行って、逆に軍を煽《あお》りに煽っていくのです。

昭和八年六月、近衛は貴族院議長に就任します。ときに四十一歳。貴族院議長は三十年前には父篤麿がいた席です。結果的に徳川家と近衛家で席をまわしていきます。

昭和九年五月十七日、近衛は横浜港から海をわたってのアメリカ主要都市歴訪の旅にでます。

この渡米は私的なものでしたが、貴族院議長にして皇室に最もちかい名門政治家、日本の実力者の渡米として国内外に喧伝《けんでん》されました。出発時には、近衛は斎藤実《まこと》首相以下の空前の規模の見送りをうけました。

近衛は滞米中、長男文隆の高校卒業式に出席するとともに、ルーズベルト大統領、フーバー前大統領、タフト元大統領、ハル国務長官、ホーンベック極東部長、ハウス大佐、そしてモルガン商会のトーマス・ラモント、その他各界名士との午餐会《ごさんかい》や晩餐会《ばんさんかい》によばれ数多くの会談をしています。

トーマス・ラモントはウォールストリートの代表的な存在で、日本でも関東大震災復興のための多額の外債を引き受けてもらった実績をもっています。近衛とラモントは沢田ニューヨーク総領事宅で長時間懇談しました。

極東の現状維持を求めるラモントと現状打破志向の近衛とは意見が対立しました。近衛は支那による米国人への反日的な宣伝工作が徹底されていることにも気づきます。

近衛の訪米には、民間レベルでの満洲国「承認」の模索という隠れたねらいがありました。

それゆえに国際的非政府組織である太平洋問題調査会（ＩＰＲ　The Institute of Pacific Relations）に、日本ＩＰＲ（支部）をつうじて最大限の協力を要請していたのです。日本ＩＰＲに財政その他の支援をしていた日本政府の意向でもありました。

近衛のアメリカにおける民間団体関係者との接触には、日米のIPR人脈が大きな役割をはたしました。中心人物はジャーナリストの岩永裕吉と、法学者にしてアメリカ研究者の高木八《や》尺《さか》です。

当然のことながら、近衛は太平洋問題調査会のアメリカ人主要幹部たちとも密に懇談しています。

とはいえ太平洋問題調査会のメンバー、オーエン・ラティモア、ジョセフ・バーンズ、そして後に調査会に参加するトーマス・ビッソンたちは共産主義者やそのシンパでした。彼らやメディア関係者らと近衛との座談会「米国輿論に聴く会」も開催されました。訪米に随行した政治学者の蠟山政道《ろうやままさみち》が近衛に同席しました。

オーエン・ラティモアは支那学者で、とくに蒙古などの内陸アジアの現地調査が有名です。太平洋問題調査会の中心スタッフであり、機関誌『パシフィック・アフェアーズ』の編集長でした。戦時期には蔣介石《しょうかいせき》政権の顧問としてアメリカの対中政策にかかわります。

ジョセフ・バーンズは米国IPR幹事で、カーター国際事務局長とともにソ連を訪問しています。トーマス・ビッソンは支那での宣教師の経験をもつ米国外交政策協会理事です。戦後は米国戦略爆撃調査団団員として来日し、近衛の尋問を行います。

この座談会において、ビッソンは満洲国建国や支那政策を批判します。ソ連や共産主義者たちにとって、日本が建国した満洲国はあまりに大きな脅威であり許すことができないからです。

近衛の訪米に日本から随行したのは蠟山政道と牛場友彦それに貴族院書記官と医師でした。蠟山と牛場の随行は岩永裕吉によるはからいです。蠟山の親友でかつ岩永の部下の松本重治も候補でしたが、このとき上海にいたので随行員になりませんでした。

岩永はこのとき新聞聯合社の専務理事であり、かつ日本IPR理事でした。岩永は、近衛がパリ講和会議の見聞から提唱した日本の立場での国際的な情報発信を実践していった人物です。

蠟山政道は東大教授で左翼的思想をもつ政治学者です（戦後は、民社党のブレーン）。当時すでに近衛のブレーン・トラスト昭和研究会の設立メンバーとして活躍していました。太平洋問題調査会が主宰する太平洋会議では日本代表団のひとりです。

牛場友彦は太平洋問題調査会の国際事務局員で、アメリカ人局長から能力を高く評価されていました。東大法学部卒業後、オックスフォード大学に留学しています。卒業後はイギリスで一緒だった松本重治とともに、しばらくのあいだ国際問題の研究会を主宰していました。牛場はこの訪米で近衛の秘書となります。牛場は、後年、松本重治とともに近衛の死に隣室で臨むことになります。松本については後でくわしく採り上げます。

八月一日の帰国時には岡田首相以下そうそうたる面々が出迎えました。新聞や雑誌はこぞって近衛を大スターのごとくに喧伝《けんでん》しました。近衛はアメリカ視察談を新聞記者に語り、さらにいくつもの雑誌に寄稿しました。

その中で、トーマス・ラモントが近衛に内密で語った人物評を迂闊《うかつ》にも暴露してしまっています。

「ルーズベルトやハル国務長官は外交のことを何も知らず、特に極東の事情に全く無智だから、極東部長ホーンベックが一切の極東政策を決定している最も有力な人物である」という人物評です。

これが、米国共産党の機関紙「デイリー・ワーカー」紙に正確に転載され、ラモントの知るところとなってしまいます。

「ルーズベルトやハルを中傷した」と近衛に語られたラモントは激怒しました。

彼は近衛を、「卑劣」「無作法者」「これ以上アメリカを訪れるな」「親切を仇《あだ》で返された」と罵《ののし》りました。

ラモントは、近衛をゆきとどいた配慮で手厚くもてなし歓迎していたのです。近衛は彼に謝罪状を出しましたが、いかにも言い訳がましいものでした。

そのために、「近衛は外交感覚に欠け信頼できない人物だ」という評判が米国内に広がり、のちのちまで影響したといわれています。

一方、これとは別に、近衛は帰国後に次のようなことを語っています。

「渡米以来、大統領を始め多くの有力者に会った感想は、日米関係は無条件の楽観を許さぬということだ。軍縮といい東洋問題といい、これから解決すべき重大問題が山の如く控えている。故に自分はあえていう、強力な挙国一致内閣をつくれ」「政党政治を復活すべきや否《いな》やという点は、〝否〟としか答えられない」

これが近衛の渡米の最大の収穫でした。


この昭和九年、近衛は日本放送協会総裁としてラジオ放送の地方分権から中央集権への転換を企てて、東京・大阪・名古屋・広島・熊本・仙台・札幌の各放送局を社団法人日本放送協会に統合します。近衛は「プロパガンダ」機関として新聞・雑誌ばかりでなく当時の最新メディアのラジオに着目していたのです。

後の話になりますが、昭和十二年六月四日、第一次近衛内閣の組閣当夜、近衛は「全国民に告ぐ」というラジオ放送をしています。これは史上初の試みでした。同日、日本放送協会は加入者三百万突破記念祝賀会を開催しています。

近衛は要所要所でラジオ放送を行い国民に肉声で語りかけ、「貴公子宰相」の新鮮なイメージと開放感を国民にあたえることに腐心《ふしん》します。国内世論の惹起《じやつき》にも、おおいにラジオを利用します。

昭和九年から十年にかけて、近衛は京都に設立予定の陽明文庫《ようめいぶんこ》に移設しようとしている建物を福井県まで視察に行きました。陽明文庫については後でくわしく述べます。近衛はその際、後に第二次近衛内閣の書記官長を務める富田健治石川県警察部長にこう本心を語っています。

「今の政党はなっていませんよ。議会はどうにもなりませんよ、これは衆議院だけじゃない、貴族院だって同じことだ。不勉強と無感覚だといって、若い軍人が怒るのも無理ないと思う。私はそこで、今の日本を救うには、この議会主義では駄目じゃないかとさえ思う。この議会主義をたたきつけなければならない。が、この議会政治の守り本尊《ほんぞん》は元老西園寺公です。これが牙城《がじよう》ですよ」

昭和十年十一月、近衛は講演で、国際連盟、不戦条約、九カ国条約そして海軍軍縮条約への日本の参加に疑問を投げかけます。

「イタリーの政治家はイタリーの膨張の止《や》むを得ざる所以《ゆえん》を極めて大胆率直に説いている。ドイツの政治家はドイツが新しい領土を必要とすることを公然とナチスの綱領の中に入れている。

然《しか》るに日本にはこの素直さが欠けている」

として、その原因は、「現状維持を基礎とするところの平和機構をもって神聖なりとする所の英米本位の考え方が日本人の頭の中に浸《し》み込んでいる」からだと主張します。

近衛は国内に存在する「英米本位の平和主義」を排さなければならないと考えたのです。

近衛はこの年の暮れ、大阪朝日新聞の経済部長に、「西園寺公爵ももう大分のお年で、人に会えばくたびれると言われるし、世の中の動きについての認識も、若い者とは大分違う。元老といったって、重臣といったって、そんなようなものだから、大きな目で見れば、国家の発展の邪魔になっているといっていいのではないかね」などと不遜《ふそん》な話をします。この話が西園寺の秘書原田熊雄につたわり、彼をひどく落胆させます。

昭和十一年三月四日、なお近衛を買っていた西園寺の推薦により、二・二六事件後に辞職した岡田啓介の後継として近衛に天皇から総理大臣に就任せよとの大命の降下がありました。

天皇は、「是非とも」とまで仰せられたのです。

しかしこの日、近衛は健康を理由に辞退したのです。大命をことわるなどは、恐れ多く、かつ本来あり得ないことです。けれどもこの時期に首相となれば、必然的にやっかいで危険きわまりない陸軍内の統制派と皇道派の争いの処理にかかわらなければなりません。

近衛は、「我が闘争のためにはここは避けて、その身を温存するが勝ち」と考えたのです。

いずれにせよ天皇は、「近衛はまったく自分の都合のよいことを言っている」とお感じになられたといいます。

近衛は、西園寺や昭和天皇とは別の道、〝我が闘争〟の道を歩みはじめていたのです。

ヒトラー

アドルフ・ヒトラー。

この時代にその名を知らない日本人はいませんでした。

ヒトラーは合法的選挙により勢力を拡大し、昭和八年にヒンデンブルク大統領による指名をうけてドイツの首相に就任しました。首相就任後には他政党や党内外の政敵を弾圧して、かつてない権力を掌握《しょうあく》、翌九年には大統領死去にともない大統領の権能を「総統」として継承します。ヒトラーは、ドイツの最高権力である三権を掌握し、ヒトラーという人格を介してナチズム運動が国家と同一のものになるという特異な支配体制をきずいたのでした。

近衛はヒトラーのカリスマ性に憧れていました。しかもこの憧れをかたちにするのです。

昭和十二年四月、林銑十郎《せんじゅうろう》内閣が強行した衆議院解散総選挙で親軍的な昭和会や国民同盟などの政府側が大敗し、政友会や民政党が大多数を占めたため、内閣は総辞職せざるを得なくなりました。この状況下、世上では近衛首相待望論が大きくわき起こり、彼は全国民の注目の的になります。

ちょうどその直前、近衛の永田町の邸宅で一族郎党そろって仮装パーティーが盛大に開催されたのです。近衛の次女温子と熊本藩主の孫の細川護貞との結婚式の前夜の祝賀パーティーです。仮装パーティー自体は貴族趣味の賜物《たまもの》です。

そのパーティーで近衛は驚いたことにヒトラーに扮《ふん》したのです。そして近衛の独裁者姿の写真がジャーナリストの手にわたり新聞に掲載されてしまいました。世上でおおいに物議をかもします。

ふたたびの大命降下をうけ総理大臣に就任する三カ月前のセンシティブな時期のエピソードです。いまの時代の感覚ですとヒトラーのまねをするなどは不謹慎のきわみです。しかし、ドイツを敗戦のどん底から立ちあがらせたヒトラーは、当時の世界では一世を風靡《ふうび》する「英雄」でした。世界情勢の変局《へんきょく》に際し、あらゆる国内の政治諸勢力を結集することによって革新を達成し、国際政治における主導権を得ようという野心が、近衛をしてヒトラーに扮せしめたと考えるのがごく自然です。

数万の大衆をまえに咆哮《ほうこう》するヒトラーの演説姿を、近衛は自分の不足に照らして、「かくありたきものよ」とさぞうらやましく思っていたことでしょう。

昭和12年4月。仮装パーティーでヒトラーに扮する近衛

近衛にはまねできそうにない感動的で扇動的な演説です。しかしヒトラーは「英雄」でしたが「独裁者」でした。ここが問題です。

『文藝春秋』昭和十二年七月号で政治評論家の阿部真之助は近衛を次のように辛口に評しています。

「十年前、左翼華かなりし頃は彼の姿が自由主義より、もっと左に寄った位に映ったのであるが、今では時代と共に、漸次右へ移動して、自ら国家社会主義者と公然と名乗るのを辞さないまでになった。彼が仮装会で、ナチス独逸のヒットラーに扮したのも、仮装の裏に、彼の本心が潜《ひそ》んでいたのだった。林大将の後に、ヒットラーを気取る近衛が出て来て、どうして世の中が、後戻りしたということが出来るのだ」

昭和九年の訪米時に随行して以来近衛の秘書

昭和15年12月。三国同盟締結後、ヒトラー風服装で荻外荘（てきがいそう）の庭を歩く近衛

をつとめた牛場友彦も、「やはり何といっても、ナチの組織が近衛さんの頭にあったことは否定できない。ナチの組織のようなものを背景に政治に当るということが一つのやり方だと思っていたんでしょう。（仮装パーティーで）近衛さんがヒトラーに扮したのも、皮肉るとともに、憧れもあったんだろうかね」と「ナチの組織」との関係で指摘しています。「皮肉る」は無かったでしょう。

もちろん「藤原」の文麿から見れば、ヒトラーも、スターリンやルーズベルト、国際金融資本家たちでさえも最近出てきたばかりの成り上がり者たちだったでしょう。

昭和十二年、総理大臣就任後の九月十一日に日比谷公会堂で「国民精神総動員大演説会」が開催されました。

近衛は、真の国際正義を主張する日本がえがく東洋の平和的秩序を樹立するために国民一丸《いちがん》となって邁進《まいしん》すべきであり、協力提携する意思のない支那政府に対してはあくまでも一大鉄槌《てっつい》をくわえ、同調してくれる勢力と手を結ぶべき旨を主張します。アジテーションです。

この演説はラジオ中継され、同時に「近衛首相の大獅子吼《だいししく》　演説『時局に処する国民の覚悟』」としてコロンビアがレコードを発売しました。いまに伝わる映像フィルムをみると、近衛は次のように語っています。

「この日本国民の歴史的大事業を我らの代において解決するのは、今日、生を受けたる、我ら同時代の国民の栄光であり、我らは喜んでこの任務を遂行すべきであると思うのであります」

わき起こる大喝采《だいかっさい》に、マイクの音声が割れたといいます。まさにヒトラーばりなのです。

この月、近衛は亀井貫一郎衆議院議員にアメリカ、ドイツ、ソ連を視察させ、国民再組織のための情報を収集するためにとくにドイツの党組織を研究させたのでした。

革新の拠点

近衛の一高・京大時代の学友後藤隆之助は大志をいだいた青年でした。後藤の青春の道のりは個性的です。

卒業後、まず満洲の山林事業で政治資金をつくろうとして失敗します。次いで自己探求と称して木賃宿《きちんやど》の番頭をします。

後藤は長年禅に凝《こ》っていました。ある日、鎌倉の建長寺で座禅をくんでいたところ、志賀直《なお》方《かた》という人物と知りあいます。

志賀は学習院時代に近衛篤麿の薫陶《くんとう》を受けた人物で、文麿の後見役となっていた政治運動家です。小説家・志賀直哉の叔父でもあります。彼は後藤の茫洋《ぼうよう》としたひたむきさが気に入りました。この出会い以降、志賀は後藤の後援者となります。

ところで、ある日、後藤は、胸を悪くして鎌倉の七里が浜で静養中の近衛を訪ねました。ふたりは、ひさしぶりの再会に意気投合して話がつきず、後藤は近衛のもとに一カ月半も泊り込み居ついて、真に肝胆相照《かんたんあいて》らす仲となったといいます。

この後、後藤は青年団や農業の問題に取りくみます。そして昭和恐慌のなかで窮乏《きゆうぼう》する農村の救済を近衛に訴えるなかで、彼は近衛の厚い信任を得ていくのです。

近衛と後藤は、満洲事変後の激変する内外の情勢に対処するためには政策研究組織の創設が必要と考えはじめました。

昭和七年、後藤は欧米視察に出発、チェコの独立記念祭に出席、ベルリンで数万の大衆とともにヒトラーの演説に酔い、モスクワではレーニン廟《びょう》上のスターリンをすぐ間近に見、アメリカではルーズベルト大統領とブレーン・トラストとが権限を強化してニューディール政策を推進するすがたに感銘《かんめい》をうけました。

「日本も安閑《あんかん》としていられない」

後藤の痛切な思いです。

後藤は、本格的な国策全般の研究組織を立ちあげて総理をめざすであろう近衛をサポートしようと決意します。そして研究組織の中軸となる人材を物色し、政治学者の蠟山政道に白羽《しらは》の矢《や》をたてたのです。

蠟山はこのときすでに満洲問題を主テーマとした左翼的傾向の「東京政治経済研究所」を松本重治とともに運営していました。

後藤は近衛をつれて蠟山の軽井沢の別荘を訪ね、研究組織立ちあげへの協力を求めたのです。研究組織を企画や人事の面で蠟山色に染めてくれという要請です。これで近衛のブレーン・トラストの性格と方向性が決まったのです。

先ほど述べましたように蠟山は、翌々年の近衛の訪米に随行します。近衛と蠟山の確信的な二人三脚がはじまります。

昭和八年八月、後藤は研究組織の母体とすべく、まず「後藤隆之助事務所」を青山に設立します。

この事務所の初期のメンバーは、近衛、後藤、蠟山、大日本青年団の酒井三郎、そして一高で近衛や後藤と同級であった大蔵省の井川忠雄です。

国防、外交、教育、財政、行政などの専門家を招き意見交換をしました。海軍から石川信吾、陸軍から鈴木貞一、社会大衆党から麻生久《あそうひさし》などを招きました。

十二月、いよいよ近衛を中心とする本格的な国策全般の研究組織の発起人会が霞山会館《かざんかいかん》で開かれました。霞山会館とは近衛が篤麿の雅号を冠して昭和四年に虎ノ門に立ちあげた施設です。発起人として集ったのは、後藤、蠟山、酒井、井川、有馬頼寧、河合栄治郎、前田多門などです。これらの人々の推薦で、河上丈太郎、松岡駒吉、関口泰、東畑精一らも加わることが決まりました。

研究組織は「昭和研究会」と命名されました。昭和の時代を担う気概をあらわしています。昭和研究会では当初、蠟山がまとめた「昭和国策要綱」草案を審議するとともに、石橋湛山《いしばしたんざん》らの「統制経済について」、大蔵公望《おおくらきんもち》の「満洲問題」などについて議論しました。またアメリカから帰国した経済学者の高橋亀吉《たかはしかめきち》がニューディール政策についての講話を行っています。大内兵衛《おおうちひょうえ》も参加しました。

昭和十年三月には事務所を丸の内に設置します。昭和研究会のさらなる組織発展にむけて、

後藤、蠟山、大蔵、井川、酒井らが協議して、

1　現行憲法の範囲内で国内改革をする
2　既成政党を排撃する
3　ファシズムに反対する

――の三点を根本方針として掲げます。

上記メンバーに朝日新聞論説委員の佐々弘雄《さっさひろお》と高橋亀吉が加わり、蠟山と協力して政治・経済両部門の柱となりました。


昭和十一年の二・二六事件後に近衛が首相候補として浮上してきた情勢をうけて、その年の十一月、昭和研究会は設立趣意書を世に発表します。

「現下の矛盾・混迷から脱却し、世界における日本の経済的・政治的位置に順応した外交、国防、経済、社会、教育、行政等の真の国策を樹立するため、朝野《ちょうや》の全知能と全経験を総動員するための機関を設置する」と高らかにうたったのです。

このとき、常任委員は、後藤隆之助・蠟山政道・賀屋興宣《かやおきのり》（大蔵省主計局長）・後藤文夫（内

務官僚・農林大臣・後の大政翼賛会事務総長）・佐々弘雄（朝日新聞論説委員）・高橋亀吉（経済学者）・松井春生（資源局長官）・大蔵公望（貴族院議員・満鉄理事）・東畑精一（東大農学部教授）・唐沢俊樹（内務省警保局長）・田島道治（昭和銀行頭取）・山崎靖純（経済評論家）・野崎龍七（ダイヤモンド社社長）などでした。

委員のほうは、青木一男（大蔵官僚）・有田八郎（外務大臣）・石黒忠篤（前農林次官）・大河内正敏（理化学研究所所長）・風見章（元朝日新聞・衆議院議員）・小日山直登（満鉄総裁）・瀧正雄（近衛家家老格・貴族院議員）・暉峻義等《てるおかぎとう》（労働科学研究所所長）・湯沢三千男（内務官僚）・津島寿一（大蔵官僚）・津田信吾（鐘紡社長）・古野伊之助（同盟通信社創始者）・村田省蔵（大阪商船社長）・吉田茂（内務官僚）・吉野信次（商工次官）らです。いずれも各界を代表する権威者、実力者あるいは最高頭脳です。

この本ではこれから多くの人物が登場します。

昭和研究会関係の人物も多いのですが、ここで上記の名前を覚える必要はありません。このような人たちがいるとのイメージだけを頭に入れておいていただければ結構です。もし必要があれば後で見返してください。

委員の下には部会が設置され、部会ごとに専門研究会が組織されて各種の調査研究が行われました。その成果は近衛（のちに近衛内閣）に答申されたほか、一般向けに書籍として発行し公開されました。
　昭和十二年六月第一次近衛内閣が成立した直後に支那事変がおこると、十月に後藤らは大陸視察に出、満ソ国境付近から奉天、天津をまわって陸軍や満鉄の関係者と会い、北京では同盟通信社の松方三郎と、上海ではやはり同盟通信社の松本重治と会って南京占領について意見を交わしています。

　その後、常任委員には、三木清（哲学者）、矢部貞治《やべていじ》（東大政治学助教授）、笠信太郎《りゅうしんたろう》（朝日新聞論説委員）が加わりました。また宇都宮徳馬（実業家）、平貞蔵（思想家）、朝日新聞からさらに尾崎秀実《ほつみ》、大西斎、沢村克人、益田豊彦などが委員として参加しました。尾崎は昭和十一年二月、牛場友彦の斡旋《あっせん》で、蠟山などが近衛を囲む会の輪の中にすでに入っていました。前田、関口、佐々、風見、笠、尾崎、大西、沢村、益田など昭和研究会の主要メンバーには「朝日新聞」関係者がとても多かったのです。このことは大事ですので覚えておいてください。

　昭和研究会の専門研究会は次第に増加し、昭和十三年には、世界政策研究会、政治動向研究会、政治機構研究会、経済情勢研究会、増税研究会、財政金融研究会、予算編成に関する研究会、貿易研究会、農業団体統制研究会、農業政策研究会、労働問題研究会、東亜ブロック経済研究会、支那問題研究会、外交問題研究会、文化研究会、教育問題研究会、経済再編成研究会、など十数の専門研究会がありました。

支那問題研究会は風見章が立ちあげて委員長となり、まっさきに尾崎秀実を委員にしました。支那事変たけなわのおりで存在感がおおきい支那問題研究会は、風見と尾崎が中心になって運営されます。

経済再編成研究会は笠信太郎と有沢広巳《ありさわひろみ》（東大経済学部助教授）を中心に活動し、昭和十五年八月、計画経済をめざす「日本経済再編成試案」を公表しました。これは財界に非常な衝撃を与え、以後、昭和研究会は「赤」だといわれてたたかれます。

有沢は陸軍省戦争経済研究班（秋丸機関）でも研究の中心的存在として活躍していました。陸軍省戦争経済研究班（秋丸機関）については後ほど詳しく述べます。

三木清は昭和研究会で「支那事変の世界史的意義」をとなえました。支那事変には「東亜の統一」と「資本主義の是正」というふたつの世界史的意義があるという主張です。まず「日本は大陸に出る機会を持ち、日本文化の進出によって、新しい東洋文化を形成するいとぐち」を持つに至ったとしています。そして、「リベラリズム、ファシズムを止揚《しよう》し、コミュニズムに対抗する根本理念を身をもって把握」することだ、これを空間的にいえば「東亜の統一」であり、時間的にいえば「資本主義の是正」であるとしているのです。政治的には、「中国および東洋諸国がそれぞれ独立し、平等な立場で手をむすびあうという形にならなければならない」としました。

昭和研究会の一同は非常に感銘をうけ、支那事変で大きな犠牲をだしている現状を、この理想に結びつけなければならないと考えたのでした。これはまさに支那事変の長期化をささえるロジックとして機能します。

昭和研究会の発展とあわせて関連諸団体を発足させました。

昭和塾が朝日新聞の佐々弘雄と平貞蔵が発起して設立されます。昭和塾の行動のモチーフは、レーニンが労働者大衆にむかって話したパンフレットによるものといいます。運営の中心メンバーは、佐々、平、蠟山、尾崎、三木らです。主任講師の筆頭で当時のときめくオピニオンリーダー尾崎にあこがれて入塾した若者もたくさんいました。

尾崎は、「日本の大陸経営、大東亜共栄圏が本当にその目的を達成するには日本自身の革命が必要である」と唱えました。まぎれもなく革命の伝道です。全国的な地方組織の結成をめざす壮年団期成同盟、若者たちがになう国民運動研究会なども発足します。近衛の我が闘争は着々と歩をすすめていきます。

昭和研究会は、「革新」の拠点として近衛をささえる多くの人材を輩出しました。さらには東亜協同体論や新体制運動などを主張としてかかげ、のちの近衛による「東亜新秩序」「大政翼賛会」に影響を与えます。このあたりは、これからの章でくわしく述べます。

戦争への足音が聞こえてきました。

第二章　革命児たち

大東亜戦争への道

近衛文麿は、支那事変勃発《ぼっぱつ》直前から日本軍による南進と真珠湾攻撃の五十日前まで、まさに戦前の激動期にわが国の政治中枢をにないました。

第一次近衛内閣は、昭和十二年六月から昭和十四年一月まで、第二次・第三次近衛内閣は昭和十五年七月から昭和十六年十月まで、通算では三年弱です。

第一次内閣と第二次内閣とのあいだの一年半は平沼騏一郎《きいちろう》と入れかわりで枢密院《すうみついん》議長でした。枢密院は天皇の諮問《しもん》機関です。なお、第一次近衛内閣の後をついだ平沼内閣には近衛自身が無任所大臣としてはいり、大部分の閣僚も近衛内閣からの留任でした。さらに内務大臣に近衛の盟友の木戸幸一が就任しました。ですから平沼内閣も近衛色が強かったのです。

近衛内閣の下で展開されたさまざまなできごとを改めてならべてみます。

支那事変は中国共産党によるたくみな挑発に誘導された結果ですが、そもそも日本の北支進出に肯定的であった近衛首相は事変拡大を扇動する声明をだし、陸軍や世論を煽《あお》りました。

さらに陸軍参謀本部の反対に抗して「国民政府を対手《たいしゅ》とせず」と声明したり、事変拡大を予算面で手当しながら、不拡大施策については不作為の連続でした。石原莞爾《かんじ》陸軍参謀本部第一部長は事変拡大に強く反対し更迭《こうてつ》されます。

近衛首相肝煎《きもい》りの昭和研究会は、朝日新聞出身で近衛内閣嘱託《しょくたく》として首相官邸内に部屋をかまえた尾崎秀実《ほつみ》などのオピニオンリーダーを輩出して事変完遂《かんすい》の世論を形成しました。近衛首相は事変遂行の理念として「東亜新秩序」をうたい、さらには東南アジア（南方）を指向して「大東亜共栄圏」構想をうちだします。

国家総動員法によって統制を強化して総力戦体制を確立するとともに、第二次近衛内閣成立後まもなく三国同盟を締結して反英の枢軸陣営にはいり、つづいて大政翼賛会を始動させ、支那においては汪兆銘《おうちょうめい》政府を承認しました。

陸軍が熱烈希求した日米和平のための「日米諒解案」はその謀略性もあってあえなく頓挫《とんざ》し、他方、対米英戦を想定して設立された「秋丸機関」の研究報告にもとづいて勝利をめざす戦争戦略の原型がつくられました。

「秋丸機関」の研究リーダー有沢広巳は、昭和研究会が発表した社会主義的な統制経済を企図する「日本経済再編成試案」の執筆者です。

近衛首相は南部仏印進駐に同意してついに米英蘭の対日石油全面禁輸を招来し、大東亜戦争への道を完成しました。仕上げは東條英機陸相に首相のバトンを渡したことです。東條陸相は最後の閣議で第四次近衛内閣を望むようすであったようですが、近衛らは舞台裏にさがります。

これらの出来事がひとりの首相のもとでおきたのです。

大東亜戦争への道はイコール近衛内閣です。

「はじめに」でも述べましたが、近衛はとかく優柔不断であったとか、あるいは何かあるとすぐに病気になって寝こんだと語られています。そう語られているのですけれども、これだけの激動期に長いあいだ首相として政治をになってきた近衛です。そのベクトルが果たしてどこを向いていたのかについて関心を持たざるをえません。

近衛首相の真意はどこにあったのか?

当然のことながら近衛はこの問いに直接答える文書を残していません。戦後に出版されたものもその任を果たしていません。むしろ真意をおおいかくしています。同時に、そもそも戦後のわが国の歴史は東京裁判史観に塗りかためられ捏造《ねつぞう》されてきました。多くの一次史料も焼却・没収などにより失われています。だからいっそう、真実の探求はむずかしくなっています。ただし、幸いなことに一部のキーマンの日誌が焼却・没収をまぬがれて後世に意外な史実をつたえることがあります。

近衛内閣についての歴史事象でいえば、わたしはかねがね『鳩山一郎日記』や『有馬頼寧《よりやす》日記』における記事に着目していました。

鳩山一郎は戦後に総理大臣になったあの鳩山一郎です。戦前から政友会で鳩山グループを形成する有力な衆議院議員でした。

有馬頼寧はその名を競馬の有馬記念に冠された人物で、衆議院議員をへて貴族院議員となり、近衛の有力ブレーンにして新体制運動の中心的存在となり大政翼賛会初代事務局長に就任しています。まずはとっかかりにこのふたりの日記から見ていきます。

『鳩山一郎日記』では、昭和十五年十一月一日「コミンテルンの東亜に於ける活動についての報告を読む。近衛時代に於ける政府の施策すべてコミンテルンのテーゼに基づく、実に怖るべし」と記されています。

昭和十六年一月五日には、大政翼賛運動ならびに大政翼賛会は憲法違反である旨の政府への質問趣意書を書いたことが記されています。大政翼賛運動は共産主義路線だという糾弾《きゆうだん》です。

さらに二月二十三日「『コミンテルン編、組織問題教程』を読む。国民組織の再編成とか、大政翼賛の組織とか皆此の著書の指導を受くるものの如し」と記しています。

鳩山はこのさき近衛の策動から国体をお護りするため、「一身を犠牲として御奉公」する覚悟を述べています。

『有馬頼寧日記』では、昭和十六年一月九日、首相官邸での近衛の発言として「米国との関係悪化し、四月頃危険」と記しています。

一月十一日、「（衆議院任期満了に伴う四月の）選挙を一年延期し、対米決意を明らかにし、国防国家建設に全力を挙げる態勢をとるべし」との線で有馬と近衛の右腕である風見章との意見が一致したことが述べられています。風見については後で詳しく述べます。

実際に四月の任期満了の衆議院選挙は一年延期されました。いまの感覚では信じられないことです。昭和十六年一月といえば日米和平交渉をこれから本番に向《むか》わしめていこうという大事な時期です。近衛らはこの時期から国会議員を対米戦に向けて意識づけていこうとしていたのです。そのため、選挙などやっていられないということです。さらに、大政翼賛会は時局を「対米非常時」と位置づけています。

一月二十日、「対米声明の事と推進班の事を決し」となっていて、声明を発して対米戦気運を醸成するとともに、大政翼賛会にて対米戦にそなえる国民運動を組織化する旨が決したと記されています。対米戦を煽るプロパガンダです。

結局声明自体はとりやめになりましたが、一月二十六日、国内の状況について「防衛司令部あたりから老人や子供の避難の達しが来るなど、地方などでは日米戦争切迫の様に考えている」と記しています。防衛司令部も国民を煽っているのです。

結論からいいますと近衛はみずからの闘争のために、まずある勢力を利用しようとしたのです。ある勢力とは、共産主義勢力でありコミンテルンにつながるものたちであり、そのシンパも含まれます。

具体的にはどういうことなのか、次に見ていきます。

革命児

近衛は第一次近衛内閣の要《かなめ》である書記官長に風見章という共産主義者を抜擢《ばってき》します。彼は近衛が自他ともに一心同体と認める存在です。

風見章は、明治十九年二月十二日、茨城県水海道《みつかいどう》生まれ。早稲田大学政治経済学科を卒業後、大阪朝日新聞や国際通信の記者をへて長野県の信濃毎日新聞の主筆となります。さらに昭和二年、「女工哀史」問題の発火点として社会を騒然とさせた岡谷《おかや》製紙争議に加わります。労働者や農民の立場で論陣を張って大きな話題となりました。風見は、共産党員とともに女工たちへ尋常ならざる支援をして、ストをおおいに鼓舞《こぶ》したのです。彼は社説に共産党員とおなじ運動論を連日にわたって展開しました。

風見は、昭和二年十二月から三年一月まで「マルクスに付いて」という署名記事を信濃毎日新聞に十二回連載しています。とくに後半六回では「共産党宣言」を最大級の賛辞とともに紹介しました。

「この宣言書は実に重大なる意義を歴史的に持つものである。その重要さはどんな言葉を用いても誇大とはならぬほどのものである。それは実にヨーロッパ社会史、といわんよりも世界社会史、人類社会史上に新しい出発点を与えたものであった。労働者たちをして、最初にまず彼らの持つ所の歴史的使命と、その尊厳さとを、感得せしめたのは、実にこの宣言であったのである」

この署名記事はあまりにも大きな反響を呼びました。

くわえて信濃毎日新聞は夕刊の一面トップでマルクスの『資本論』（改造社）の大広告を掲載します。


昭和初期の出版界は左翼本の洪水であり、共産党が合法化された戦後の比ではなかったといわれています。どこの書店にもマルクスの資本論、マルクス・エンゲルス全集、レーニン選集、スターリン全集があったといいます。

政府の検閲方針もあまり無茶をせず、天皇制否定と暴力革命支持扇動に該当するか否かの判定も慎重におこなわれました。

日本共産党の壊滅にもかかわらず、共産党関係の非合法出版物を扱う専門書店があって、いくら禁止しても刊行されていたようです。非合法出版物は特定の読者層ができていて五千部くらいはすぐに売れてしまうので、残本を押収され罰金を払ってもまだ儲かるという笑えない話もあったほどです。

マルキシズムが一世《いっせい》を風靡《ふうび》していたのです。

帝国大学等を中心にアカデミズムにおけるマルキシズムの席巻《せっけん》は推《お》して知るべしの状態でした。学内社会主義運動は全国の高等教育機関で展開され、学生は大量に赤化していったのです。

そんな世の風潮のなかでも、風見主筆の信濃毎日新聞は突出していました。

風見はこの長野時代、在日カナダ人宣教師ダニエル・ノーマンと懇意《こんい》な家族ぐるみのつきあいをしていました。ダニエルの次男は後に共産主義者にしてカナダの外交官となるハーバート・ノーマンです。日本史研究家としても有名です。戦後ふたたび来日し、マッカーサーのもとで占領政策を推進しました。近衛の死にも大きな影響を与えます。後にソ連スパイの容疑をかけられ、昭和三十二年、四十七歳のときに飛び降り自殺をします。盟友ノーマンの自殺に風見はとても大きなショックを受けます。

さて、風見は普通選挙制度最初の総選挙で地元の茨城三区から立候補し最初は落選しました。しかし再度の挑戦で念願の衆議院議員となり、以後は連続四回当選します。議会では、反体制の硬骨漢ぶりが有名になりました。

近衛は首相初就任の大命降下に備えて、早くから、自分自身と思想信条や政治的展望が一致していて、かつマスコミ対策に強い人物を内閣書記官長にあてるべく物色していました。「プロパガンダ」重視です。もっとはっきり言えば、マスコミ対策に強い共産主義者をさがしていたのです。

書記官長は、首相と近い政治家が就任するのが通例で、首相のふところ刀あるいは女房役ともいわれる政権の要となる重要なポストです。当時の書記官長は、内閣の大番頭あるいはナンバーツーとして、現在の官房長官よりも強力な権限をもっていました。

近衛はかつて軽井沢の別荘で信濃毎日新聞の風見主筆が書く共産主義賛美の社説を愛読していました。さらに風見の議会での反体制ぶりは近衛の周辺でも高く評価されていました。

尾崎秀実や陸軍次官梅津美治郎《よしじろう》の意を体した柴山兼四郎軍務課長らの推薦があったともいわれています。

風見は第一次近衛内閣発足の数カ月前に昭和研究会の支那問題研究会の委員長に就任していました。後藤隆之助は後に、これは書記官長就任への布石であったと述べています。

近衛は、共産主義者の陣営とじかにつながっている革命児風見を使える駒として手にいれていたのです。

昭和十二年六月、第一次近衛内閣の発足にあたって近衛は、予定通り風見を「意中の人物」として書記官長に抜擢《ばってき》しました。新聞は「野人《やじん》政治家を大抜擢」とフレッシュなイメージで持ち上げて盲目的かつ好意的に応援しました。これでは国民はなにもわかりません。戦後日本でも見られるよくあるマスコミのパターンです。

近衛の狙いどおり、「内閣の一番番頭に新聞人をかかえたのだから、人気製造はお手のもの」となります。

風見の抜擢によりジャーナリズム動員に成功するのです。「プロパガンダ」政治の始動です。

風見は第二次近衛内閣では司法大臣に就任します。

風見が具体的にどういう人物であったのか、さらにくわしく見ていきます。

彼は第一次近衛内閣入閣前から朝日新聞出身グループの尾崎秀実と同志的な関係でした。

風見は、戦後、雑誌「改造」昭和二十六年八月号に「尾崎秀実評伝―殉教者への挽歌」という題で寄稿をしています。

そこで風見は、「尾崎秀実とゾルゲは国家による虐殺行為で殺された」「その尾崎が、いまや、その気迫をあたりにふりまきつつ、こう然として絞首台上にたったという姿をまぶたにうかべてみるとき、わたしのむねは鬼神も泣けとうずきだすのである」と絶叫しているのです。

さらに尾崎をマルクス主義の殉教者と位置づけて、「わが尾崎が、絞首台にはこべる足音は、天皇制政権にむかって、弔《とむら》いの鐘の響きであり、同時に、新しい時代へと、この民族を導くべき進軍ラッパではなかったか、どうか。解答は急がずともよかろう。歴史がまもなく、正しい判決を下してくれるにちがいない」と訴えています。

周知のように、尾崎秀実は第三次近衛内閣総辞職直前にゾルゲ事件の首謀者としてスパイ容疑で逮捕された人物です。

「天皇制」打倒を日本革命の第一段階としたコミンテルンの三二年テーゼへの盲従を明白に吐《と》露《ろ》したこの文章で、風見は完全なる共産主義者であったことが浮き彫りになっています。

風見の著書『近衛内閣』（昭和二十六年七月／日本出版共同株式会社刊）では、第二次近衛内閣で司法大臣に就任したときの心境を述べています。

彼は自らを「古くさい憲法などどうでもいいや」などと放言していたほうであり、「北一輝《きたいっき》だったと思う、天皇が国家ならば、国家はひげをはやして馬車に乗って大道を闊歩《かっぽ》するかと云ったのを、深い理屈は知らぬが、大いに痛快がっておもしろがったことがあった。憲法の知識といえば、この話で、やっと憲法なる文字の存在を思い出すくらいだった」と述べています。

昭和12年5月。近衛内閣誕生直前、筑波山での風見章・尾崎秀実・関口泰ら朝日新聞グループ。左から2人目が風見章、3人目が尾崎秀実。右端が関口泰

近衛からは「司法大臣としての仕事はちっとも期待していない、そういう意味でなく、新党運動のために閣僚となってもらっていたほうが、万事都合がいいので、そういうことにしたのだから、ぜひ入閣してくれ、司法省の仕事は次官にまかせておけばいいではないか」と言われていたと記しています。驚くべき内容です。

昭和天皇が、「司法大臣候補につき風見章に、新体制運動への関与の心配はないか」と内大臣に御下問されていたにもかかわらずです。

もちろん天皇は新体制運動自体についても非常に警戒されていました。

昭和十二年五月三十日、林内閣総辞職の前日、風見と尾崎そして東京朝日新聞の関口泰、林広吉、須田禎一らは、風見の地元水海道《みつかいどう》の安楽寺に宿泊

のうえ筑波山《つくばさん》に登ります。

筑波山で撮影された写真を見てください。サングラスにトレンチコートといかにも大物スパイ風（?）の自信に満ちた人物が尾崎秀実です。尾崎はつねに風見の隣にいます。関口泰は昭和研究会の発起人会のメンバーです。

夕刻、一行は土浦に出て「霞月楼《かげつろう》」で夕食をとり、そのあと夜行列車で帰京しています。「霞月楼」の主人夫妻は、新潟県出身で関東に身寄りがない航空隊副長時代の山本五十六を世話したことで知られています。「霞月楼」は山本五十六ゆかりの料亭です。「霞月楼」の名は霞ヶ浦にうつる月からの命名です。

けれども風見と尾崎ら一行は、近衛の父篤麿が号して「霞山」だったので、「霞の月」を「近衛の月」とみたてて大いに気勢をあげて痛飲したことでしょう。近衛内閣誕生寸前のひととき、筑波山登山は、風見と尾崎と朝日新聞人脈ら一行の近衛内閣誕生にむけた決起大会兼秘密会議であったのです。

近衛は風見という確信的な共産主義者を政権中枢にいれて、共産主義者たちが企図する敗戦革命を自らの覇権獲得計画におりこみ利用したものと思われます。

このときまでに陸軍の皇道派に近づき、二・二六事件にからむ恩赦などを持ちだしたのは、自らは共産主義者ではないというポーズ、アリバイづくりのための周到な布石でしょう。皇道派は陸軍の統制派を「アカ」だとして攻撃していたのです。

近衛は、皇道派の旗印となっていた「天皇機関説に対する攻撃」にはあまり興味を示しませんでした。二・二六事件にからむ恩赦は、有能な臣下を殺した若手将校たちや皇道派を憎む天皇へのあてつけでもあったとも思われます。

近衛はのちに、共産主義者と陸軍統制派に戦争責任を押しつけるため、皇道派が抱いた歴史観、いわゆる「皇道派史観」を活用します。この皇道派、統制派については後で詳しく述べます。

第一次近衛内閣成立後まもなく、総理大臣秘書官であった牛場友彦と岸道三が、政治経済に明るい者たちを食事に招待しての懇談をはじめています。当初は夕食会でした。これが途中から朝七時から八時までの時間帯にかわり「朝飯会」と呼ばれるようになります。

開催場所は牛場秘書官邸などです。内閣総辞職後は駿河台の西園寺公爵邸などになり、毎週水曜日に開催したので「水曜会」とも呼ばれました。

尾崎秀実が「朝飯会」の人選のかなりの部分をにない、学者、評論家そして朝日新聞関係者などが集います。内閣書記官長の風見章をはじめ、内閣嘱託の尾崎秀実、同盟通信社の松方三郎、朝日新聞の佐々弘雄と笠信太郎、政治学者の蠟山政道、思想家の平貞蔵、最後の元老西園寺公望の孫の西園寺公一《きんかず》などがメンバーです。メンバーの多くは昭和研究会の中心的存在でもあります。

なぜか白洲次郎《しらすじろう》という人物もいました。白洲は神戸で牛場と幼馴染《おさななじみ》であった関係をつかい、近衛に接近したのです。

昭和十五年はじめ頃から、牛場、尾崎、松方、蠟山、西園寺の共通の知りあいであった同盟通信社編集局長の松本重治や犬養毅《いぬかいつよし》首相の長男で衆議院議員の犬養健《たける》も参加しました。

第二次近衛内閣の成立直後の昭和十五年八月からは書記官長官邸や首相官邸の離れの「日本間」で朝飯会を開催しました。

顔ぶれは、富田書記官長、牛場、岸道三、幹事役で革新商工官僚の帆足計《ほあしけい》をはじめ、内閣嘱託の西園寺公一、尾崎秀実、笠信太郎、松本重治、犬養健、和田耕作、興亜院嘱託の神田孝一などでした。朝飯会は、近衛内閣総辞職の半月前、十六年九月末頃まで続いています。尾崎と帆足とは親しい友人でした。

朝飯会の実態をひとことでいえば内閣書記官長と尾崎秀実を中核とした近衛のブレーン・トラストでした。尾崎は支那、ソ連そして欧米の情報を提供することで近衛内閣の支那事変拡大や南進政策遂行に大きな影響を与えます。最後の朝飯会は第三次近衛内閣総辞職の前日の水曜日であったといわれていて、尾崎は出席しませんでした。

支那事変

第一次近衛内閣において、近衛と風見は軍と結びつき、軍を煽ってみずからの企図を実現します。

風見は詳細な日記『風見章日記（関係資料1936―1947）』（みすず書房）や手記を残していますが、戦後かなり長いあいだ公開されずに遺族の方が保管されていました。全編が興味深いものです。

整理してみますと、とくに次の諸点が風見および近衛の政治行動の特徴をあらわしていて注意をひきます。

・支那事変の積極拡大志向
・日本での革命志向（支那事変は日本での革命の手段）
・対ソ戦不拡大の徹底
・近衛・蔣会談を勧めた石原莞爾参謀本部第一部長への誹謗中傷
・独裁体制としての新党（一国一党）づくり

——などです。

近衛と風見そして内閣の実像にせまるために、風見が日記などに残した記録をもとに具体的な動きを見ていきます。

まず支那事変の積極拡大志向についてです。

奇しくも近衛内閣誕生を待っていたかのように昭和十二年七月七日に盧溝橋《ろこうきょう》（マルコポーロブリッジ）事件が起こります。

中国共産党の工作により、「最初の一発」が撃たれることによって勃発《ぼっぱつ》したといわれる盧溝橋事件ですが、勃発の二日後の七月九日時点で、風見は日記に、「陸軍首脳部は問題の解決困難ならずして危機すでに去れるものと観測したる」と杉山元陸軍大臣の事件への冷静かつ穏当な判断を記しています。杉山の判断は的確であったのでしょう。国民政府の蔣介石や汪兆銘《おうちょうめい》は、西安事変後の「一致抗日」という風潮に対して、国共合作を漸次うけ入れながらも、「民力の増進」を第一としたペースを守るべく抗日にブレーキをかけていたという背景がありました。

しかし、風見らにとってはそれでは困るのです。風見は、杉山陸相の判断とは違って、早くも「問題はしかく容易に解決し難しと判断したる」と位置づけていたのです。はじめから不自然に前のめりの姿勢となっています。

と同時に、事変拡大を期していたかのように実に手まわしよく予《あらかじ》め閣僚たちに禁足令まで出しています。国内外にむけて事態を煽りはじめるのです。日支間に存在する非戦の均衡を、近衛と風見ら、そして中国共産党もいっきに崩したかったのです。

二日後の七月十一日、近衛は支那に反省をうながすために一大打撃を与えるべきだと称して、日曜日にもかかわらず臨時閣議を開催しました。ここで早くも今回の事件に「北支事変」との呼称をつけ、内地等から「北支派兵」を行う方針と派兵経費支出を決定したのです。異様な姿です。

しかし、現地では停戦協定が成立していました。支那軍の撤退、謝罪と責任者の処罰、抗日運動の取締り等の措置を支那側が採ることで合意し、関東軍・朝鮮軍の一部は部隊が派兵されるものの、その日のうちに内地師団派兵は実施保留になりました。

このように情勢が収束にむかっていたにもかかわらず、近衛はその夜、言論機関代表・貴族院衆議院代表・財界代表たち多数をこの順番で首相官邸に招いて会見し、近衛みずから「北支派兵」の方針決定と重大決意を高らかに謳《うた》いあげたのです。さらに近衛は各界代表たちから政府の対支那政策に関する了解と協力を、「満場異議なし」の「白紙委任状」のかたちでとりつけました。

各界代表を呼んで会見するとしても、ことの性質上、本来ならまず政界、続いて財界、そして最後に言論界の順番でなければおかしな話です。風見も当初そのように説明していました。しかし、ふたを開けてみると、翌日の月曜日の朝刊を意識してでしょう、やはり、全く逆の順番で言論界を真っ先に呼んでいました。

「今次事件は全く支那側の計画的武力抗日なること最早疑いの余地なし」とする強硬な声明文まで発表し、翌日朝刊の紙面だけではなく、念のいったことに号外まで出させたのでした。目的は、事変推進に向けた内外各方面や国民各層への強力なアピールでした。はじめから言論界を会見の真っ先にもってくる企みであったのでしょう。風見は新聞記者たちに、「すっかり覚悟が出来ているから心配要らぬ」とさえ言っています。

会見の模様を外務省東亜局長の石射猪太郎《いしいいたろう》は次のように語っています。

「行ってみると、官邸はお祭のように賑わっていた。政府自ら気勢をあげて、事件拡大の方向へ滑り出さんとする気配なのだ。事件がある毎に、政府はいつも後手にまわり、軍部に引き摺られるのが今までの例だ。いっそ政府自身先手に出る方が、かえって軍をたじろがせ事件解決上効果的だという首相側近の考えから、まず大風呂敷を拡げて気勢を示したのだといわれた」

石射はでたらめな言い訳を聞かされています。

この後も、近衛と風見からの国内世論統一の協力要請にこたえて、有力各紙は華々しく「強硬論」を展開して世論を煽ります。これを見た支那の国民は当然のことながら激怒しました。

すべてマスコミ対策に長じていた風見が、もっぱら近衛の了解のもとで取り組んだしかけです。たくみな演出、プロの業《わざ》です。

風見は、「この各界代表を招いてその支持を求めたることは、予が陸軍の一部と提携して強硬政策を推進せんがための手段として計画したるものとの世評さかんに行われたり」と書いています。

つづけて正直に真意と真相を次のように述べています。

「畢竟《ひっきょう》政府の態度強硬なりとの印象を内外に示すことなくば無意味なるを以て、かかる印象を与えたりという事実はその限りに於いて予の期待に一致する所なるが、軍の一部と提携し云々は全く事実無根にして、近衛公と直接に相談し（中略）これを実行に移したるのみ」

近衛と風見のふたりで企んだと述べているのです。

さらに、日記にはでていませんが、「停戦協定成立」のほうの号外を出そうとした新聞社に真実性の問題があると差し止めが働きかけられたり、協定成立に水をかけるような原稿が放送局に渡されるという動きがありました。風見のマスコミ対策の知恵の賜物《たまもの》ではないかと思われる工作です。

夜半近く、東京のラジオ放送は、なんと、「停戦協定成立との報告に接したが、冀察《きさつ》政権従来の態度に鑑《かんが》み、果して誠意に基くものなるや否や信用が出来ぬ、恐らくは将来反故《ほご》同然に終

計畫的の武力抗日歴然
斷乎・北支派兵に決定
政府、中外に重大聲明
自衛權の發動
廟議 不動の方針確立
首相葉山伺候奏上す
在外使臣に訓令
政府各代表の協力を求む
兩陛下けふ還幸啓
畏し・御豫定を御變更
擧國一致の結束成る
政府の方針遂行に協力
派兵以て反省を促す
首相各派代表に挨拶
財界も協力
政府を支援

昭和12年7月12日付の朝日新聞朝刊紙面。声明および言論界・政界・財界との会談

らん」と報じ、日本側の現地軍幹部や支那側を仰天させたそうです。

　この放送を聴いた支那側が、「日本こそ誠意がない、今日既に協定破棄の口実を設けているではないか、不拡大方針も、停戦協定も、作戦準備完了までの時間をかせぐ緩兵《かんぺい》の策に過ぎない」と不信を募《つの》らせたのも当然です。

　これが近衛や風見の狙いであったのです。


　元老西園寺の秘書原田熊雄は、事件発生以来の状況を注意深く観察していました。七月十四日になって次のように記録しています。

「出先の官憲がばかに強いと言うけれども、寧《むし》ろ出先では、閣議で派兵を決めたことだとか、あるいは陛下が葉山からお帰りにならなかった方がよかったとか、非常に慌てすぎたという風に内地を見ており、現地は現地だけで局部的に必ず解決できるものと思っている。東京で我々がきいているのだと、出先が非常に強くて抑えきれないというけれど、むしろ参謀本部あたり、或は陸軍省あたりの若い士官が喧《やかま》しいのである」

内地を「慌て」させ、陸軍省部（陸軍省および陸軍参謀本部）を煽っていたのは、政権最中枢の近衛と風見だったのです。

「政治」は諸力・諸勢力のバランスです。これらが扇の面上にあるとすれば、近衛は出自と富と人気と名声ゆえに「扇《おうぎ》の要《かなめ》」に位置していました。近衛がおもむろに少しばかり体重をかけた方に時代が傾いて流れていく位置です。

普通、人は戦争が嫌いです。軍人も同じです。けれども、どこの国にも好戦的な一群はいます。両者のバランスがとれている間は戦争は起きません。しかし「扇の要」にいる近衛がバランスを自分の望むほうへ崩すことを望んだならば、少しのしかけや工夫でそれができてしまうのです。近衛自身、明確にそのことを意識していました。というより、そのような位置につくべく彼自身が入念に企図してきたのです。

後にふり返っても、近衛と風見のしかけが国内外において事変拡大にむかう流れに大きな力を与えたことは否定できません。

盧溝橋事件の直前、中国共産党の北方局も盧溝橋付近にいた第二九軍の将兵にかなりの働きかけ工作をしていたようです。これらの将兵はまだ雑軍のような性格のままでした。

一方、蔣介石は、六月には南京の政府を事実上「廬山《ろざん》」に移していました。

そして六月二十一日、蔣介石と汪兆銘とは連名で、全国の政界、学界、実業界そして新聞・通信界の指導者たちに七月十六日から二十三日までの八日間大集会を開催すべく招電を発していました。

もし、七月に入って、日支間に緊張がはしるような事件が発生し早期に終息しなかったとしたら、このうえなく不都合なタイミングということになります。

これらの現地情勢を近衛も風見も熟知していたことでしょう。近衛と風見はまさにこのタイミングで「北支派兵」声明という爆弾を確信的に投げいれたのです。

風見が、早くから、「北支には一大戦雲の渦巻き起さるべきを予見する」とか、「北支に戦雲みなぎる」などの予断を持っていたことを示す記載も『風見章日記』に多見されます。注目すべきことです。

案の定、廬山での会議では、慎重に対日融和的な態度をとってきた蔣介石が局地解決に望みをかけつつも、次のような一大演説を余儀なくされました。

「われわれは、弱国である以上、もし最後の関頭《かんとう》に直面すれば、国家の生存をはかるため全民族の生命を賭《と》するだけのことである。そのときには、もはやわれわれは中途で妥協することを許されない……」

大集会場に集った人々は近衛の「北支派兵」の宣言をうけて、抗戦決意一色の興奮状態となってしまったのです。

海軍大臣米内光政《よないみつまさ》も近衛や風見の企図に協力します。八月十三日に第二次上海事変が起きると、米内は閣議で断固膺懲《ようちょう》をとなえ、反対する閣僚を怒鳴りつけてまで上海への陸軍派兵を主張したと言われています。

十四日に米内は、「不拡大主義は消滅し、北支事変は支那事変になった」として全面戦争論を展開、台湾から杭州にむけて、さらには長崎から南京にむけて海軍航空隊による渡洋爆撃を敢行しました。

くわえて八月三十日まで、上海・揚州・蘇州・浦口・南昌などを連日爆撃し、事変の戦火を各地に拡大させました。

九月二日の閣議でこの戦争を「支那事変」と呼ぶことが決まっています。

米内は、「日支全面戦争となったからには、南京を攻略するのが当然だ」と述べ政府声明の発出まで求めました。

驚いた杉山陸相は、「参謀本部とよく話してみるが、対ソ戦も考慮せねばならぬから、大兵力は使えない」とあわてて答え、外相は政府声明の発表に反対して不拡大論をとなえ、蔵相は財政経費の点から不満の意を表明します。

半年後には南京陥落後の強気ムードを背にして、駐支ドイツ大使トラウトマン仲介による和平交渉が打ち切られます。

さらに外交の定石《じょうせき》を無視して「国民政府を対手とせず」の声明を発したのも、風見と近衛が導いたことです。

「日本側の申し出は抽象的で返事のしようがない」という国民政府側からの返事をうけて、昭和十三年一月十五日、政府大本営連絡会議が開かれました。出席者は政府側は近衛首相、杉山陸相、米内海相、広田外相、末次内相、大本営側は参謀本部軍令部の両総長宮、多田参謀本部次長、古賀軍令部次長です。

多田参謀本部次長は、是非とも和平にもっていきたいという熱意から、「日本の申し出が抽象的というならもっと具体的に示し、又条件を緩和しても、飽くまで交渉を継続すべきだ」と強硬に主張しました。

これに対して杉山陸相は、「……誠意さえあれば政府としても勿論和平に導きたいことは山々だが、この返事の模様ではその片鱗《へんりん》も窺えぬ。それなのにこれ以上交渉を継続しようとすれば、彼の志気を昂揚し、宣伝を盛んにし、無暗に引き摺り廻されて此方の志気を挫折させられる。依ってこの際断然交渉を打ち切って、敵の抗戦意志を砕くよう更に圧迫を加えねばならぬ」と強調したといいます。

政府側は杉山陸相の意見と同様でした。陸軍参謀本部が交渉継続を主張し、交渉打ち切り論としのぎを削り、朝九時半から夜八時半まで激烈に争ったといわれています。水を入れるために三度休憩に入ったともいいます。この辺りは、どうも風見は正確に記していないと思われますので、元老西園寺の秘書であった原田の『原田日記』の記載に依《よ》っています。

ところが、政府側の意向を反映して米内海相から、「参謀本部は政府を信用しないというのか。もし参謀本部が飽くまで交渉継続論を主張するなら近衛内閣は総辞職する」という脅しがほのめかされ、結局、多田次長は政府側に折れざるを得ず、打ち切り論に決着したのです。米内はすでに一月十一日の御前会議で早々にトラウトマン和平交渉打ち切りを強く主張しています。米内はまた、多田の主張を支持した古賀軍令部次長を、外交の責任は外相が負うべきであるとして「慰撫《いぶ》」しています。

このとき閑院宮参謀本部総長が、「もし『対手にせず』と声明した後に、蔣介石が和平をやると言ったら、どうするか」と言われました。

これに対して近衛は、「絶対に相手に致しません」と言ったといいます。

のちに多田次長は、「交渉打ち切りは嫌だ。長期戦は嫌だ。しかし近衛内閣の崩壊はなお嫌だ」と、米内や近衛に追い込まれた苦衷《くちゅう》をもらしていたとのことです。

戦後、この連絡会議の模様を「陸軍同士が論争しているのだから政府はどうすることもできなかった」とイメージ操作して伝える元閣僚がいました。

しかし、陸軍が一本になって強硬論をとなえるから政府はどうしようも仕方がなかったというならともかくも、陸軍の意見が割れていたのであれば、近衛首相としてはどちらにでも采配をふれる立場にあったのです。近衛は「扇の要」にいたのです。近衛がおもむろに少しばかり体重をかけた方に時代が傾いて流れていくのです。

近衛自身が交渉打ち切りの意向であったから、多田次長に味方せず、杉山陸相の打ち切り論に味方したのです。

交渉打ち切り論にくみした米内海相も謎の多い人物です。

米内は海軍大学をでると、少佐で第一次世界大戦開始後のロシアに二年間駐在、大戦終結の年にふたたびロシアに約五カ月出張、大佐でドイツに約一年半駐在、ひきつづきポーランド駐在と、革命前後のロシアやその周辺に長くいたことがひときわめだっています。しかも著しいドイツ嫌いは有名です。

風見と米内とはとても親しい間柄でさかんに行き来や文通をしていました。風見が米内のもとへ出向くといつも山本五十六次官がいて、三人で策を練っていました。

昭和十三年一月十六日、日本政府はついに、「爾後国民政府を対手にせず、同憂具眼の士と相携えて更正新支那の建設に協力せんとす」との趣旨の声明（第一次近衛声明）を発しました。

近衛は、ご丁寧に、数日後に、「国民政府（蔣介石）を対手にせずと云うのは同政府の否認よりも強いものである」との補足声明までだしています。「対手にせず」ですので、日支ともに大使を引き上げました。大本営はその後、漢口、広東を攻略しましたが戦いを終わらせることはできません。

支那におけるもっとも有力な交渉相手をみすみす捨て去って泥沼の長期戦に道をひらいた上、アメリカ政府の対日感情を著しく悪化させていったのです。この声明文は風見のところへ陸、海、外の三省の主務者が集まって起草したものです。近衛と一心同体の風見が確実にからんでいたということです。近衛政治に批判的な衆議院議員鳩山一郎などはこのころさかんに「支那と戦わず、ロシアと戦うべきだ」として「支那事変拡大の不当」を説いていました。

およそ半年後の昭和十三年六月、近衛は板垣征四郎を陸相として入閣させて支那事変の収束に努めるポーズをとりました。板垣自身はこの時点で撤兵が大事と考えていたものの、軍政のしろうとであり、また戦争をもたらした元凶のイメージが支那側にあるため、客観的にはそもそも効果があまり期待できないものでした。

近衛は、六月十日の閣議で、統帥《とうすい》事項をのぞく一切の最高国策をあつかう機関としての「五相会議」の設置を正式決定しました。実際的には、前年秋に設置された大本営政府連絡会議に取ってかわるものです。

実は、トラウトマン工作をめぐって、参謀本部多田次長が政府と激しく対立して和平を主張したため、近衛は前年十二月から連絡会議の開催を減らし、二月以降はまったく開催しなかったのです。参謀本部を排除して近衛が思い通りにことをはこぶ体制が「五相会議」です。

風見のもとで支那事変処理にかかわっていた犬養健《たける》が、「近衛首相が陸軍各派の将官ひとりひとりの性格に詳しいのに驚いた」と述べていることに注意しなければなりません。駒の位置づけ、性格、そして動かし方に長《た》けていて工夫を凝らしに凝らすのが公家流です。犬養はこうも言っています。

「同時に近衛首相が他人事のように批判的な態度で傍観しているのに私は失望した。私は、もうどうでもなれというような気持ちになって」と、支那事変に対する近衛の姿勢を描写しています。

昭和十三年十一月の五相会議で、米内海相は海南島攻略を提案し合意事項としました。当時の海軍中央部では「海南島作戦が将来の対英米戦に備えるもの」でした。

だから、米内には、「第二次上海事変で、出兵に反対する賀屋興宣《かやおきのり》を閣議で怒鳴りつけて、無理矢理、兵を出して、シナ事変を泥沼化させた」という批判とともに、「海南島に出兵を強行して日米関係を決定的に悪化させた」という批判もつきまといます。海南島攻略は、仏領インドシナ（ベトナム）への進出につながるからです。

革命

第一次近衛内閣は、昭和十三年三月二十四日に有名な国家総動員法を成立させました。衆議院や貴族院では、この法案が憲法違反ではないかという疑義が多くの議員から出されました。国民の権利・自由を制限し広汎《こうはん》な委任立法を認める点での違憲論と、憲法第三十一条の非常大権を侵すという違憲論です。

これに対して近衛は、現代の総力戦の特質を説き、非常大権の発動は本法によっていささかも妨《さまた》げられないとし、国家総動員の大綱だけでもあらかじめ議会の審議をし、国民に知らせておく方が、むしろ立憲の精神にかなうと説明しました。

また、「日本の国体と国民性から見ればこのような法律は不要だ、この法案は唯物史観から出たもので法律で縛り上げなければ総動員ができないというのは大和民族の矜持《きょうじ》を傷つけ、日本国民の尊い愛国心忠国心を害する」という反対論も出されました。

これに対しては、近衛は、「今日の時代におきましては、唯単に国民の自発的協力のみに依ることはできないのであります。今日の国民の経済生活、国民生活というものは、極めて複雑なものであります。これを自由に放任致します時は、戦時の如き場合におきましては色々齟齬《そご》を来《きた》します」と答弁しています。

また、「資本主義の弊害は是正しなければならぬ」とも言っています。

なお、国家総動員法案が衆議院に上程されるにあたって首相自ら提案理由を説明することになっていましたが、近衛は二月二十一日から三月一日まで風邪と称して登院しませんでした。三月二日の審議から参加したのです。

この重大なときに風邪をひいたぐらいで登院しないという態度は誠に不可解で、「近衛は国事より自分の健康をより重大に考えているのだろうか」と言われました。近衛の生涯でしばしば現れた態度です。

ところでこの議会中の昭和十三年二月十七日、三多摩の防共護国団の壮士三百名が政党本部を占拠する事件がありました。カーキ色の制服に戦闘帽をかぶりトラックに分乗して政党本部に乗りつけ、政党の解消、挙国一致の一国一党樹立を要求したのです。政党が国家総動員法の審議を紛糾《ふんきゅう》させていたことも理由にあげられています。

防共護国団を背後から踊らせていたのは近衛と風見だとの説がありました。実際、近衛も風見も、防共護国団に「若干の」資金援助をしていたことは認めています。防共護国団の関係者は、昭和研究会の後藤隆之助らとともに近衛の自宅である荻外荘《てきがいそう》に始終出入りをしていたようです。昭和十三年七月には、五・一五事件で計画立案と指揮をし、自らも牧野内大臣邸を襲撃したために服役していた海軍中尉古賀清志が特赦で出獄しました。古賀たちが海軍次官山本五十六へお礼の挨拶に行くと小遣いとして千円ずつをくれ、つづいて内閣書記官長風見のところへ行っても千円ずつをくれたと後に証言しています（『昭和史探訪2』番町書房／角川書店）。千円はいまの貨幣価値で五百万円くらいでしょうか。

なぜ風見や山本は彼らをねぎらい資金支援をしたのでしょう？　古賀の証言は、風見と山本のあまり表に出ていない意外な方面との結びつきを示唆するものです。

ふたたび『風見章日記』に戻ります。風見にとっての支那事変は日本での革命に結びついています。

「今度の事変を契機として世の中は大変革を予想せねばならぬ」「今度の変革では華族なんて無くなってしまうことになるだろう」「前大臣や華族の乞食ができるようにならなくては、どうしてもこの事変はおさまるまい」ということです。さらに「選挙なんて、この事変下にやめられるならやめてしまわなくては嘘だ」と言い「ひょっとしたらこの秋ごろは、米も切符制になるのでは無いかと思う。そうなれば当然土地も国家管理と云うことになってくる。統制経済はそこまで行かなくてはならぬ」とも述べています。昭和十四年七月時点での記載です。このような人物が第二次近衛内閣では法の元締めたる司法大臣なのです。

昭和十四年九月には風見らが東亜新秩序建設の構想を練ったものがあります。そこでは、「十年間は大兵の支那駐屯を覚悟すること」「憲法停止」などが書かれ、政治綱領として、「旧勢力は一種の革命的手段によるにあらざれば、日本に於いても亦これを払拭《ふっしょく》し得ざること明白となれり。随って晩《おそ》かれ早かれ、旧勢力払拭のために大衆の蜂起を見るに相違なし」「此の混乱期に在りては、満洲、朝鮮、台湾共に叛逆すべし」「この過程中にありて革新日本体現され、その力によりて東亜新秩序の建設は行わるべし」などの文案がきわだっています。「革命的手段」「大衆の蜂起」にまでもっていこうという考えです。

中国共産党をめぐる支那情勢については、いち早く昭和十四年十月から十一月にかけて、「支那に於ける赤化勢力の抬頭は傾向としてこれを認識するの必要あり」と断じています。

さらに、社会主義政策や共産軍へのはなはだしい思い入れを吐露《とろ》し、「かくて日本の東亜新秩序建設にあたりては、支那に於いて大衆獲得のため一層徹底したる社会主義政策の実現の必要なるを認識するの要あり」「支那に於ける共産軍は反共の勢力と拮抗《きっこう》して、此処《ここ》に支那大陸は共産反共産の決勝戦に於ける死闘場と化する」としています。すでに、戦後の中国共産党と国民政府との内戦を予期しています。

そして支那における反共的抗争による「情勢の圧迫は自ずから日本の革新を急速に実現するの必要を生み、此の革新のために国内問題は益々重大化する」「早く事変を収拾せんとするも望む可からざる也。却って国民の潑剌《はつらつ》たる奮発心を盛り上がらしむるに足る新しき政治を生み出すことこそ、事変処理のための先決要件たり」としています。

要するに、支那事変は日本での革命の手段だったのです。


昭和十五年春には、風見が近衛と次のような話をしています。

「わたし（風見）は、近衛氏と、ふたりきりになったおり、時局のみとおしを語りあったが、近衛氏も日華事変がのんべんだらりとひきのばされてゆけば、厭戦《えんせん》気分の爆発から、革命は必至のいきおいであることを認めていた。そして、そうなると、皇室の運命はどうなるだろうかと心配げにいいだしたので、わたしが、徳富蘆花《とくとみろか》の『みみずのたはこと』に出てくるひとくさりを例にあげて、国民の皇室に対する関心は、みかけほどのものではなかろうと指摘し、したがって、いざ革命ともなれば、皇室の運命はどうなるか、わかったものでないとこたえると、近衛氏は『ツァーの二の舞ではこまるなあ』と、顔をくもらした。それからしばし沈思黙考の態であったが、やがていとも沈痛な口調で、ひとりごとのように、『ぼくとしては、どうなろうとも、皇室と運命をともにしなければならない』と、もらしていた」

これまで支那事変は、中国共産党が、蔣介石の国民党と日本を戦わせたという構図で語られてきました。中国共産党をたびかさなる掃討戦で追いつめていた蔣介石を、昭和十一年十二月、西安事件で監禁して「抗日統一戦線」路線へと舵をきらせ、国民党と日本とを戦わせて双方の疲弊《ひへい》をはかったというものです。第二次上海事変勃発《ぼっぱつ》後には第二次国共合作が成立し、中国共産党の狙いどおり、日本と国民党とは泥沼の戦いにはまり込みます。戦後、毛沢東は、国民党軍を疲弊させた日本軍への感謝の気持ちを訪中した日本の政治家たちに述べています。

しかし、風見の日記が物語るのは、日本側にも革命のために支那事変を利用する意図が、よりによって政府中枢にあったということです。当然、両者が通じていた可能性も浮上します。いや、通じていたにちがいありません。近衛や風見の周辺には中国共産党とふとく通じていた尾崎秀実らがいました。さらに風見と尾崎はとても強い絆で結ばれていました。支那事変は中国共産党がしくんだ「国共合作」の成果だけではなく、「日本政府中枢と中国共産党の合作」の成果でもあったのです。

さらに風見と近衛について興味深いのは、徹底された対ソ戦不拡大の方針、そして風見によるソ連賞賛、およびソ連参戦についての的確な見とおしです。

対ソ戦不拡大の徹底から見てみます。

昭和十三年七月に起きた張鼓峰《ちょうこほう》事件という満洲国とソ連との国境紛争では、支那事変の場合とはうってかわって、不拡大が綿密かつ厳密に徹底されました。「不拡大」はやろうと思えばできることが『風見章日記』において証明されているのです。

張鼓峰事件発生の報に接し、あわてて緊急閣議などは開かず、敵にむけて飛行機は飛ばさず、政府と陸軍は連絡を密にして不拡大の線で意思疎通を十分にはかり、現地も含め陸軍全体にしっかりと我慢をさせたのです。一年前の支那事変への対応とはすべてが真逆なのです。

このとき、イギリスの記者は、「日本軍では『敵を撃退すべし、併し進撃すべからず』という命令が厳重に守られた。よくも日本軍は隠忍自重《いんにんじちょう》したものだ」と言っています。

アメリカの記者も、「日本軍は何等報復的手段に出なかったのに対してソ連は極めて積極的であった」と述べています。

拡大も不拡大も、「扇の要」にいた近衛と風見らはしっかりとそのやり方を心得ていたのです。しからば、なぜ支那事変を拡大し、対ソを不拡大としたのか。

この点、当時も多くの疑問が呈せられていました。

たとえば、陸軍の真崎甚三郎はその日記に、盧溝橋では暗夜に銃声がおきたということで直ちに拡大し、今回の張鼓峰の場合はわが領土を大爆撃されても、これに応戦しないことに憤慨した旨を記しています。

駐ソ公使であった重光葵でさえ、対ソ開戦を決意して、「直に奪還すべき」であり、「外交交渉はその後」と本国に打電したほどです。

張鼓峰事件の解決方法は将来に禍根《かこん》を残したといわれています。まさに対ソ融和の近衛・風見の姿勢が反映したのです。

風見はソ連という国についての賞賛を惜しむことはありませんでした。少しさきの話ですが、戦争末期、ソ連に関するある論文を読んで、風見は、「なぜソ連は強いかを精神的方面よりとりあつかえるものにて、ソ連民主主義の結晶というところにその原因をもとめたるもの也。よく書かれたり」と絶賛しています。「ソ連民主主義の結晶」などはまったくでたらめな幻想ですが……。

そして、ソ連の対日侵攻については、風見は早くから中立条約などに関係なく確実にソ連軍は来ると予想していました。風見は次のような驚くべき表現をつかっています。

「ソ連は日本にむけ、戦神をして羽ばたからしめつつある。戦神マルスは日本人の思惑などにはちっとも気にかけずに、何れ《いず》は日ソ国境に中天高く舞い上がることであろう」(昭和十九年十

一月十五日)

「戦神マルス」とは何たること。風見は心からソ連のしもべであったのです。

卓見の士

参謀本部第一部長(作戦部長)である石原莞爾《かんじ》少将は北支事変がはじまるや、事はきわめて重大と、数日にして、和平にむけて近衛首相に蔣介石との直接会談を提言します。

これに対して風見は、「石原少将は参謀本部の第一部長にして、同少将にして北支に於ける日支両軍の衝突事件が含蓄する意義の如何に重大なるかを知悉《ちしつ》するとせば、近衛公が南京に飛んで蔣介石と直接交渉し、依って以て問題の解決をはかるべしと要求する前に、支那駐屯軍の満洲への後退の用意ある旨を政府に向かって明かにすべきに拘《かか》わらず遂にこのことなきは、石原少将の地位に在ってすらその用意を実行に移すことの容易ならざる有様なるを物語るものといいわざるを得じ。即ち軍部内の統一全からざる也。統制力は疑わしきを実証して余りありというべし」(昭和十二年七月十三日)とまず意地悪く指摘しています。

しかし、考えてみれば、陸軍や支那のそのような状況を前提にたいへんな危機感をもって石原は行動にでたのです。

実際、石原は梅津陸軍次官に反対されています。風見は屁理屈をつけて石原を非難し、あえて不作為を意図し、事態を悪化させるよう取りはからったのでした。

「加之《これにくわえ》軍の統一全くその統制力に信頼し得るものとせば、石原少将は自ら予に電話することなく、陸軍大臣又は次官等をして予にいわしむべき筈なり。然るにこの順序を択ばざるは、石原少将は陸軍省部の首脳を信頼せざるによるものにして、即ち参謀本部首脳と陸軍省首脳とは渾然融和し居らざる也。然も参謀本部それ自身すら、部内に派閥多くして容易に進退一致を期し難き有様なればこそ、石原少将程の人材にして尚且つ陸軍省首脳を動かし、同少将の意見を採用せしめて陸相をして首相南京行きを提議せしむるの正しき順序を求め得ざるなりと思うとき、首相南京行きは容易に首肯し難き也」（昭和十二年七月十三日）

と述べています。

危機的な状況だから近衛は動かないよ、と風見は言っているのです。風見も風見ですが、近衛もこれにあわせて、この大切な七月十二日から十九日までのあいだの時期、例のごとく病臥《びょうが》して自宅に引きこもって動こうとしませんでした。

七月三十一日、石原は天皇に対して支那の軍事情勢についての御進講を行い、「軍としては保定の線に進むことが精一杯で、それ以上の戦線の拡大には自信がもてない。したがってそこまで行く前に、外交手段により兵を収めることを最善の策と信ずる」と言上します。天皇もこれに同感の意を表されています。

昭和十二年九月、支那事変勃発後二カ月強にして石原は参謀本部第一部長から関東軍参謀副長に移され、昭和十三年十二月には舞鶴要塞司令官へと追いやられました。どちらも第一次近衛内閣下のできごとです。わが国を救いえる卓見の士は中央で腕をふるうことを許されなかったのです。共産主義者たちにしてみれば、こんなにありがたいことはありません。

風見は石原への誹謗《ひぼう》に念をいれます。

「今にして回顧するに、石原莞爾氏昨年の初夏当時少将として関東軍副参謀長たり。而して上長と意見合わずとて軍服を着けず、無断にて任地を放れ上京す。石原氏辞職もせず、上長これを罰するを得ず、却ってこの人のために栄職を与えんとして苦心し今夏中将となり、かつ（舞鶴要塞司令官から）一六師団長に親補せられたり。この一事は軍人にして、いわゆるこれを職とするものの心事甚だしく腐敗するを立証するものにあらずして何ぞや。陛下も石原氏のその行動には快しとせざるなり。而してこれを師団長に親補するを許される寛度の然らしむるといわんよりも、実に事の是非曲直を弁ぜざるの所為といわざるを得ず。綱紀何によってか保持さるべき、社稷《しゃしょく》殆《あやう》からざらんとするも得ざるなり。軍部官界ともに、その同僚に於ける行蔵は是非名分を没却して、いわゆる博徒的仁義による也。世は末といわずして何というべきや」と。

昭和十四年九月二十三日の日記です。

確かに石原は、満洲国におけるみずからの理念の実現を関東軍司令官らに拒否されたため、予備役編入《よびえき》を願い出、承認が下りないうちに独断で帰国してしまいました。

風見がこの石原糾弾の絶好の機会を逃すはずがないのです。将来を見通し断固国益を護ろうとする石原がいては計画を進めにくいのです。

かなり前から風見と近衛とで天皇の耳に巧みに石原に対する讒言《ざんげん》を入れていたことは容易に推測されます。これが陸軍内の人事におおいに影響したことは想像に難くありません。

風見は根っからの共産主義者でしたので、満洲国建国の立役者である石原莞爾ほど憎いものはありませんでした。この満洲での日本の成功をめぐる憎しみは、国際共産主義者の共通の感情です。このような感情が、風見が攻撃対象として石原を執拗に狙った背景にあったのです。

尾崎の足音

近衛のブレーン・トラストである昭和研究会や朝飯会について語るならば、尾崎秀実を欠くことはできません。昭和研究会や朝飯会に参画し、さらには内閣嘱託として首相官邸に乗りこんだ尾崎を、われわれはしっかりととらえなければいけません。

尾崎秀実は、明治三十四年四月、東京で生まれ台湾で育ちました。その後、上京して第一高等学校をへて東京帝国大学法学部を卒業します。

一高や東大法学部において牛場友彦、そしてこの後述べます松本重治と同級でした。牛場とは特に高校時代の三年間交際がつづいていました。

高等文官試験に落ちてから、尾崎は東大大学院に進み、経済学部助教授大森義太郎《よしたろう》の指導で共産主義へ傾倒していきます。本人も「大正十四年から共産主義者であった」とゾルゲ事件で逮捕後の尋問で明言しています。

大正十五年、東京朝日新聞社に入社、社会部に籍をおきます。この頃「草野源吉」の偽名で社会主義の研究会や日本労働組合評議会関東出版労働組合などに所属していました。

その後、大阪朝日新聞社に転じて昭和二年十一月、上海支局に赴任しました。

上海において尾崎は、中国共産党の幹部や郭沫若《かくまつじゃく》グループ、中国共産党政治顧問団の面々、そして東亜同文書院の左翼学生グループなどとのつきあいを始めます。

日本人共産主義者の水野成《しげる》や中西功などの指導も行いました。共産主義運動家への資金支援も行います。

アメリカ人女性ジャーナリストで中国共産党と通じアメリカの反日世論を湧き立たせていた

アグネス・スメドレーとは特に濃密な関係でした。スメドレーからは国民党の暴露情報などを得ています。

尾崎はスメドレーの仲介でドイツから来たソ連のスパイ、リヒャルト・ゾルゲと会い、スメドレー同様に上海ゾルゲグループの一員となりました。尾崎が国際的な共産主義活動に入ったのです。

昭和七年一月に帰国するまで、ゾルゲの要請に応じて、支那各地や満洲国で日本軍の動向を含めた広範な諜報活動や調査を行いました。

尾崎帰国後の諜報活動の後継者は、新聞聯合社の記者山上正義です。新聞聯合社の上海支局長には一高・東大法学部でやはり尾崎と同級の松本重治が就任します。

この時期、昭和三年六月に張作霖《ちょうさくりん》爆殺事件があり、八月にはコミンテルン第六回大会でソ連防衛と中国革命を念頭に、「帝国主義戦争を内乱（敗戦革命）へ」のテーゼが採択されています。

昭和六年九月に満洲事変、そして昭和七年四月には中国共産党がソビエト政府名で対日宣戦を布告します。

昭和七年二月、尾崎は上海事変を機に帰国命令をうけて日本に戻りました。朝日新聞大阪本社では外報部に所属しました。

その後も尾崎は、支那における諜報網の維持などのためにスメドレーを訪ねて支那に行ったり、彼女と文通をしています。

　昭和七年五月末、アメリカ共産党員であった宮城与徳《みやぎよとく》が訪ねてきて、彼を介して奈良公園において六月初旬に尾崎はゾルゲと再会します。ゾルゲからは日本での諜報活動に従事するよう要請されました。尾崎はこれに応じ、日本でのゾルゲ諜報団の一員として本格的な活動を開始したのです。

　尾崎には知らせませんでしたが、ゾルゲはソ連共産党員であると同時に赤軍の諜報機関たる第四本部の指揮下にありました。ゾルゲの地位は赤軍「中将」級であったようです。

　昭和九年十月、東京朝日新聞社に新設された東亜問題調査会に支那専門家として招請されたため、尾崎は大阪朝日新聞から東京朝日新聞に戻ります。東亜問題調査会は、東アジアに関する問題をひろく調査し、朝日新聞の活動に寄与し、あわせて国策に協力することを目的としました。朝日新聞主筆の緒方竹虎が会長となり、大陸経済専門家、政治研究家、外務省情報部員、陸海軍関係者、産業界・文化界代表者、さらにソ連問題専門家などがメンバーでした。

　尾崎はこの調査会の主要メンバーとなったことで声価を高めるとともに、各界の第一人者に会うことが可能となりました。尾崎はこのうえない情報ルートを手にいれたのです。

　昭和十年夏、尾崎はコミンテルンに正式登録されます。

　昭和十年暮れには、朝日新聞の支那視察記者団として渡支し、冀察《きさつ》政務委員会成立直後のトップ会見をはじめとして支那各地の実力者のルポを発表しました。

昭和十一年二月には、一高・東大法学部を通じて同級生であった牛場友彦の斡旋《あっせん》で、蠟山政道などが中心の近衛を囲む会に加わっています。

昭和十一年八月、尾崎はカリフォルニアのヨセミテで開催された太平洋問題調査会第六回ヨセミテ会議の日本代表団に、やはり牛場の斡旋で支那問題専門家として加わりました。

オックスフォード大に留学し太平洋問題調査会の事務局員であった牛場は、アメリカに留学中で今回はじめて参加した近衛の長男文隆のサポート役でもありました。

ヨセミテ会議では、尾崎は元老西園寺公望の孫で外務省の嘱託であった西園寺公一《きんかず》や文隆と心許せる友となりました。尾崎と西園寺とは往復の船で同室となり、全幅の信頼をおく関係を築いたのです。

ヨセミテ会議には風見と家族ぐるみのつきあいをしていた共産主義者ハーバート・ノーマンもいました。

太平洋問題調査会自体は、このときすでに国際金融資本や共産主義勢力のコントロール下にあったのです。この会議でのさまざまなキーマンたちどうしの出会いは彼らが演出したものでしょう。太平洋問題調査会についてはあとで詳しく述べます。

尾崎は早くから梅津美治郎、柴山兼四郎、そして武藤章などの陸軍中枢者と親しく、かつ彼らに対して積極的な働きかけをしていたと言われています。

ゾルゲも、武藤との接触は濃かったようです。

武藤は昭和十四年九月に陸軍省の最重要ポストである軍務局長となってから、軍務局長名で陸軍内にゾルゲへの全面的な情報提供を命じたと言われています。このことがあるため、武藤は後のゾルゲ事件発覚で、昭和十七年四月に近衛師団長に更迭《こうてつ》されます。

陸軍省軍務局や参謀本部は、ゾルゲに日本事情の手ほどきをしてやる必要があるといって、なんと尾崎にその指南役を要請したのでした。陸軍は念がいったことに、朝日新聞経由でも尾崎にこの要請をしています。尾崎はこの要請に「しぶしぶ」同意したのです。

こうして尾崎はゾルゲと連れだって歩いても陸軍の意向を聞き知っている人たちからは何も不思議と思われない立場となりました。ゾルゲは、ドイツ大使館と特別に深い関係があるナチス系の有能な通信員とみられていたのでしょう。


昭和十一年十二月、尾崎は、雑誌『中央公論』に、西安事件の推移に関する予測記事「張学良のクーデターの意義」を寄稿します。

西安事件とは、日本によって満洲を追われた張学良が、蔣介石の対日妥協姿勢に反発し、蔣が共産党掃討作戦の監督のために西安にやってきたのを好機に、蔣を逮捕監禁したクーデター事件です。

尾崎は、太平洋問題調査会のヨセミテ会議での観察や、スターリンが蔣介石の暗殺を望んでいないという入手情報をもとに、蔣介石の生存や抗日統一民族戦線の誕生など、西安事件の顚《てん》末《まつ》を正確に予測した文章を寄稿したのです。

日本では一般に受けいれがたい予測内容でしたが、予測が的中したことで、支那分析家としての尾崎の評価は一気に高まりました。このころ、『中央公論』や『文藝春秋』などの雑誌での座談会では尾崎と風見とはしばしば顔を合わせました。

尾崎の活躍に近衛も目をみはりました。

昭和十一年暮れには牛場の斡旋で、尾崎は東京朝日新聞の論説委員佐々弘雄とともに永田町の星ヶ岡茶寮で近衛と会います。尾崎の昭和研究会入りにつながる会見であったと思われます。

尾崎は、昭和十二年四月から佐々の紹介で近衛のブレーン・トラスト昭和研究会に参加します。風見は昭和研究会内に新たに立ちあげた支那問題研究会の委員にまっさきに尾崎を就任させ、その後、彼を委員長にしました。

この研究会は名称を変えながらも、三年以上にわたって尾崎の指導下にあったのです。尾崎は対支政策の基本的な立案を指導しました。

支那問題研究会のメンバーは、尾崎秀実、岡崎三郎（マルクス主義者で労農派グループ、戦後岩波文庫版『資本論』を翻訳）、平貞蔵（元東京大学新人会、思想家、満鉄参事）、和田耕作（企画院調査官、のちに企画院事件で検挙。戦後、民社党代議士）、土井章（国家社会主義者に転向）、大山岩男（元共産党員）、堀江邑一《むらいち》（マルクス主義者、戦後日ソ友好協会会長）などでした。

昭和研究会には、各部会への連絡のための中央機関としての連絡部会がありました。尾崎はこの中央機関のメンバーにもなり、昭和研究会全体の中心人物となっていったのです。

近衛や風見の尾崎への信任はことのほか厚く、以後日本の中枢情報がゾルゲ諜報団を通じてソ連に筒抜けになります。尾崎は十一月から朝飯会にも参画します。

昭和十三年七月、尾崎は東京朝日新聞を退社し、風見や牛場の斡旋で第一次近衛内閣の嘱託となります。正式に近衛内閣の参謀となり、各界の要所を歩ける立場を得たのです。

嘱託としての主な任務は、支那事変処理・遂行についての調査報告・意見具申、そして国民再組織問題への取り組みです。

尾崎は首相官邸の牛場秘書官室のとなりに一室をあたえられ毎日出勤しました。尾崎は秘書官室などへ自由に出入りすることを認められ、官邸の機密情報と日頃からふんだんに接触していました。官邸情報がソ連や中国共産党にそのまま流れていたことはほぼ間違いないでしょう。尾崎の部屋には首相秘書官のひとりとなっていた文隆も日常的に出入りをしていました。尾崎と近衛あるいは近衛周辺との深いかかわりは第三次近衛内閣まで変わりません。

昭和十三年夏季には、尾崎は、近衛の秘書官である牛場や岸そして文隆とともに近衛がいる那須の別荘に呼ばれ、近衛との交流をさらに深めています。

このとき近衛は、尾崎に、「提携先としてドイツと英米とでどちらが正しいか」と質問して研究を依頼しています。

昭和十三年五月から十四年四月まで、中西功という共産主義者が、尾崎の推挙と朝日新聞論説委員の笠信太郎の紹介によって南満洲鉄道株式会社（満鉄）に在籍していました。尾崎とかかわりの深いこの中西という人物について少し触れておきます。

中西は満鉄から日本陸軍の中支那方面軍特務部に派遣されて、孫文の「三民主義」の研究をしていました。昭和十三年八月、上海で開催された陸軍特務部の思想対策研究会に、担当将校菅野謙吾、昭和研究会の蠟山政道、昭和研究会の事務局員の酒井三郎、同盟通信上海支局長の松本重治、そして中西らが参加しました。研究会では、「戦前の国民党の政策組織を現下の日本の必要に基づき、如何に修正し利用するか」が審議されました。支那における傀儡《かいらい》政権の強化です。このようなところに、蠟山、酒井そして松本が参加していたのです。注目すべきことです。

さらに中西は、満鉄の調査部において支那抗戦力調査の柱のひとりとして活躍しました。もうひとりの柱は尾崎です。彼は後に加わります。

一方で、中西は、ひそかに中国共産党中央執行委員会政治局や上海情報部に関係していたのです。

中西は支那抗戦力調査の内容や南京の総軍および東京の尾崎から得た近衛の動向をふくむ情報をすべて延安の中国共産党に流していました。彼は、調査部の仕事に乗じて南京の総軍司令部と連絡をとって秘密情報をすべて入手していました。これらの情報は当然のことながら尾崎やゾルゲを通じてモスクワへも流れていました。

中西は、日本による支那支配に協力しながら、スパイとして情報を中国共産党に渡していたのです。


昭和十四年正月の第一次近衛内閣の総辞職直前、尾崎は風見の後援で犬養健とともに「支那研究室」を山王ビルに設立します。風見は設立資金として三、四千円を提供しています。いまの貨幣価値で言えば二千万円くらいでしょうか。

風見と尾崎は太いパイプでつながり続けます。

尾崎は「支那研究室」に共産主義者の友人水野成《しげる》もひきいれて、西園寺公一とも連携しながら貴重な情報源と政治面における地盤の保持に努めたのです。「支那研究室」にも文隆はおりに触れて出入りしていました。

昭和十四年四月、尾崎は、近衛や風見、西園寺、牛場、岸道三らとともに、茨城県下に南朝の遺臣北畠親房《ちかふさ》が「神皇正統記《じんのうしょうとうき》」を書いたという小田城址への見学旅行をしています。近衛のたっての希望による見学会です。近衛グループ一同で、第二次近衛内閣へむかっての再起をみなで期したのです。

昭和十四年六月、尾崎は、近衛の秘書官であった岸につづいて満鉄東京支社調査部に高級嘱託として並はずれた高給で就任しました。以後ゾルゲ事件で逮捕されるまで同社に勤務します。

調査部での尾崎の助手は、日本共産党再建準備委員会活動で検挙されたものの病気のためと称して執行停止中であった伊藤律《いとうりつ》でした。

満鉄調査部は、満洲にいる関東軍と緊密な連絡をとっていました。調査部における調査計画および結果は、関東軍に報告されました。また関東軍から種々の調査を依頼され、作戦に関する命令をうけました。調査部はいわば関東軍の「情報部」であったのです。

調査部において尾崎は、前述の「支那抗戦力調査」および国際情勢の研究を行いました。

尾崎は、満鉄およびその関係者を通じて、政治・外交・経済に関する多量の情報を入手でき、かつ関東軍や支那の日本軍部の動静を察知できました。尾崎は見識豊かな調査部嘱託として、満鉄にくるすべての重要情報を吟味《ぎんみ》する立場であったからです。

さらに約千名に及ぶ満鉄調査部職員の内、中西をはじめとして約三百名が公然または非公然の共産主義者であったと言われています。満鉄は調査要員の大増強のため、左翼運動の前歴者も多数採用したのです。彼らは調査部内に彼ら自身の組織をつくっていました。この組織は尾崎らの活動と連携したのです。

汪兆銘工作にも大いに協力し、支那とのあいだを頻繁に行き来します。

昭和十四年初秋、近衛の軽井沢の別荘「草亭」において、近衛、尾崎、西園寺、牛場、岸、佐々、松本重治、蠟山政道、笠信太郎の九人で会合をもちました。テーマは「日本の政治は一体どういう形でなされるべきであるか」です。このとき松本は、「近衛さんが従来と違って非常に政治のことを突きつめて考えておられる様だ」と話しています。

尾崎は自信に満ちた展望をもっていました。近衛がふたたび国民の輿望《よぼう》をになって第二次近衛内閣を成立させると正確に予測していました。友人の河合貞吉にこう語っています。

「僕たちは、今度こそは非常な決意をもって臨んでいるんだよ。日本の党は、まだまだ力が弱くて、とても下からの革命なんて今のところ考えられもしないよ。強いのは軍だけだ。今の日本は軍だけがオールマイティーだ。そこで、軍は自分たちの力を過信して、政治でも何でも強引に引きずろうとしているが、あのプーアな政治理念ではやがて行き詰って投げ出すに決まっている。そして結局最後の切り札はやはり近衛だよ。その時だね、今度こそは軍に横車《よこぐるま》を押させないだけのはっきりとした条件をつけて近衛を出す。いわゆる東亜新秩序の理念をそのまま社会主義理念に切り換えてゆくつもりなんだ。むろんソ連や中国の共産党と緊密な提携の上に立ってだよ、しかし、近衛の力でそれを最後まで仕遂げられるとは、もちろん僕だって思っていない。近衛はね、結局はケレンスキー政権だよ、次の権力のための橋渡しさ。僕は近衛の五人のブレーンの一人になっているんだが、一応はこのケレンスキー政権を支持して、やがて来る真の革命政権のために道を開く――僕はそんなつもりでいまやっているんだ」

しかし、尾崎は、ときの経過につれ、近衛の本質がケレンスキーなどではないことに気づいていくのです。

昭和十五年七月、尾崎の見立てどおり近衛に再び大命降下し第二次近衛内閣がはじまります。昭和十五年ころ、ソ連は汪兆銘を中心とする傀儡政権の樹立の動向に高い関心をもっていました。汪側に対する日本側の交渉委員のひとりに犬養健がいました。尾崎は西園寺経由で日華基本条約などの原案を入手することができ、これをゾルゲに渡しています。

昭和十六年二月、荻窪にある近衛の邸宅荻外荘《てきがいそう》において、近衛、尾崎、牛場、岸、松本重治、高木八尺で会合をもちました。テーマは対米問題です。このとき尾崎は、対米問題に絡めて、支那問題は世界史的な規模の上からでなければ解決できないとの意見を述べています。

三月には近衛の鎌倉の別邸において、近衛、尾崎、牛場、岸、松本そして加藤外松《そとまつ》駐仏大使で会合をもちました、テーマはやはり対米問題です。このときは、加藤大使が対米協調の意見を述べています。

昭和十六年八月、尾崎は満洲において対ソ動員の実情調査を行いました。風見はこのとき、「目的を遂げるように」と尾崎を励まし、帰朝報告もうけています。尾崎と風見は盟友であり、尾崎が風見を助けるとともに、風見が内閣書記官長となってからは、尾崎は風見から多くの支援をうけます。

尾崎の主な情報源は、風見を筆頭に、朝飯会や昭和研究会のメンバー、近衛の秘書牛場と岸、第二次近衛内閣秘書官長富田健治、犬養健、松本重治、満鉄調査部、朝日新聞社、松本重治の同盟通信社、三井物産情報部門、武藤章を筆頭とする陸軍将校、陸軍記者倶楽部、企画院の新官僚、そしてその他の共産主義者におよんでいました。

松岡外相訪欧時の状況や日米交渉等の情報は外務省や第三次近衛内閣の嘱託であった西園寺から入手できました。北進・南進の議論たけなわのころは、陸軍の佐藤賢了軍務課長や石原莞爾中将から見解や貴重な情報を聴取しています。

尾崎は朝飯会で白洲次郎とも気心が知れた仲となりました。二人は波長があったようです。面白いエピソードがあります。尾崎は昭和四年ごろから「白川次郎」というペンネームを使っていました。尾崎の父秀太郎が岐阜県白川村出身であり、秀実はその次男であったので「白川次郎」だといいます。偶然といえば偶然なのですけれども、「白洲次郎」にこれほどよく似た名前はほかにはないでしょう。尾崎のこのペンネームについては、尾崎と白洲二人ともに気に入っていたことは疑わなくてもいいでしょう。

尾崎がこのように自由に活動できたのは、当時警察が職務怠慢であったからではなく、なんといっても近衛のブレーンとして近衛に認められ重用されていたことが周知の事実であったからです。

尾崎の上司、ゾルゲ自身も大きな情報網をもっていました。

ゾルゲは、ドイツのディルクセン大使、オット大使、ドイツ通信社総裁、ナチスの対外諜報部長から、日本や支那についての造詣《ぞうけい》がきわめて深く、日本政府や日本軍の動向を中心に有益な極東情報をもたらす人物として高く評価され信頼されていました。監視役のゲシュタポまでゾルゲを信頼していました。

このためゾルゲはドイツ大使から第一級の極秘情報を入手できたのです。

日本人では、武藤章をはじめとする将校、海軍の小林躋造《せいぞう》中将、外交官の松岡洋右、東郷茂徳、白鳥敏夫、政治家の中野正剛、そして近衛文麿の側近たちです。

多くが、ゾルゲに傾倒し喜んでゾルゲに協力しました。彼をナチスドイツの代表的な人物ととらえていたと思われます。

尾崎秀実が果たした〝歴史的な役割〟は、実は、これまで記してきた「諜報者」としての役割よりも「扇動者」としての役割のほうがより重要です。

尾崎は、日本、支那、ソ連のどの国の共産党員にもなっていません。終始ひとりの自由で独立した共産主義者として策を練り発信する扇動者であったのです。

尾崎は昭和九年から朝日新聞社の東亜問題調査会に籍をおきながら、『改造』『中央公論』などの雑誌に華々しく支那問題について寄稿し数多くの論文を発表します。

盧溝橋事件が勃発してからは、蒋介石政権を激しく罵倒《ばとう》し、日本人の国民党政府への侮蔑《ぶべつ》感を形成することに全力を注ぎました。

スメドレーからの情報が役立っています。

「国民党政府は、半植民地的・半封建的の支配層、国民ブルジョア政権」「国民党政府は、官僚階級、地主階級、および新興資本家階級、軍閥の代表者を主として構成されている」「南京政府の支配は一種の軍閥政治と見ることができる」など。

そして日本国民と軍、そして政府を支那事変完遂にむけて煽りに煽っていったのです。同時に支那側には日本に対する巨大な敵愾心《てきがいしん》を燃やさせたのです。

尾崎の論文は月平均三本というハイペースでした。近衛内閣嘱託という肩書きがついてからは影響力は数倍になりました。論壇の第一人者として支那事変の全面的拡大と永続化を使命としたのです。

尾崎の狙いは、中国の共産化、日本の共産化への環境整備、そしてソ連防衛でした。支那事変を利用して、蔣介石と日本を疲弊《ひへい》させ、さらに日本を敗戦必至の対米戦に追いこみ、それにより共産中国および共産日本を建設しようとしたのです。

革命戦士として尾崎は風見と志をひとつにしていました。

近衛は尾崎の志と才能に着目し利用したのです。

『改造』昭和十三年五月号に掲載された尾崎の論文「長期抗戦の行方」を抜粋《ばっすい》で見ていきます。

「日支戦争が始まって以来既に八ヶ月が流れてしまった」

「戦いに感傷は禁物である。目前日本国民が与えられている唯一の道は戦に勝つということだけである。その他に絶対に行く道はないということは間違いの無いことである。『前進！　前進！』その声は絶えず叫び続けなければなるまい」

そして後半で「憂国の老先輩」に託して次のように絶叫します。

「日本が支那と始めたこの民族戦の結末を附けるためには、軍事的能力をあく迄発揮して敵の指導部の中枢を殲滅《せんめつ》する以外にない」

「支那を征服した二つの民族戦の場合、元《げん》が南宋を亡ぼすのに四十五年、清が明《みん》を亡ぼすのに四十六年かかっている」

支那事変は「民族戦争」であり、「敵の王を殺すまで四十年以上を覚悟して聖戦を完遂せよ」というとんでもない扇動です。

同じ年『中央公論』六月号に尾崎が寄稿した「長期戦下の諸問題」と題する論文では、和平へのうごきを激しく批判します。

尾崎は昭和研究会の「支那問題研究会」を「民族部会」と改称したうえで風見から責任者の地位を引きついでいました。この「民族部会」で尾崎は日支和平論を排して、漢口攻撃を強硬に主張します。そして漢口は攻撃されたのです。

昭和十四年六月、有田外務大臣によると、このころ、オット駐日ドイツ大使は本国宛の電報で、「ドイツ大使館が日本の新聞界や政界の主要人物を、適当な方法で動かし、日本の対米悪感情を激化することに努力している」と報告していたそうです。「適当な方法」の中に、ゾルゲや尾崎が入っていないと考えるほうが難しいでしょう。

尾崎は昭和十六年十月十五日に検挙されますが、その数日後に「大戦を戦ひ抜くために」と題する尾崎の論文が掲載された雑誌『改造』十一月号が発売されました。尾崎が検挙前に寄稿していたものです。尾崎最後の論文です。すこし長くなりますが全文を紹介します。

外には刻々変化してやまぬ国際情勢を控え、内には一瞬又一瞬切実の度を刻む経済的な制約を受けながら国運の進行に有利なる道を切り開かんとして努力しつつある外交当局の苦心は蓋《けだ》し想像以上のものがあろう。国民は現に振興しつつある外交関係を具体的に正確には知り得ない、従ってともすれば独断的にもなりまた焦燥《しょうそう》的にもなりがちであるのはやむを得ないであろう。この故に適当に知らしめる必要のある所以《ゆえん》でもある。近代国民は「知らずして依る」にはあまりに批判的、懐疑的である。彼等には納得があたえられることが依らしめるための前提条件となっているのである。

勿論必要以上に細かいことを知らされるにも及ばないし国家の機密に触れられる必要は毫《ごう》もないのである。ただズバリとした方向が示されさえすればよいのである。この点ではドイツの極めて大胆なしかしながら巧妙な国民への発表形式は学ぶべきであろう。英国のもソ連のそれも少なくとも日本より正直であり効果的である。

国民関心の中心は現在では日米外交交渉に置かれている。日米間に太平洋の平和をつなぎとめんとする重要なる折衝が行われつつあることは当局の発表にもあり、新聞紙上にも散見するところである。

近衛首相のメッセージが発せられたこともこの目的のためであると説明せられた。もとよりこれは政治指導部の一致した見解に基づくことであり、陸海軍部とも同一の見解に立つものとわれわれは確信しているのである。

日本側の事情はしばらく措《お》いて、アメリカが和平問題に可成《かな》りの関心をいだいている所以は、

第一に、アメリカが対独宣戦を決行するためには太平洋の艦隊を大西洋に廻す必要があり、日本艦隊によってその間隙《かんげき》を衝《つ》かれることを恐れる点。

第二に、シンガポールが攻略せられる場合は大英帝国のアジア支配の紐帯《ちゆうたい》が根底から断ち切られることとなり、やがて一定期間の後必ず英国の植民地支配がくつがえることとなる。これは直ちにアメリカにとっても味方の陣営崩壊を意味するのである。

この二点は内外評論家等の等しく常識として指摘するところである。

第三に、アメリカは今日ドイツを抑えるためにソ連を極力援助する態勢を示している。しかしながらもしかりにこれに成功した場合を考えるならばソ連の勢力は抑制しがたく強大となる道理である。ソ連に対する勢力はかかる場合には日本以外に存在しないのである。この

ような論理は現在よしそれがいわれなく見えるにしても遠謀ある世界旧秩序支配の指導部の考慮の外に置かれる筈はないのである。

ところで筆者は今ここで日米外交問題を論ぜんとするものではない。

よしんば米国側に宥和政策を欲する以上の如き理由があるとしても具体的な交渉の結実は、それらの理由が一国政治に対して持つ、重要性の問題（重さ）なり、緊迫の度合（時間と速度との関係）なりによって決定されるのである。

同時にそれは日本側の持つ要求の切実の度合と密接なる関連を持つものであることは確かである。

冷静な観測は、日米両者の外交交渉に当っての上記条件的諸要素（重要性、緊迫度）を甚しく異にしている如く見られるのである。

我々はここに当面の問題をしばし離れて現在の世界が当面する事態を更に一層深く観察する必要を感じる。

欧州に戦争が始まった時人々はこれを英独の決闘であると見た。しかしながらソ連をも捲《ま》きこんだ現在ではこれを第二次世界大戦と見ることに何人も異議をはさまないであろう。

私見ではこれを世界史的転換期の戦と見るのである。

英米陣営では独ソ戦が起こった時、ひそかに英米旧秩序陣営の勝利に導びくものとしてほくそ笑んだのである。この種の見解はひとり英米陣営側のみならず中立的陣営乃至《ないし》反対側にすら多少浸透しつつあり、と見られる理由がある。英米側は旧秩序の再建―修正的復元―を夢みつつある。しかしながらこれは全くいわれなきことであって、それは今次の大戦の勃発するにいたった根本の理由を見れば明かなことである。旧世界が完全に行詰って、英米的世界支配方式が力を失ったところから起った世界資本主義体制の不均衡の爆発に他ならないこの戦争が、英米的旧秩序に逆戻りし得る可能性は存在しないのである。戦争はやがて軍事的段階から社会・経済的段階に移行するであろう。

この点についての詳細な論究は他日に譲るとして、以上のことと関連して我々は政治指導部に希望したいことがある。

当局は日本国民を率いて第二次世界大戦を戦い切る、勝ち抜けるという大きな目標に沿うて動揺することなからんことである。日米外交折衝もまたかかる目的のための一経過として役立たしめた場合にのみ意味があるものといい得る。又今日日本には依然として支那問題を局部的にのみ取扱わんとする見解が存在している。これは世界戦争の最終的解決の日まで片付き得ない性質のものであると観念すべきものであろう。

私見では第二次世界大戦は「世界最終戦」であろうとひそかに信じている。この最終戦を戦いぬくために国民を領導することこそ今日以後の戦国政治家の任務であらねばならない。

これが尾崎最後の論文です。

現実がこのとおりに進んでいったことを私たちは知っています。恐ろしいほど的確な国際情勢分析。日本を対英米開戦にむけて扇動しよう、政府を鞭撻《べんたつ》しようという強い意図。尾崎は九月六日の御前会議の内容も把握していたのでしょう。近衛は「尾崎は最後に実にいい論文を書いた」とほくそ笑んだことでしょう。

尾崎の考え方や思想をさらによく知るために、検挙後の警察や検察による訊問《じんもん》の調書を見ていきます。『現代史資料（2）ゾルゲ事件（二）』（みすず書房　尾崎秀実の手記、司法警察官訊問調書等）によります。

訊問は昭和十六年十月中旬、対米英戦開戦前から行われています。

尾崎は、自分があらかじめ描いていた「東亜新秩序社会」の内容および実現のためのシナリオは次のとおりであったと述べています。訊問調書の原文から抜粋《ばっすい》します。

世界資本主義社会は必然に世界共産主義に転換すべきものであることに付いては只今申述べた通りでありますが、斯《かか》る転換は歴史的に見ても一時に達成さるべきものではなく、現実にも一九一七年以来ソ連邦が只一つの共産主義国家として存在しているのみであり、この外には地域的にやや自立性を持っている中国ソヴェート政権が存在しているだけであります。

然し私は欧州情勢や支那を巡る帝国主義諸国家の角逐《かくちく》等国際情勢から一九三五年（昭和十年）頃から第二次世界大戦は将《まさ》に近しとの見透しをつけて居り、其の後支那事変の勃発に依って之を断定致しました。そうして第一次世界大戦がソ連を生んだ如く、第二次世界大戦は其の戦争に敗れ或いは疲弊《ひへい》した側から始めて多くの社会主義国家を生み、世界革命を成就《じょうじゅ》するに至るものと思って居りました。

そうして私は此の関係を経過的に即ち、

（一）ソ連は飽迄《あくまで》平和政策を以て此の帝国主義諸国家の抗争の外に立つべきであり又そうするのであろう。

（二）日独伊対英米の抗争（帝国主義の変形国家と本来的帝国主義国家との抗争）は深刻な持久戦となるであろうが、其の結果は共倒れとなるか、何《いず》れかの勝利に一応は帰するであろうが、後者の場合は其の敗れた側に社会革命が起るであろう。

（三）勝ち残った国家に於いても充分疲弊して居り且つソ連の比重の相対的な増大、強大国家の社会主義への転換を余儀なくされる可能性が多いと云う様に観測して居りました。

而《しこう》して斯《かか》る観点に立って東亜に於ける日本の立場を考えますに、日本は支那事変を中心にあらゆる角度から見て、例えば日本がソ連攻撃に出ようが、英米協調しようが或いは又南進政策を強行して英米と戦おうが而《しか》も其の戦争の過程に於て一時的には軍事的に成功の可能性ありとするも、やがて国内の疲弊行詰りを生じて、遂に内部に社会革命の起る可能性が最も多く其の時期も早ければ昭和十七年上半期か下半期から斯る社会革命への第一歩である日本の転換が現れて来るものと思って居り、私は之等《これら》の見通しについては昭和十六年七月頃に於てゾルゲにも述べて置いた程であります。

私の云《い》う所謂《いわゆる》「東亜新秩序社会」と云うのは斯る転換期に於て日本国内の革命的勢力が非常に弱いと云う現実と斯る重要なる日本の転換は日本だけでは行い難いし、又行っても安定しないと考えるし、又英米帝国主義国との敵対関係の中で日本が斯《かく》の如《ごと》き転換を遂げる為には、ソ連及資本主義機構を離脱したる日本並に中国共産党が完全にそのヘゲモニーを握った形の支那、此の三民族の緊密な結合を中核として先ず東亜諸民族の民族共同体の確立を目指すのであります。

而して、私は其《そ》の場合それらの民族国家が直に完全なる共産主義国家たり得るものと必ずしも考えて居らず、其の過渡的形態としては、例えば支那に於ては孫文主義を徹底せしめた所謂《いわゆる》「新民主主義」国家であっても差し支え無く、又日本に於ても過渡的には日本的な特殊性を保存した社会主義的民族共同体であっても差し支えが無く、兎《と》に角《かく》、日、ソ、支三民族国家の緊密友好なる提携に依る東亜諸民族の解放を条件とするものであります。更に英、米、仏、蘭等から解放された印度、ビルマ、タイ、蘭印《らんいん》、仏印《ふついん》、フィリピン等の諸民族は各々一個の民族共同体として先に述べた日、ソ、支三民族共同体との政治的、経済的に共産主義国家を形成すると云うことは必ずしも条件ではなく、過渡的には其の民族の独立と東亜的互助連環に最も都合良き政治形態を一応自ら採択して差し支えないのであります。

尚、此の「東亜新秩序社会」に於ては前に述べた諸民族の外に、蒙古《もうこ》民族共同体、回教民族共同体、朝鮮民族共同体、満洲民族共同体等が当然考えられなければならない問題でありますが、私は其の中朝鮮民族に付いては朝鮮を民族国家として独立させるか、日本民族共同体の一部として存ぜしむるかは、朝鮮民族の意識其の経済的自立性其の他其の時期に於ける東亜全域の種々なる観点から決定さるべきであり、満洲国に於いては諸民族協力の新しい共産社会としての舞台に置き換えて見ると云う様なことも意図して居りました。

以上申述べましたところが即ち私の意図する所謂「東亜新秩序社会」の大要でありますが、

之が世界革命の一環をなすべきものであることは申す迄《まで》もありません。而も此の世界資本主義社会崩壊の過程に於いて重要なる意義を持つべき所謂「東亜新秩序社会」の実現は、支那事変を契機として其の決定的なものであると云うことは私の最初から信じて疑わなかったところのものであり、其の時期に於けるソ連との提携援助に付いては幸いにして私が十余年来ゾルゲとの諜報活動を通じてコミンテルン及びソ連邦の有力なる部門と密接に結び付いて居ると云う事実に依って容易であると思って居りましたし、其の場合に於ける支那との提携に付いても充分な自信を持って居ったのであります。

さらに、

今や世界資本主義は行き詰まり、帝国主義諸国はその行き詰まりを打開せんが為に其の強力な武力に依って世界市場の再分割の方途に出ざるを得ず、之が即ち世界戦争の不可避と云うことを意味し支那事変は世界戦争解決と同一の運命を辿るべき性質のものである。

くわえて、

アメリカと日本との立場や考え方が根本的に相違して居り、アメリカ側は日本が既に支那事変のために疲弊して居るから此の上英米と戦争すると云うことは出来得ないと云う見方であり、然も日本が現に目に見えて必要物資が欠乏して支那事変の解決を焦って居るとすることから日本の政治の上層部が対米協調を希望して幾何《いくばく》その交渉を進めても、日本がその国内外の体面を維持しながらアメリカとの交渉を妥協せしむると云うことの可能性が存在しないとの見透しを最初から持って居り、其の私の見解は既に昭和十六年六、七月頃に於いてゾルゲに述べて置きました。然し其の後日米交渉に関する色々な情報を入手することに依って、時に或いは妥結を見るかも知れないと思う様に動揺したことも無いでもありませんでしたが、結局日米交渉妥結の可能性無しとするのが私の一貫した見解でもありました。

　而して私の此の日米問題に対する見解と、私の意図する所謂東亜新秩序社会との連関関係に就いては既に述べてある通りであります。

このような重大な供述を尾崎は展開しているのです。

日米交渉妥結の可能性に心が動揺したこともあったと正直に述べています。日米は戦わなくては困ると言っているのです。

レーニンの指導精神は、「われわれは一切の戦争に反対するものではない、共産主義国家に対する戦争には絶対反対するが、資本主義国家間の矛盾と戦争は、極力、これを増長せしめよ」です。「有望な革命の前途を打ち壊すような中途半端な平和や、戦争打ち切りは革命のためにも有害だ」ということなのです。

なお、尾崎は、天皇は絶対君主ではなくいわば信仰の対象であり、「天皇制」という財閥・地主・軍部が跋扈《ばっこ》する社会制度を壊すことこそが大事だ。だから天皇個人の生存は許される、としています。

尾崎は、各国で共産革命を達成し、究極的には、世界完全計画経済による平和な人類社会をめざすといっています。

彼は、第三次近衛内閣総辞職の前日の昭和十六年十月十五日に治安維持法違反、国防保安法違反、軍機保護法違反ならびに軍用資源秘密保護法違反の容疑で特別高等警察によって検挙されます。十八日にはゾルゲが検挙されます。

日本の政治警察は、内務省が管轄する特別高等（特高）警察と、陸軍省が管轄する特高係憲兵とに分かれていました。対共産主義では特高警察が主力でした。

尾崎は、近衛のブレーンとして政権中枢に入り諜報活動を行いつつ、自他ともに認める世のオピニオンリーダーとして支那事変を煽りに煽って拡大させた張本人です。しかし彼の役割は日米開戦が既定路線となったところで終わっていたのでした。

実際、ゾルゲの方は、検挙直前、すでに日本での任務は完成したとして数日後には日本を離れ上海経由でベルリンへ向かうつもりだったのです。

もはや近衛にとっては尾崎は不要。自由に飛びはねられて目立ってもらっていては邪魔なだけでした。

なぜなら、近衛のこれから数年間の活動方針は、戦争責任回避と戦争責任転嫁であったからです。尾崎などという戦争しがらみ男はもはや娑婆《しゃば》にいないほうがよかったのです。

彼は自宅で検挙されました。このとき尾崎夫人はすっかりとり乱しました。すぐに近衛の秘書官岸道三に電話をして、「どうなっているのか⁉」と問いただしたと言われています。

さらに昭和十七年三月から四月にかけて、数百人の関係者の参考人取り調べと広範な検挙が行われました。十一名が逮捕、そのうち三名が起訴されます。

尾崎の親友でやはり近衛内閣の嘱託であった西園寺公一、衆議院議員にして汪兆銘南京国民政府の財政顧問の犬養健のほか、尾崎と同期入社で朝日新聞政治経済部長の田中慎次郎や陸軍省詰め記者の磯野清も尾崎の情報源として検挙されています。

西園寺は朝飯会や内閣嘱託の立場を利用して得た国家機密を尾崎に流していたので検挙されたのです。

元内大臣の牧野伸顕は、尾崎や西園寺が検挙されたのを見て、近衛に、「明治始まって以来今日まで、赤が内閣の門内にまで入っていたということは絶対にない。これでは外国も日本を馬鹿にする。陛下のご親任ある近衛としては反省すべきだ」と伝えています。

これに対して近衛は一流のおとぼけで逃げています。風見に比べれば尾崎や西園寺などの存在はたいしたことはありません。

けれども「ゾルゲ事件」の調査の進行につれて「近衛」という名前がしばしば現れてきました。近衛は内務省に顔がきく平沼騏一郎を訪問して近衛の名前が表にでる前に消すように働きかけたと言われています。

出廷の必要がないと決まったとき、近衛はめずらしいほど喜んだとのことです。

近衛は、西園寺と犬養については弁護にのりだし、犬養は不起訴、西園寺は禁錮一年六カ月が執行猶予二年にとどまりました。

しかし西園寺は嫡男《ちやくなん》としての爵位《しやくい》継承権を剝奪《はくだつ》され、父の死後家督を次男に譲るとともに相続権を放棄しました。戦後は中華人民共和国に移住し厚遇されます。

犬養は昭和十七年の衆議院選挙でも当選し、戦後は吉田茂のひきたてによって第四次・第五次吉田内閣で法相に就任します。

なお、社会的な影響の大きさから、ゾルゲ事件が公表されたのは広範な検挙が終息したあとの十七年五月になってからです。

司法省が「事件の発表に対する各方面の反響」をまとめています。

そのなかにある出征軍人未亡人の声を紹介します。

「全国何十万の遺族の人達がどなたもあの新聞の報道を涙で読んだことと思います。新聞の記事ではただ単に国家の機密を漏洩《ろうえい》したというだけで内容の詳細には触れておりませんが、種々共産党の魔手《ましゅ》に踊っていたということである以上、銃後から皇軍に弾丸を放っていたということは事実で、しかもそれが昭和八年頃から続いていたということで、お互いに遺家族の身としては主人達も戦死がこれら陰謀者達のために負け戦を余儀なくされ、そのために戦死をしたのではないかとも思われ、ことに戦死した者は愚痴を言うだけで済みますが、現に出征されている兵隊さんやその家族方の気持ちはいかほどかとそれをお察し申し上げている次第です」

民衆のゾルゲ事件に対する怨念《おんねん》と慟哭《どうこく》が聞こえてきます。


尾崎は逮捕されて以来多くのことを語り調書に残しました。

けれども、近衛や風見のこと、陸軍のこと、中国共産党の戦略のことなど革命の成就に影響することがらについては偽装し隠しとおしたのです。

近衛らの対ソ姿勢について、「近衛はソ連が嫌い」「近衛は対英米戦よりは対ソ戦を選ぶ」などと嘘を言っています。風見については無能のごとくいい、あえておとしめて語っています。

尾崎の訊問調書や公判記録には陸軍軍人の名前が出てきません。あったとしても、陸軍側の意向で削られたものと思われます。陸軍は捜査当局が要求する資料をいっさい提出しませんでした。

陸軍に手を触れてはならぬという事件でした。「戦争遂行の立役者」は検挙しないという名分です。捜査線上に、たとえば陸軍の武藤章や池田純久などの名前があったのかどうかも定かではありません。

尾崎の死刑確定後も、西園寺や平貞蔵らは尾崎救出の希望を捨てませんでした。政府や陸軍で、日本共産党のかつてのメンバーを中国共産党本部に送って和平工作をさせることを考慮中であるという情報をつかむと、支那問題に造詣《ぞうけい》が深く中国共産党と関係が強い尾崎こそが適任者である、と政府筋に売り込みを図ったのです。しかし司法省は同意しませんでした。

昭和十九年十一月七日、尾崎はゾルゲとともに巣鴨拘置所で絞首刑となりました。十一月七日は尾崎やゾルゲにとってのアワーホーム（祖国）であるロシアの革命記念日です。この日、スターリンは「日本は侵略者」とする演説を行いました。ソ連が対日侵攻に向けての意思を大々的に「示唆《しさ》」した日でもあるのです。

尾崎の異母弟である尾崎秀樹《ほつき》や、ゾルゲ事件で検挙された川合貞吉をふくむかつての同志と友人たち三十数名が、終戦後の昭和二十三年十一月、「尾崎・ゾルゲ事件真相究明会」「尾崎伝記編纂《へんさん》委員会」を立ちあげました。目的は尾崎の事績の顕彰《けんしょう》と伝記の編纂《へんさん》です。これにストップをかけたのが、なんと日本共産党の政治局です。妨害すらしました。

尾崎秀樹は、「手に入れた事件関係の文献なども、私たちからとりあげられ、どこにともなく持ち去られてしまった」と述べています。その背後にはアメリカの意向があったようです。要するに戦争はあくまでも「陸軍が悪かった」とする東京裁判史観を護るためには、尾崎らが行った扇動と戦争拡大工作が世に知られてしまうことが極めてまずかったのです。日本共産党は、いまにいたるまで、ゾルゲ事件とは無関係であるという立場です。「無関係である」という立場は、奇しくも近衛がとった態度と同じです。

松本の闇

松本重治は謎がつきない人物です。支那事変を語るとき、近衛の最期を語るとき、松本重治をはずすことはできません。かなりの鍵を握っていた人物です。松本は尾崎秀実の盟友でもありました。

松本重治は明治三十二年、大阪市に父枩蔵《まつぞう》、母光子の子として生まれます。父はアメリカ遊学後、実子のない松本重太郎の後を継いで九州電気軌道会社の重役（のち社長）となりました。しかし巨額の金品を不正に得たことが発覚します。生活の大半は九州ですごしたといいます。母の光子は松方正義の四女です。したがって、松本は、西園寺公一、木戸幸一、原田熊雄などと縁続きということになるようです。松本は特に西園寺公一とは子供のころからのつきあいがあります。松本は牛場友彦とも親類関係にあります。

松本の妻の花子は、松方正義の三男の娘です。

松本はキリスト教徒です。しかも内大臣牧野伸顕や貞明皇太后と同じクエーカー教徒です。

彼は中学校時代までを母とともに神戸ですごしました。神戸一中を卒業、一中では白洲次郎が後輩にあたります。第一高等学校に入学し、ボート部仲間に親類の牛場友彦、同じ寮に尾崎秀実がいました。高校卒業後、松本は、牛場、尾崎と共に東京帝国大学法学部に進みます。

彼はその後大学院に進み、そこで蠟山政道と知りあいになりました。

大正十三年にエール大学に留学。ニューヨークの日本総領事宅で元一高校長の新渡戸《にとべ》稲造の側近であった鶴見祐輔と出会います。鶴見祐輔は太平洋問題調査会（ＩＰＲ）の日本側の中心人物です。

松本は鶴見の縁で歴史家のチャールズ・ビアードと対面し、ビアードの「日米間の中心問題は中国だ」との主張に感銘を受けたといいます。

ビアードはすでにこのとき日本ともなじみが深い存在で、東京市政に関する顧問になっていました。ちなみにビアードは、戦後はルーズベルトの戦争責任を追及する立場をとり、激しいバッシングを受け学会での地位を失います。

一方、松本はロックフェラー邸にも訪問しています。しかし、この訪問の詳しい様子はわかっていません。彼はこの後、二年かけてヨーロッパ各国を遊学しました。昭和二年に帰国。どういうわけか、鶴見祐輔、アメリカ研究の泰斗《たいと》で東大法学部教授の高木八尺《やさか》、そして国際労働機関日本政府代表で後に朝日新聞論説委員となる前田多門らの錚々たる顔ぶれが松本の後見人役となっていました。全員が太平洋問題調査会の支部である日本IPRの幹部です。

松本は、とりあえず、生涯の師と仰ぐ高木教授が受け持つチェース銀行副頭取へボンの寄附講座の助手になりました。彼は助手をしながら、ジャーナリストを志望して日米関係や支那問題に関心をはらうのです。

昭和四年十月、京都の都ホテルで開かれた第三回太平洋問題調査会の京都会議は高木教授が幹事役でした。松本は書記として参加します。会議では、満洲をめぐり、支那の固有領土であると主張する中国代表団と、松岡洋右らを中心とする日本代表団との間で何度も激しい応酬がありました。

一方、松本は、この京都会議をつうじてジョン・D・ロックフェラー三世やイギリスの歴史学者アーノルド・トインビーと親しくなりました。この二人と松本の交流は生涯続きます。

どういうわけか白洲次郎もいて、英国代表の友人たちに応対していました。松本は、この都ホテルで、会議とは別に、白洲と貴族院議員樺山《かばやま》愛輔の娘正子とを偶然を装ってひきあわせる仲人役を演じました。二人はほどなく結婚します。

昭和五年、松本は、蠟山政道、牛場友彦らとともに、左翼的立場の「東京政治経済研究所」を虎ノ門に設立しました。松本と蠟山とは満洲問題において支那の主張を重視することで意気投合しています。「東京政治経済研究所」は満洲問題に取りくみ、「独立国家として満洲国は認めず、支那に満洲の宗主権を与え、満洲を高度の自治国家にする」という国益を損《そこ》なう提案を国際連盟に提出したと言われています。また、国内啓発のために「政治経済年鑑」を刊行します。

昭和六年、第四回太平洋問題調査会上海・杭州会議に、松本はついに代表団のひとりとして参加しました。上海・杭州会議は、満洲事変勃発直後の日本と支那とが緊迫した雰囲気のなかで行われた会議です。

会議日程の最後で松本は〝理想主義的〟な観点から会議を自己批判して米英代表たちから高い評価をうけたといいます。松本は「東京政治経済研究所」の活動でもわかるように、一貫して満洲国建国や石原莞爾の事跡を否定します。また松本は、この会議で反日感情旺盛な中国代表たちとの人脈を築くことに成功しています。

さらに松本は、イギリス代表から、「ロイター通信極東総支配人のクリストファー・チャンセラーを『生涯の友人とせよ』」と紹介され、実際、チャンセラーとの生涯の友としてのつきあいを始めました。チャンセラーは後にロイターの社長になる人物です。

昭和七年末、松本は、太平洋会議で懇意になった岩永裕吉に誘われて、岩永が専務理事となっている新聞聯合社に入社します。新聞聯合社は当時、電通とならぶ日本の国際通信会社となっていました。

松本は、すぐにロイター上海オフィスに間借りしている上海支局の支局長となって赴任しました。同時に日本政府や軍の対外広報機関プレス・ユニオンの専務理事も兼務しました。

松本にとって激動の「上海時代」六年間が始まります。

松本は、上海において、チャンセラーの紹介により超大物イギリス人、ジャーディン・マセソン商会のケズウィック兄弟と親しくなります。

ジャーディン・マセソン商会とは、インドのカルカッタを起点に、香港、厦門《アモイ》、上海、横浜にまたがっての極東貿易、とくに清へのアヘンの密輸とイギリスへの茶の輸出に長年覇をとなえた会社です。ケズウィック一家が支配していました。ケズウィック兄弟の祖父ウイリアムは幕末に横浜居留地に支店「英一番館」を開いた人物です。伊藤博文・井上馨《かおる》らいわゆる「長州ファイブ」のイギリス留学を世話したり、配下のトーマス・グラバーが坂本龍馬を通じて薩長に武器を供給したりと、明治維新の立役者でした。

松本はケズウィックがつくった英国紳士がつどう「上海クラブ」にチャンセラーの根回しもあって加入を許されました。

松本は、戦後はジャーディン・マセソン商会の顧問弁護士に就任します。

松本は上海で、代々の英国大使や、南京虐殺を喧伝した「マンチェスター・ガーディアン」紙のハロルド・ティンパーリなどとも親しくなりました。イギリス人仲間が多くなり、彼らは日本軍が万里の長城を越えて北支へ進出するだろうことを早くから予想しています。

松本が樺山正子との結婚を斡旋した白洲次郎は、実はこのケズウィック兄弟の三男ジョンととりわけ親しい間柄でした。近衛を語るとき、白洲も欠かすことができない人物です。ここで頁を割《さ》いて白洲について見てみます。

白洲の祖父退蔵は、横浜正金銀行の創設にかかわり頭取となっています。やはりクリスチャンです。このとき退蔵はケズウィック家と親しい香港上海銀行の協力を得た関係で、ケズウィック家とのつきあいが始まっています。退蔵は神戸周辺の不動産投資で莫大な財を成しました。退蔵の長男、すなわち白洲の父文平もクリスチャンであり、ハーバード大学そしてボン大学に留学しています。ドイツ留学仲間に近衛篤麿、新渡戸稲造がいました。また文平は留学中に後に次郎の義父となる樺山愛輔《あいすけ》とも会っています。

樺山愛輔は海軍大将樺山資紀《すけのり》の長男で、アマースト大学に留学後、ロイターと提携して国際通信社を設立するなど実業家として活躍し、貴族院議員でもありました。文平は帰国後ジャーディン・マセソン商会の支援で投資会社白洲商店を興します。

白洲次郎は、神戸生まれで、牛場友彦とは幼馴染み、「トモ」「ジロー」と呼びあう仲でした。大正八年に神戸一中を卒業し、高校や大学を出ずにケンブリッジ大学の聴講生として留学します。九年以上のイギリス生活のあいだに自動車に耽溺《たんでき》し、ついにはジブラルタル海峡までヨーロッパ大陸旅行をした話はよく知られています。

昭和三年、白洲は父の経営する白洲商店が昭和恐慌のあおりを受け倒産したために留学をとりやめて日本へ帰国しました。

昭和四年、英字新聞「ジャパン・アドバタイザー」に就職し記者となり、忘れていた日本語の勉強をしたようです。この年、白洲は第三回太平洋問題調査会京都会議に出ました。さきに触れましたように、太平洋会議が催された都ホテルで、松本によって樺山愛輔の娘正子と偶然を装って引き合わされ結婚することになります。

なお、正子の初恋の相手は驚いたことに西園寺公一でした。御殿場の別荘で二人はよく一緒に遊びました。といっても二人が小学生のときの話です。しかし、後年も次郎には内密に関係がつづいていたとも言われています。

白洲は英字新聞「ジャパン・アドバタイザー」在籍の後、破格の待遇でセール・フレイザー商会に勤務したうえで、昭和十二年に日本食糧工業（のちの日本水産）の取締役となりました。

セール・フレイザー商会のオーナーのセール一族はドイツからロンドンへ拠点を移した国際金融資本一族です。当主のチャールズ・セールはロンドンのジャパン・ソサエティの副会長になっていました。会長は吉田茂駐英大使です。セール・フレイザー商会のバックにはジャーディン・マセソン商会がいると言われていました。そしてジャーディン・マセソン商会の背後にはロスチャイルドがいると言われていました。

昭和十二年から十四年ごろ、白洲は日産グループ入りした日本水産に取締役として籍を置いていました。しかし彼は社業以外の海外での活動が多かったようです。ロンドンでは吉田茂が大使でいる日本大使館を自らの定宿《じょうやど》としていました。吉田がこのようなことを白洲に認めていたとは驚くべきことです。

ここで吉田茂についても触れておきます。

吉田の養父健三が鍵です。健三は、幕末イギリス軍艦で密航し、二年間イギリスで西洋の新知識を習得しました。明治元年に帰国。ウイリアム・ケズウィックが率いるジャーディン・マセソン商会横浜支店(「英一番館」)の支店長に就任し、日本政府を相手に軍艦、武器そして生糸《きいと》の売買でめざましい業績をあげました。退社後は実業家として独立し、東京日日新聞の経営に参画したり、醬油醸造《じょうぞう》や電灯事業などで活躍して横浜有数の富豪となりました。

健三は自由民権運動と国会開設運動の牙城《がじょう》であった東京日日新聞への経営参画をつうじ、板垣退助、後藤象二郎、竹内綱《つな》ら自由党の有力メンバーと関係を深め、同党を経済的に支援しました。とくに竹内とは昵懇《じっこん》になり、竹内が保安条例によって東京を追放されたときには、横浜の吉田邸を住まいに供します。

健三は、明治十四年に竹内の五男「茂」を養嗣子としました。これが吉田茂です。しかし健三は四十歳の若さで死んでしまいます。十一歳の茂は莫大な遺産を相続したのです。

このように、吉田も松本や白洲と同様にケズウィック家と深い関係だったのです。ケズウィックを中心に吉田、松本、白洲という人脈の輪ができていたと考えられます。

だから、白洲はイギリスで吉田茂がいる日本大使館を自分の定宿とすることができたのでしょう。

白洲はのちに首相となる吉田と近《ちか》しかっただけでなく、幼馴染であった牛場の紹介で近衛の政策ブレーンの一員となることにも成功しています。さらに白洲は朝飯会等を通じて、後藤隆之助、西園寺公一、尾崎秀実などとも気心知れた仲となりました。

白洲は木戸幸一ともゴルフでのつきあいが長かったようです。

白洲ととりわけ親しかったケズウィック兄弟の三男ジョン・ケズウィックは、ロンドンに拠点を置くハンブローズ銀行の会長でもありました。くわえて、イギリスが支那に送りこんでいた情報省極東局のトップにして大物工作員であったと言われています。対支政策については自らの利権に絡んでのことではありますが、英国政府と日本政府とのあいだに入って調整を行っています。

話を松本重治に戻します。

昭和十年に松本は支那の幣制《へいせい》改革のためイギリスから上海に来ていたリース・ロスとケズウィックの紹介で面談し、密な情報交換を行っています。ケズウィックはリース・ロスに「日本側の意向を知りたければ松本に会うべき」と言っていたのです。松本は、リース・ロス側の立場に立って、日本陸軍武官などとの会見の便宜をはかっています。

松本は日本大使館には毎日顔を出して大使や情報部長ともきわめて親しくなっていました。大使館と外務省本省との間でやりとりされている極秘電報も見せてもらう関係です。松本は日支政府間交渉や現地陸軍の北支自治工作についてのかなりの機微《きび》情報まで把握させてもらっていたのです。

昭和十一年一月、新聞聯合社と日本放送協会とで世界に伍するナショナル・ニュース・エイジェンシーとしての同盟通信社が設立され、半年後には日本電報通信社（電通）を吸収合併しました。

松本はこの年十二月十二日に起こった西安事件を独占スクープして世界に発信します。抗日統一戦線の結成を要求する張学良が蔣介石を監禁した前代未聞の事件です。松本のスクープは、支那の要人・ジャーナリスト・学者らとの常日頃の深い交流の賜物《たまもの》です。これにより松本の名声は一気に世界で高まりました。

しかし、不思議なことに、松本はこの事件がおきる五日前には「蔣介石は中国共産党の提言を受け入れ抗日統一戦線の結成を応諾するだろう」との観測電報を本社に送っていたのです。

松本は、毛沢東を世界に喧伝したエドガー・スノーとは西安事件の性格と中国共産党の将来性について意気投合していました。周知のとおり日支関係はこの西安事件によって大きく変わっていきます。同じ内容を予測記事として尾崎が発表して大反響を呼んだことは前に触れました。

昭和十二年八月、第二次上海事変が起きた後、松本は岩永社長から命じられて一時帰国し、九月十日ごろ、近衛首相に永田町の邸宅で支那事情を説明する機会を与えられました。以後、松本は近衛と三十〜四十回も会い、近衛に、「自分が心を許せる人間のひとりは松本だ」と言わしめるほどの信頼を勝ち得ます。何がふたりをこれほどまでに急速に結びつけたのでしょうか。おそらく松本の内外にわたる華麗な人脈のなせるわざでしょう。松本は八年後に、近衛の死に隣室で臨みます。

昭和十二年十月、貴族院議員で親英米派の長老樺山愛輔が皇軍慰問団として上海入りし、かつて娘を白洲と引き合わせてくれた仲人役の松本をたずねました。松本は樺山を例の英国紳士御用達《ごようたし》の上海クラブに連れていきます。そこでケズウィックがじきじきに樺山を歓待し、正式な上海クラブのゲストとして優遇することにしたのです。樺山はことのほか感激したそうです。

支那事変中の日支間の和平工作は複数のルートが錯綜して登場します。それぞれの和平工作に浮き沈みがあり、複雑でわかりにくいものになっています。このような複雑な和平工作の全体像については本書では紙幅《しふく》の都合があり扱いません。しかし、なんといっても支那を知りつくす松本の動きは気になるところです。

そこで本書では、最も本格的な和平工作であったと言われる「宇垣・孔工作」だけを採りあげます。

宇垣一成外相のリーダーシップの下で、正規の外交官が支那側の行政院長の秘書と接触したものです。

宇垣は昭和十三年五月に外相に就任しました。支那情勢がいっこうに好転しないため、近衛首相は自らが出した「対手とせず」声明の失敗を認めざるをえず、事態打開をめざす一環として内閣改造を打ちだしました。

近衛の事態打開をめざすという発言を真《ま》にうけた宇垣は、日支和平になみなみならぬ熱意を持って外相に就任したのです。

宇垣は近衛に「国民政府（蔣介石政権）を対手にせず云々に深く拘泥《こうでい》せず」という入閣条件を提示して、その了解をえて就任したのです。すくなくとも宇垣はそのように理解していました。

なお、近衛は六月には陸相の更迭《こうてつ》もすすめ、杉山元《はじめ》を板垣征四郎に替えます。かつて宇垣の組閣を妨害した陸軍が宇垣の入閣を認めたうえ、前例のない首相の意向による陸相の更迭を許したほど、「扇の要」にいつづける近衛の実力はおおきくなっていたのです。

ただし、板垣は和平に前向きな姿勢をしめしていたものの、政治経験に乏《とぼ》しく支那にとっても満洲事変の推進者のイメージが強烈であり、事態打開の切り札とならないことははじめから目に見えていました。陸相更迭も近衛のポーズでしょう。

ここで、茅野長知翁《かやのながとも》という人物が登場します。茅野（「萱野」とも表記）は、犬養毅、頭山満《とうやまみつる》、宮崎滔天《とうてん》とともに孫文の革命に協力し、蔣介石以下国民党首脳部の面々ともきわめて親しい間柄でした。日支関係上の貴重な人材です。

茅野は支那事変勃発後まもない、昭和十二年十月、支那派遣軍司令官松井石根《いわね》大将の要請により、上海に事務所を設置して和平工作をはじめていたのです。

一方、これとときを合わせて、松本らは昭和十三年一月ごろから別の工作を始め、二月に国民政府外交部亜州司日本科長の董道寧《とうどうねい》を説得して訪日させました。董を参謀本部の多田次長や影佐禎昭《かげささだあき》第八課長（謀略課）と会わせ、陸軍参謀本部の和平の意向を確認させます。

三月、茅野の見こみどおり国民政府側から茅野側に打診があり、上海のカセイホテルでの会見となりました。国民政府側は孔祥熙《こうしょうき》行政院長の恩人の息子で、孔の意を体して日本との和平に奔走《ほんそう》していた人物です。このとき茅野側が出した和平条件は、満洲国の独立承認と内蒙における日本の立場の承認でした。国民政府側の条件は、日本軍の全面撤兵でありました。この日本軍の撤兵については、日本側が原則的に承認するならば、実際の撤退の時期・方法等の具体的な処置については、日本側の希望もいれて協議する用意があるというものでした。

日本の現地軍や特務機関もこの交渉に賛成しました。そこで茅野は日本政府や軍部と協議するために上海を出発し、六月九日、東京に着き、板垣陸相、近衛首相そして宇垣外相と会談したのです。孔行政院長ルートの和平工作に進展のきざしありです。

茅野は六月十七日、上海へ戻りました。茅野はちょうど上海にいた松本重治にこの孔行政院長ルートの和平工作の経緯を話しました。松本が近衛と親しい間柄であると聞いていたことから、情報交換も兼ねてでした。一方の松本は自らの工作の動きは茅野には話しません。

茅野は後に松本と会談したことを後悔します。茅野の動きは日支の和平工作への流れの上で欠かすことができない重要なものであったにもかかわらず、松本は茅野との会談についてその詳細を極める回顧録の中で触れていません。とても不自然です。

この後、茅野は香港に行き、中村豊一総領事の出迎えを受け、東京ホテルで国民政府との交渉に入りました。

六月二十三日、孔の使者が漢口から香港に出てきて中村総領事との間に折衝がはじまりました。蔣介石の下野については支那側は受け入れられないものでしたが、宇垣や茅野をはじめとする日本側は基本的に「国民政府を『対手とする』」ことを前提としていたので、日支和平への可能性は開けていました。参謀本部の意向にもそったものです。

茅野は中村の交渉をバックアップします。

七月五日、さきに参謀本部を訪問した董の上司、国民政府外交部亜州司長の高宗武《こうそうぶ》を松本が連日の説得によって秘かに訪日させることに成功しました。高は、日本の撤兵声明に呼応して汪兆銘を日支和平のために国民政府から離れた第三勢力として立ちあがらせるという構想を持っていたのです。

この汪兆銘構想は、基本的に「国民政府を対手とする」宇垣・孔工作と違って、蔣政権を否認した近衛にとって政策思想を大きく変更しないですむものでした。高は、板垣陸相、米内海相、多田参謀次長、犬養健、西園寺公一、岩永裕吉と会談します。近衛グループとの接触がはじまったのです。不思議なことに高は宇垣外相とは会いませんでした。

この時点から、中村・茅野による孔工作は停滞・中断し、松本ら近衛グループの工作が前面に出ることになりました。近衛の意をうけた松本が茅野を裏切る形で密かに東京で画策した成果です。松本は近衛から「自分が心を許せる人間のひとりは松本だ」と賞賛して語られるほどの信頼を得ていました。

八月二十七日に病気になった高にかわった梅思平《ばいしへい》と松本との会談がはじまり、工作が本格化します。

松本は、「日本軍が漢口、長沙を取り西安もやるそうだから、十二回重慶の空襲を試み、恐怖のドン底に陥れた後なら相当の見込みがあるだろう。自分は近く日本に帰り、このラインに添った運動を試みるつもりである」と、工作に協力していた朝日新聞の神尾茂に語っています。しかし、九月になって松本は腸チフスにかかってしまいます。十二月初めまでの入院で、工作は一時中断します。

一方、和平実現にむけて熱情あふれる茅野の孔工作は再開されました。

九月二十日、ついに孔と宇垣外相との会談の打診が支那側からもたらされます。

宇垣は会談の件を五相会議にはかって一同の賛成をえたうえで、天皇に上奏し承認を賜ったのでした。日支和平へのドアが茅野ルートを通じてここに開いたのです。宇垣は、孔行政院長との交渉を軸として日支和平をしっかりと推進しようとしました。

ところが何ということか、九月二十九日、宇垣は突如辞表を出します。外務省の対支外交を権限縮小に導く性急な内閣直属の興亜院設置問題で躓《つまず》かされたのです。

宇垣は九月三十日に正式に辞任し、わずか四カ月間の短命外相に終わりました。

このとき「宇垣の首相を狙う野心」なるものが各所に喧伝され、形勢は宇垣に不利に働いたと言われています。世上の評判をうまく使うやり方は公家流です。宇垣は近衛に請《こ》われて外相に就任したのですが、近衛に約束を反故《ほご》にされたうえに梯子《はしご》をはずされ裏切られたと述べています。

「蔣介石政権を対手にせず」のいわゆる第一次近衛声明後に試みられた最も本格的な日支全面

和平工作、宇垣・孔工作はこのようにして突如幕を閉じたのです。

松本の工作の動きは、尾崎、犬養、西園寺、影佐らに支援され、汪兆銘引きだし工作として展開します。松本、尾崎、犬養、西園寺らは近衛を中心とする気心知れた仲間であり、太平洋問題調査会メンバーもしくは共産主義者たちです。

汪兆銘工作たけなわの頃、松本と西園寺が上海と香港間の船中で一緒のところが目撃されています。松本重治と西園寺公一は「キンちゃん、シゲちゃん」と親しく呼びあっていたとのことです。

十月二十七日、漢口は陥落し、国民政府は重慶に移りました。蔣介石の国民政府は「七段構えの長期戦態勢」に入りました。

十一月三日の近衛による東亜新秩序宣言（第二次近衛声明）は、国民政府といえども、「従来の政策と人的構成とをあらため、まったく生まれ変わりたる一政権として、支那再建に来たり投ずるにおいては、日本はもとよりこれを拒むものでない」とし、暗に新政権工作の具体化をほのめかしたものとなりました。また、「新秩序」という言葉が声明されたことが特徴です。汪兆銘引きだし工作は進展し、十二月十八日、汪はついに重慶を脱出、二十日にハノイに着きました。汪の脱出に前後して、梅思平ら汪グループの主要メンバーもそれぞれ重慶から脱出しました。

しかし汪の期待に反して、昆明・四川・広東・広西などの軍実力者たちは汪に同調することがなかったのです。

十二月二十二日、汪の脱出にこたえる形で発表されたのが善隣友好、共同防共、経済提携の近衛三原則声明（第三次近衛声明）です。

声明の要点は、「政府は本年度再度の声明に於て明らかにしたる如く、終始一貫、国民政府の徹底武力掃蕩《そうとう》を期するとともに、支那における同憂具眼《どうゆうぐがん》の士と携《たずさ》えて、東亜新秩序の建設に向って邁進《まいしん》せんとするものである」「日満支三国は東亜新秩序の建設を協同の目的として結合し、相互に善隣友好、共同防共、経済提携の実を挙げんとするものである」「日本が敢えて大軍を動かせる真意に徴するならば、日本の支那に求めるものが、区々たる領土に非ず、又戦費の賠償に非ざることは明らかである。日本は実に支那が新秩序建設の分担者としての職能を実行するに必要なる最小限度の保証を要求するものである」となっていました。

この声明は汪にとって打撃となりました。

汪と日本側の事前密約の柱であった支那にとって、一番大切な「日本軍の撤兵」にまったく触れていなかったのです。

それでも汪はコメントを発表し、内外にひろく「和平反共救国」を訴えました。蔣政権はただちに汪を国民党から永久除名し逮捕命令を発しました。

工作の中心であった近衛も昭和十四年正月にいち早く首相を辞任してしまいました。支那問題をこじらせるだけこじらせて、もはや引き返せないようにしてから逃げたのです。真の和平運動をつぶすことを企図した近衛、そして松本、尾崎、犬養、西園寺らの勝利です。

近衛によって声明された「新秩序」(New Order) という言葉は、近衛の渡米時、ハウス大佐が「日本がワシントン会議の体制を否定するなら、それに代わる我々の納得するようなNew Orderを提示すべきだ」と言ったことにヒントを得たのです。

New World Orderという言葉が第一次世界大戦後頃から英米の政治家によって多用されるようになっていました。国際連盟の設立とベルサイユ体制の構築などによる新しい世界秩序をさして「新世界秩序」という言葉が使われ、国際金融資本のきたるべき世界戦略思想を表していたといわれています。

ところで、高は汪の重慶脱出をせかし、さらに汪のハノイ脱出後は汪グループの一員として行動するなど工作に深いかかわりをもっていました。

やがて、まことに奇妙ななりゆきですが、汪兆銘政権の「傀儡性《かいらい》」に懸念をつよめた高は、昭和十五年三月の汪兆銘南京政権樹立の直前に突然逃亡したのです。そして逃亡の際、汪兆銘政権構想にかかわる日本側の内約原案である「華日新関係調整要綱」を国民党系新聞「大公報」

で暴露し、汪側におおきなショックを与えました。

高は汪との訣別後、蔣介石政権の駐米大使胡適《こてき》を頼ってアメリカに渡りました。「株式投資に成功」して、晩年は悠々自適であったと伝えられています。松本は戦後、高をワシントンに何度もたずねて旧交を温めます。

昭和十三年八月、松本は、さきに述べましたように上海の日本軍の特務部が開いた日本の傀儡政権強化についての会議に出席し発言しています。明らかに妙な動きです。

昭和十三年暮、松本は六年間の上海時代を終えて東京に戻り、翌年、編集局長に就任しました。その後、彼はアメリカ向けの謀略放送に携わったといいます。

戦後の松本についても触れておきます。彼は、昭和二十年に同盟通信社を退職し、近衛の憲法改正作業の動きを助けました。同年、言論活動として「民報」社を設立し社長兼主筆となりました。

このころ、ジョン・ケズウィックが終戦連絡中央事務局次長となっていた白洲を通して松本を資金援助します。また松本は白洲から吉田茂外相を紹介され、以後、彼は吉田を助けていくことになります。しかし昭和二十二年、松本は公職追放処分をうけます。

処分解除後、松本はアメリカ学会を創設してその会長となります。さらに財団法人国際文化会館の設立に奔走し、その専務理事、後に理事長となります。世界的な知識人を招待し、文化交流を行う民間機関です。ジョン・D・ロックフェラー三世は松本を無二の親友とよび、国際文化会館の設立に絶大な協力をします。

その後、彼は吉田茂、鳩山一郎、池田勇人《はやと》から駐米大使、駐英大使、国連大使への就任要請がありましたが、すべて断っています。何らかの理由でこのような公職についておもてに出ることができなかったのでしょう。

共産主義者の牙城

ここで、松本、尾崎、白洲、牛場、西園寺、そして近衛の長男文隆がフルキャストでかかわった太平洋問題調査会（IPR＝The Institute of Pacific Relations）を採り上げます。

太平洋問題調査会は、環太平洋地域の民間レベルでの相互理解と文化交流を目的として設立されたNGOです。第二次世界大戦前には、この地域に関するほとんど唯一の国際研究機関でした。環太平洋地域の政治・経済・社会など諸問題の共同研究を通じて専門家たちの交流をはかることを活動の軸としました。

そもそもの太平洋問題調査会の設立の背景は、ハワイにおけるYMCA（キリスト教青年会）

の国際連帯運動でした。大正十四年にホノルル会議（第一回太平洋会議）を開催し、太平洋問題調査会を正式に設立しました。組織は、ホノルルに設置された国際事務局および中央理事会と各参加国に設置された支部から構成されました。ほぼ二年おきに「太平洋会議」と呼ばれる国際大会が欧米（アメリカ・カナダ・イギリス）やアジア（日本・中国など）の各国で開催され、毎回各国政府が会議の動向に注目するほどの影響力をもちました。また昭和三年に創刊された機関誌『パシフィック・アフェアーズ』や支部刊行物をふくむ多くの書籍・パンフレットによって知識の普及と影響力の拡大に努めました。

第二次世界大戦後に活躍するアジア研究者・日本研究者を育成し、とくにアメリカでは立ち遅れていた中国学の発展の基礎をつくりました。発足当初からの参加国はアメリカ・日本・中華民国・カナダ・オーストラリア・ニュージーランドの六カ国。後にこの地域に勢力圏をもつイギリス・フランス・オランダおよびアメリカとの国交樹立以降のソ連が参加します。

さて、当初運営の中心であったハワイグループは政治問題よりも文化・経済問題の討議に重点をおいていました。

しかし、最大の支部である米国ＩＰＲはロックフェラー財団からの寄附金を獲得するために時事問題・政治問題を積極的に取りあげるよう主張して対立しはじめました。つまりは、ロックフェラーが時事問題・政治問題を積極的に取りあげるよう指示したのです。

昭和四年の京都会議の前後から主導権はハワイグループから米国IPRに移ります。昭和八年にエドワード・カーターが事務総長に就任すると、太平洋問題調査会は中立的な研究機関から日本の外交政策を批判する政治団体へと性格をすっかりかえました。国際事務局もニューヨークに移りました。実は、太平洋問題調査会は国際的な共産主義者の牙城《がじょう》となってしまうのです。

太平洋問題調査会の国際事務局がニューヨークに移るのと軌を一にして、国際共産主義者たちの日本にむけての策源地も、上海からニューヨークを中心とする米国に移行します。コミンテルンの指示が記載された日本語の定期印刷物も米国共産党から日本に送られるようになりました。

実は、すでに大組織となっていた米国共産党の本部もニューヨークにありました。米国共産党はモスクワのコミンテルン本部の指令の下、ソ連政府諜報機関やソ連軍諜報部（GRU）と密に連携して活動していました。ニューディール政策を進めるためにアメリカ連邦政府が新たに雇用した数千人のうち、数百人が米国共産党に秘かに入党しています。

アメリカ政府中枢には複数の共産主義者の秘密ネットワークがつくられていました。財務省のハリー・デクスター・ホワイト、国務省のアルジャー・ヒス、大統領補佐官のラフリン・カリー、そして原爆開発のローゼンバーグ夫妻らをはじめとして、おおぜいの要員が諜報活動や政治工作をアメリカ政府の深奥部で行っていました。ＯＳＳ（ＣＩＡの前身。戦略情報局）の中にも入りこんでいます。これらのことは、後にアメリカ陸軍によるソ連暗号解読作戦「ヴェノナ」で証明されます。

なお、当時、米国共産党本部の指導部はアジアの諜報活動に従事していた者で占められていました。毛沢東は、米国共産党員の船員による日本、フィリピン、アメリカと中国共産党とをつなぐクーリエ（文書運搬）システムの監督を米国共産党書記長に頼みます。後に、日本でゾルゲの助手となる宮城与徳や、戦後日本の革命の旗手となる野坂参三も、米国共産党本部の支援をうけていました。

太平洋問題調査会をさらに深く見ていきます。

太平洋問題調査会のメンバーのなかで、オーエン・ラティモア、トーマス・ビッソン、ハーバート・ノーマン、ギュンター・シュタイン、エバンス・カールソン、コーリス・ラモントらの共産主義者たちが目につきます。

オーエン・ラティモアは支那学者で、とくに蒙古などの内陸アジアの現地調査が有名です。第二次世界大戦前には太平洋問題調査会の中心スタッフを長くつとめ、機関誌「パシフィック・アフェアーズ」編集長として日本の支那政策を「侵略」と非難し、中国共産党に好意的な記事を掲載します。蔣介石政権の顧問にもなり、アメリカの対中政策形成に関与します。

トーマス・ビッソンは支那で宣教師をしながら反日親中の立場を強め、帰米後は外交政策協会に理事として勤務します。アジア問題専門家として次々と論文を発表し、中国共産党を熱烈に支援します。ロックフェラー財団の支援で極東視察を実施、その際ラティモアやエドガー・スノーとともに延安を訪問し、毛沢東らやアグネス・スメドレーと会談しています。

ビッソンはルーズベルト政権の「経済戦争委員会」に在籍中の昭和十八年、共産党との関係を疑われ非米活動特別委員会に召喚されます。「経済戦争委員会」とは、ルーズベルト大統領が第二次世界大戦中に戦争関連の外交や外国問題を処理するために設立した機関です。その後、彼は太平洋問題調査会の事務局に移って日本軍国主義への批判を展開し、おおくの知己《ちき》を得て太平洋問題調査会の中核メンバーとなりました。

昭和二十年十月、ビッソンは米国戦略爆撃調査団の経済顧問として来日し、近衛を尋問することになります。翌年にはGHQ民生局にはいり、チャールズ・ケーディス次長の下で徹底的な「民主化」を企図し、憲法改正や財閥解体そして農地改革の推進にかかわります。ラティモアとビッソンの二人については、前に近衛の訪米時の座談会参加者として紹介しました。

ハーバート・ノーマンは昭和十三年から太平洋問題調査会の国際事務局の研究員となっています。「日本ファシズム国家論」を主張し、機関誌に「日本処理案」を発表します。戦後GHQ

対敵諜報局調査分析課長として来日し、近衛の命運を握ります。かつて長野県で風見章と家族ぐるみのつきあいをしていました。

ギュンター・シュタインは、英国「フィナンシャル・ニュース」の記者です。昭和十一年から二年ほど特派員として来日し、ゾルゲ諜報団の協力者となります。彼の東京の自宅にはモスクワとの連絡用無線機が置かれていました。尾崎秀実の同志でもあり、近衛の長男文隆とも接触しています。エバンス・カールソン准将は中国共産党崇拝者で、中国共産党と通じていたジャーナリストのアグネス・スメドレーの親友です。コーリス・ラモントは多くのソ連礼賛本を書いたことで知られています。

このほか、上海でゾルゲとともに対日工作に従事していたコミンテルン工作員、アメリカ共産党員、ドイツ共産党員そして中国共産党員なども太平洋問題調査会の国際事務局員として活躍していたことがわかっています。要するに太平洋問題調査会は〝国際的な共産主義者の牙城〟となっていたのです。

第二次世界大戦後の東西冷戦下、昭和二十六年から二十七年にかけて、最大支部である米国IPRがマッカーシズムによる「赤狩り」の標的となりました。ラティモア、ビッソンそしてノーマンなどの中心メンバーが非難攻撃されたのです。

昭和二十六年六月、アメリカ上院国内治安分科委員会での「太平洋問題調査会」についての聴聞会は、国務省におけるラティモアの影響力の排除に関するものでした。

この聴聞会では、ゾルゲ事件もとりあげられました。ゾルゲ事件の被疑者たちが太平洋問題調査会や太平洋会議のメンバーでもあったのですから当然でしょう。このとき、元ゾルゲ担当検事で法務総裁殖田俊吉《うえだしゅんきち》の下で特審局長であった吉河光貞《よしかわみつさだ》が渡米のうえ証言しています。吉河元検事は、下院非米活動特別委員会でも証言と事情聴取を求められました。

ビッソンについては、「ヴェノナ」作戦により彼がコミンテルンの米国における枢要メンバーであり、ソ連軍のスパイであったことが判明します。

「赤狩り」を背景に企業などからの財政的援助も激減して太平洋問題調査会は窮地におちいりました。その結果、昭和三十六年に国際事務局は解散声明を出し、公式解散のやむなきに至ったのです。

それまで最大の資金援助者がロックフェラー財団であったことは驚くにあたりません。ソ連建国の最大の援助者がロックフェラーであったのですから。

「太平洋会議」では、戦前においては「宗教、教育、文化、社会制度に関する議題」「経済、資源、産業、商業、財政に関する議題」「人種、人口、食糧に関する議題」「政治、法律、国際関係に関する議題」「太平洋問題調査会と太平洋会議に関する議題」の五つにわかれた円卓会議の後、全体会議が行われました。おもな「太平洋会議」を見ていきます。

第一回ホノルル会議（大正十四年夏・ハワイ）

米国・ハワイ・日本・中国・カナダ・オーストラリア・ニュージーランド・フィリピン・朝鮮の九地域から百三十九名が参加。米国の排日移民法と中国の不平等条約をテーマとしました。日本代表団の鶴見祐輔は第六回ヨセミテ会議まで、戦前に行われた太平洋会議にほぼ毎回出席します。

第二回ホノルル会議（昭和二年夏・ハワイ）

新たにイギリスが参加し十地域となりました。人口食糧問題・自然資源分布問題・日米不戦条約をテーマとしましたが、実際に中心的な議題となったのは中国の不平等条約の改正問題でした。会議の政治的傾向が強くなってきました。

第三回京都会議（昭和四年秋・日本）

米・日・英・中・加・豪・ニュージーランド・比の八地域に加え、ソ連・仏・蘭・メキシコの四カ国がオブザーバーとして新たに参加。ジョン・D・ロックフェラー三世やイギリスの歴史学者アーノルド・トインビーも参加しています。日本代表団は、新渡戸稲造団長のほか、松岡洋右、前田多門、鶴見祐輔、蠟山政道、そして新聞聯合社の岩永裕吉などです。日本はホストとして、日本という国を理解してもらおうと様々なイベントを開催して文化・産業・国土などの紹介に力をいれました。

満洲問題がひとつの大きなテーマでしたが、満洲が支那の固有領土であることを主張する中国代表団と、松岡洋右らを中心とする日本代表団とのあいだで何度も激しい応酬がありました。

この京都会議において日本の代表ステートメントで事件が起きました。日本代表団の主張と全く異なる反日的ステートメントが印刷され各国の参加者に配られてしまったのです。

「日本は高圧的で残酷で大陸を侵略するという過ちを犯している、日本の外交史を汚す幾多の過ちを弁護する積りはない」などと主張し、「内地でも自由主義人が攻撃され、マルクス主義が禁制となり、進歩・自由にもとっている」と激しく日本の内政をも糾弾する内容です。鶴見祐輔は病欠してその場にいなかったのですが、このような国益を損なう文書が配られたことを聞いてひどく失望し嘆きました。

おそらくこの事件には満洲問題で意気投合していた蠟山政道と松本重治たちがかなり加担していたはずです。ちなみに、蠟山はこの会議で満蒙問題の調査・研究を担当し、松本は書記として参加していました。この会議には白洲次郎もいました。会議の後では非公式の日支懇談会も行われたそうです。

第四回杭州・上海会議（昭和六年秋・支那）

満洲事変勃発直後の緊迫した情勢下で、日本への抗議の意味で支那側が開催に反対しましたが、なんとか開かれました。ただし、日本代表団の安全上の問題で会場は杭州から上海の国際共同租界内に変更されました。

おもに中国経済の発展や労働問題などをテーマとしました。けれども支那側が満洲事変をとりあげて虚言をろうして日本を激しく攻撃し、興奮のあまりに会議秩序を乱し謝罪文をだす一幕もあり、いちじるしく混乱を呈しました。

日本代表団は、満鉄調査部などによる万全の準備を背景に主張すべきことを堂々と主張しました。しかし、支那以外の各国からも日本非難がでたのです。

日本代表団のひとりに松本重治がいました。発言は少なかったようです。ただし先に述べましたように、会議の後で松本が会議への自己批判を行って日本の代表たちからは皮肉を言われましたが、米英の代表たちからは高い評価をうけました。

第五回バンフ会議（昭和八年夏・カナダ）

仏・蘭・蘭領東インドが新たに参加し十一地域の参加となりました。テーマは「太平洋地域に於ける経済上の軋轢《あつれき》とその統制」。

日本が国際連盟脱退の意向を表明していた状況をふまえ、日本代表団の高木八尺と横田喜三郎は「太平洋の平和機構再建設に関する若干の考察」を発表しました。この考察は、国際連盟に代わる太平洋の安全保障機構の役割を太平洋問題調査会に期待したものです。しかし、他の参加国の好意的反響はえられませんでした。

中国代表団長はコミンテルンで活動中の陳翰生です。彼は翌年、ゾルゲや尾崎と連携しての対日工作のために来日します。工作の詳細はいまだに不詳です。

昭和九年夏、日米IPRで近衛の訪米を支援します。この件はすでにふれました。

昭和十年にはいると日支政府間は、満洲事変以来の確執が雪解けムードに転じ正常化にむかって落ちつきをみせてきました。前年十二月に発行された国民政府外交部の機関誌『外交評論』では、蔣介石が口述筆記させたと思われる次の文章ではじまる論文が掲載されています。

「一般に理解力ある中国人は、すべて、次のことを知っている。すなわち、日本人は究極的にわれわれの敵ではない。そして、われわれ中国にとって、究極的に日本と手をつなぐ必要がある」

一方、日本側も広田外相が議会で和平善隣主義を強調しました。二月には蔣介石と汪兆銘との連名の排日運動厳禁訓令がだされ、排日・排日貨取締りがはじまりました。五月には日支双方が公使館を大使館へと昇格させています。

ところが、六月、日本の天津軍の強硬姿勢に支那側がおされたかたちで梅津―何応欽《かおうきん》協定が締結され、政府間の日支提携の流れに影響がではじめます。その矢先、汪兆銘が反日派に狙撃され、ついで抗日テロも起こり、蔣介石・汪兆銘政権は打撃を被《こうむ》りました。さらに土肥原少将を中心とする華北自治工作、すなわち満洲国に接する華北地域の緩衝地帯化への動きは落ちつくことなく、冀東《きとう》防共自治政府および冀察《きさつ》政務委員会の成立となりました。それでも蔣介石政権はなお日支提携をめざした態勢をとりつづけ、日本政府もそれに応えようとしていました。

ただし、この時、日本の外務省の暗号電報は支那側に解読されていたのです。

その後も日本人を犠牲者とする抗日テロがつづき、日本側、とくに陸海軍をそのつど刺激して、日支交渉を阻害しました。けれども、日本の陸軍全体は対ソを意識し、対支戦には否定的でした。国民政府はとくに中国共産党の陰謀によるテロや学生運動に非常な警戒心をもっていました。知日派の支那要人の暗殺事件もつづきます。そのような情勢のなか、蔣介石は日本がいう「華北の特殊性」すなわち冀東防共自治政府などを否定しはじめます。

これらが昭和十一年夏ごろまでの状況です。それでは、その夏に行われたヨセミテ会議を見てみましょう。興味ぶかいことが舞台裏でおきます。

第六回ヨセミテ会議（昭和十一年夏・アメリカ）

アメリカのヨセミテ国立公園内にて開催され、ソ連が新たに正式参加しました。テーマは「太平洋地域に於ける経済政策、並びに社会政策の目的と結果」です。主として米・日・中・ソ四カ国の比較検討が行われました。日本代表団は十五名で、団長は元外務大臣の芳澤謙吉《よしざわけんきち》、幹事は牛場友彦、書記は西園寺公一です。前年にコミンテルンに正式登録された東京朝日新聞社東亜問題調査会所属の尾崎秀実も代表団の一員となりました。尾崎はこの会議で精力的に情報収集をしたようです。

会議では中国代表の胡適やアメリカのビッソンが厳しく日本の対支政策を批判しました。各国代表も同調して日本膨張論がさかんに喧伝されたのです。このため日本代表団の孤立は深まり、日本の太平洋会議への参加は第二次世界大戦以前ではこれが最後となったのです。

ただし会議外では、牛場、西園寺、尾崎は、太平洋問題調査会の中核であり、日本の支那政策を侵略と非難し、中国共産党に好意的なオーエン・ラティモアなどと積極的な交流をはかりました。

尾崎は一高・東大を通じての同級生で近衛を紹介してくれた牛場の斡旋で、ヨセミテ会議に代表団のひとりとして参加しました。牛場は太平洋問題調査会の国際事務局員でした。牛場はこの会議の準備のために二年ほど忙殺されたそうです。

尾崎は、やはり牛場から誘われて参加していた外務省嘱託の西園寺公一、そして近衛の長男文隆にこの会議で出会いました。この会議を通じて尾崎、西園寺、文隆の三人はかなりの信頼関係をむすぶことになりました。西園寺と牛場とはオックスフォード時代からの仲間です。オックスフォードで日本人の正式な学生はふたりだけでした。牛場がこの後、総理大臣秘書官に就任している間の太平洋問題調査会での役職は西園寺が引き継ぐ間柄でした。

西園寺は尾崎とは往復の船で同室となり始終語り合いました。幹事であった牛場が特に尾崎と西園寺との船室を同じくさせたのです。尾崎と西園寺は互いに全面的に信用するところとなり、帰国後ほとんど毎日行き来するつきあいをはじめます。

西園寺も尾崎と同様に根っからの共産主義者です。後にはゾルゲ事件に連座して有罪となっています。西園寺は戦後は一家で北京に十二年間暮らし、中国共産党から大臣クラスの給与で厚遇されて悠々自適の生活を送ります。毛沢東の文化大革命を礼賛したことでも知られます。

文隆は斎藤博駐米大使の依頼で秘書兼連絡係として参加しました。父文麿の意向です。当然、尾崎や西園寺たちはこの機会に文隆を共産主義へ誘うべく洗脳を試みたことでしょう。近衛は、太平洋問題調査会の内外のメンバーたちとのパイプ役を文隆に託したと思われます。

ロックフェラーの意向で、太平洋問題調査会自体が国際共産主義者たちのコントロール下にありましたので、これらのメンバー同士の出会いは、激しい議論が行われた表舞台とはまったく別に、裏舞台で仕組まれていたのです。太平洋問題調査会はかなり早くから対日包囲網のための機関となると同時に、若手日本人共産主義者の国際的なデビューの場、出会いの場でもあったのです。なお、翌年の昭和十二年には太平洋問題調査会に松本重治と尾崎の紹介で入会していた菅裕太《すがゆうた》という人物が左翼事件で検挙されています。

さて、日本が参加しなくなってからのおもな太平洋会議も見ておきます。

第八回モン・トランブラン会議（昭和十七年冬・カナダ）

米・中・英・仏・蘭（蘭印含む）・加・豪・ニュージーランド・比（うち枢軸国占領下の仏・蘭・比は亡命政府系の参加）にくわえ、新たにインド・タイ（自由タイ）が参加、さらに朝鮮（在米朝鮮人）も参加し十二地域から約百四十人が参集。テーマは「太平洋及び極東に於ける連合国の戦時・戦後協力」です。日本専門家としてハーバート・ノーマンが注目され「日本といえばノーマン、ノーマンといえば日本」という評判が定着しました。

臨時ニューヨーク会議（昭和十九年冬・アメリカ）

対日戦争や占領政策をめぐって「日本人の性格構造」を分析するために開かれた臨時会議です。太平洋問題調査会は戦時中、反日宣伝映画の製作やアメリカ陸海軍将校への反日教育に関与していました。この臨時会議では、日本研究者、精神分析学者、文化人類学者、社会学者など四十人以上が参加。諸講演にくわえ、日本兵が書いた日記の回覧や、日本のヒット映画『チョコレートと兵隊』（昭和十三年／東宝映画）の上演がなされ、日本人の性格が討議されました。「日本人の扱い方として儒教的な兄弟関係を用いればアメリカ側の強硬さも正当化できる」との提案や、「アメリカ国内では日本人を黄色い猿とみなすプロパガンダが行われているため、いまさら親しい関係となるのは難しい」との意見も出されたと言われています。本当にこのような人種的偏見に満ちた意見が出された会議であったのなら、ただ唖然《あぜん》として驚くばかりです。

第九回ホット・スプリングス会議（昭和二十年冬・アメリカ）

開催地はバージニア州。米・中・英・仏（仏印を含む）・蘭（蘭印含む）・加・豪・ニュージーランド・比・朝・タイ・印の十二地域百五十九名が参加。テーマは「太平洋に於ける安全保障」。大戦終結を前にして、軍事占領・軍備撤廃・領土割譲など戦後の日本処理についての意見の一致をみました。天皇のとりあつかいについては、意見がわかれたままであったのではないかと思われます。ノーマンはカナダ代表団員として「日本政治の封建的背景」を報告しました。ノーマンはオーエン・ラティモアとともに天皇制を攻撃しています。

まさに太平洋問題調査会は、日本包囲、日本たたき、敗戦後の日本統治研究の機関だったのです。

第三章　レールを敷く

「英米本位の平和主義を排す」

近衛は第一次近衛内閣で、支那事変をもはや解決不能、こじれるだけこじれさせて、後は永遠につづくしかないという状態にもっていくという目的を果たしました。よって昭和十四年正月に総辞職したのです。

その後は、近衛のシナリオどおり、平沼、阿部、米内と次々にかわった後継内閣と陸軍が支那事変と悪化する日米関係にもがくだけでした。

陸軍は、阿部内閣の後継として早くも近衛の再登場による挙国一致内閣を希望していました。このときは近衛は「確信なし」といって断っています。

米内内閣が成立してから半年もたつと、閉塞状況の打破を求めて近衛の再登板を期待する声が世上に澎湃《ほうはい》として起こりました。

「内閣の支柱としての力は、どこまでも陸軍だけが担当するが、首班は近衛がよい。要するに、近衛およびその周囲のブレーン・トラストと陸軍との合作で行くのだ。純然たる陸軍内閣では、国民の前にコブシを突き出すようで、荒っぽい感じを与える。近衛を頭に頂き、そのブレーンの協力によって、知的にして強力な印象を国民に与えなければならない」と、陸軍参謀本部のある将校はすでに第二次近衛内閣成立の半年前に事務局長の酒井三郎ら昭和研究会の顔ぶれに語っています。

昭和十五年七月にはいると、阿南陸軍次官は木戸内大臣を訪ねて「米内内閣の性格は、独伊との話し合いには極めて不便で、陸軍としては、その更迭《こうてつ》もやむをえない。かわって近衛公の出馬を希望する」と申し入れています。

近衛は二十七歳のときに「英米本位の平和主義を排す」という論文を発表しています。そして満洲事変を日本の生存権の立場から肯定しました。立ち位置がはっきりしていたのです。その近衛が、昭和十五年四月以降、ドイツが破竹《はちく》の勢いでヨーロッパを席巻《せっけん》していたとき、これに倣《なら》って新しい世界秩序の一翼を担《にな》おうととなえたとしても何の不思議もありません。近衛は昭和十四年にはすでに英米牽制《けんせい》を目的とする日独ソの連合論にも前むきな姿勢を示していました。

昭和十五年七月十六日、ついに畑陸相は、「この重大な世界的転換点にあたって、政府は何らなすところなく、いたずらに日を送っている。国内体制を一新する必要がある」と述べ辞表を提出し、陸軍は後任をおくりませんでした。これにより米内内閣は倒れます。

このころ警察が世論調査をおこなっています。その結果は、国民は既成政党にもはや何も期待せず、近衛待望論が圧倒していたのです。まさに、近衛が予期した筋書きどおりの展開です。

昭和15年7月、第２次近衛内閣初閣議後の記念撮影。前列左から風見章、東條英機、ふたりおいて松岡洋右、最前列に近衛文麿

昭和十五年七月十七日、国民や軍などの期待が極大化するなかで近衛に大命が降下し、近衛はふたたび首相に就任しました。陸軍の近衛待望論が推進力となり、近衛は陸軍の方針を受けとめ、国民は近衛に夢をかけ、第二次近衛内閣は成立します。

実は、この七月十七日、内閣秘書官長が西園寺公望のもとを訪問して近衛首相就任に同意を求めています。しかし、西園寺は、「この奉答だけは御免蒙《こうむ》りたい」と拒絶します。西園寺は、「今頃、人気で政治をやろうなんて、そんな時代遅れな者じゃあ駄目だね」「踏みとどまってもやるだけの決心があるか」と近衛の資質に疑念をもっていたのです。

このとき、皇道派真崎甚三郎《まさきじんざぶろう》の弟真崎勝次《かつじ》海軍少将も、近衛に、「あなたが、何辺内閣を作られても、現在、陸軍軍務局に蟠踞《ばんきょ》している『ファッショ』連中を、追い出さなければ、内閣は結局彼等の玩弄物《がんろうぶつ》となるのみである。彼等数名を追い出せば、一時一寸《ちょっと》騒ぐかも知れぬが決して心配する程の事はない」と勧告しています。しかし近衛はこれを無視しました。

近衛は組閣の前に、まず、陸海相および外相と協議し、方針の一致と協力の取りつけを行うことにしました。吉田海相、松岡（外相候補）そして東條（陸相候補）と近衛の邸宅荻外荘《てきがいそう》の「客間」で会しての国策方針についての申しあわせです。これが世にいう「荻窪会談」です。

ここで、大きな四つの事項が確認されました。東亜新秩序建設のための日独伊枢軸の強化、日ソ不可侵協定の締結、英・仏・蘭（オランダ）・葡（ポルトガル）の植民地を東亜新秩序に包含《ほうがん》するための積極的処理、そして米国の実力干渉を排除する固い決意です。この「荻窪会談」がまがうことなき「日本の転機」となったのです。

近衛は第二次近衛内閣を成立させるや否や、七月二十六日の閣議で「荻窪会談」での申しあわせを基礎として、「基本国策要綱」を決定します。「基本国策要綱」全文を次にかかげます。

基本国策要綱

世界は今や歴史的一大転機に際会し数個の国家群の生成発展を基調とする新たなる政治経済文化の創成を見んとし皇国亦《また》有史以来の大試練に直面す。この秋《とき》に当り真に肇国《ちょうこく》の大精神に基く皇国の国是を完遂せんとせば、右世界史的発展の必然的動向を把握して庶政百般に亘《わた》り速《すみや》かに根本的刷新を加え、万難を排して国防国家体制の完成に邁進《まいしん》することを以て刻下喫《きっ》緊《きん》要務とす。依《よ》って基本国策の大綱を策定すること左の如し。

一、根本方針

皇国の国是は八紘《はっこう》を一宇《いちう》とする肇国《ちょうこく》の大精神に基き世界平和の確立を招来することを以て根本とし、先ず皇国を核心とし日満支の強固なる結合を根幹とする大東亜の新秩序を建設するに在り。之が為皇国自ら速に新事態に即応する不抜《ふばつ》の国家態勢を確立し国家の総力を挙げて右国是の具現に邁進《まいしん》す。

二、国防及外交

皇国内外の新情勢に鑑《かんが》み国家総力発揮の国防国家体制を基底とし、国是遂行に遺憾《いかん》なき軍備を充実す。皇国現下の外交は大東亜の新秩序建設を根幹とし、先ず其の重心を支那事変の完遂に置き、国際的大変局を達観し建設的にして且つ弾力性に富む施策を講じ以て皇国国運の進展を期す。

三、国内態勢の刷新

我国内政の急務は国体の本義に基き諸政を一新し、国防国家体制の基礎を確立するに在り。之が為左記諸件の実現を期す。

1. 国体の本義に透徹する教学の刷新と相俟《あいま》ち自我功利の思想を排し国家奉仕の観念を第一義とする国民道徳を確立す。尚科学的精神の振興を期す。

2. 強力なる新政治体制を確立し国政の総合的統一を図る。

イ、官民協力一致各々其の職域に応じ国家に奉公することを基調とする新国民組織の確立。

ロ、新政治体制に即応し得べき議会制度の改革。

ハ、行政の運用に根本的刷新を加え其の統一と敏活とを目標とする官場新態勢の確立。

3. 皇国を中心とする日満支三国経済の自主的建設を基調とし国防経済の根基を確立す。

イ、日満支を一環とし大東亜を包容《ほうよう》する皇国の自給自足経済政策の確立。

ロ、官民協力による計画経済の遂行特に主要物資の生産、配給、消費を貫く一元的統制機構の整備。

ハ、総合経済力の発展を目標とする財政計画の確立並に金融統制の強化。

ニ、世界新情勢に対応する貿易政策の刷新。

ホ、国民生活必需物資特に主要食糧の自給方策の確立。

ヘ、重要産業特に重化学工業及機械工業の画期的発展。
ト、科学に画期的振興並に生産の合理化。
チ、内外の新情勢に対応する交通運輸施設の整備拡充。
リ、日満支を通ずる総合国力の発展を目標とする国土開発計画の確立。
4．国是遂行の原動力たる国民の資質、体力の向上並に人口増加に関する恒久的方策特に農業及農家の安定発展に関する根本方策を樹立す。
5．国策の遂行に伴う国民犠牲の不均衡の是正を断行し厚生的諸施策の徹底を期すると共に、国民生活を刷新し真に忍苦十年時難克服に適応する質実剛健なる国民生活の水準を確保す。

「根本方針」として、日満支の強固な結合を根幹とする大東亜新秩序の建設をうたっています。「国防及外交」では支那事変の完遂に重点をおき、「国内態勢の刷新」として国防国家体制の基礎を確立するため、新政治体制を確立して国政の総合的統一を図ることを宣言しました。

要するに、「基本国策要綱」はおもに内政に重点をおき、とくに政党にかわる新国民組織を創設して、国内体制を根本的に刷新し、国防国家体制を確立し、日満支三国にわたり自給自足の計画経済を確立しようとするものです。従来の自由主義的、民主主義的政治経済の体制を国家主義的全体主義的方向に転換しようとするものです。

「基本国策要綱」案は内閣直属の企画院から提出されたものです。もとの原案は陸軍省軍務局長武藤章の指示で作成されています。日満財政経済研究会の宮崎正義らの考え方も反映されています。「基本国策要綱」について東大法学部教授の矢部貞治《やべていじ》は次のように述べています。

「著しく思想性を帯び、国防国家を謳《うた》い、今まで普通『帝国』と言ったのを『皇国』と言い、『八紘一宇』という語が現われ、今までの『東亜新秩序』といわれていたのが、『大東亜新秩序』となったなどの点で、刮目《かつもく》すべきものであった」

これらの観念的な言葉が、はじめて政府の正式な文書上にのったのです。昭和研究会関係者は、こうした観念的な言葉が観念右翼などからの批判をおさえ、分裂を内包している新体制運動をまとめる効果をもたらすと考えたのです。

翌二十七日には大本営政府連絡会議で「世界情勢の推移に伴う時局処理要綱」を決定しました。この要綱は「方針」として、「速に支那事変の解決を促進すると共に好機を捕捉し対南方問題を解決す」をかかげています。

「要領」としては、まず「支那事変処理」に関して、「政戦両略の総合力を之に集中し、特に第三国の援蔣行為を絶滅する等凡《あら》ゆる手段を尽して速に重慶政権の屈服を策す」とあくまでも重慶政権に「屈服」を強要するものとなっています。そして「対南方施策」に関しては、「情勢の変転を利用し好機を捕捉し、之が推進に努む」としています。

「対外施策」に関しては、「独伊との政治的結束を強化し、対ソ国交の飛躍的調整を図る」ことおよび「米国に対しては公正なる主張と厳然たる態度を持し帝国の必要とする施策遂行に伴う已《や》むを得ざる自然的悪化は敢て之を辞せざるも、常に其の動向に留意し、我より求めて摩擦を多からしむるは之を避くる如く施策す」と定めています。

また「南方武力行使」に関しては、

一、支那事変処理概《おおむ》ね終了せる場合に於ては、対南方問題解決の為内外諸般の情勢之を許す限り好機を捕捉し武力を行使す
二、支那事変の処理未だ終わらざる場合に於ては第三国と開戦に至らざる限度に於て施策するも内外諸般の情勢特に有利に進展するに至らば対南方問題解決の為武力を行使することあり
三、前二項武力行使の時期範囲方法等に関しては情勢に応じ之を決定す
四、武力行使に当りては戦争対手を極力英国のみに極限するに努む。但し此の場合に於ても対米開戦は之を避け得ざることとなるべきを以て之が準備に遺憾なきを期す

——としています。

「世界情勢の推移に伴う時局処理要綱」は国策を枢軸すなわち独伊と提携する方向にむけ、かつフランス、オランダなどの宗主国群がドイツに席巻された南方地域に武力行使することがあるという方針を定めたものです。

「南方武力行使」が、ケースわけをしつつも、正面切ってでてきたのです。

近衛は、「荻窪会談」にもとづいて日本の進路を一大転換したのです。日本は一直線に独伊との三国同盟締結へとむかい、そのあと「南方武力行使」に進みます。

昭和十五年九月十三日、松岡とスターマー特使は日独伊間の軍事同盟を決定しました。スターマーやオット駐日ドイツ大使は、三国同盟締結情報を親友で信頼がおけるゾルゲに逐一《ちくいち》話していましたので、モスクワは三国同盟の動きについても早くから察知していました。

重臣岡田啓介はのちに、「三国同盟が日本のわかれ道だった」と言います。近衛首相や松岡外相は三国同盟を対米和平のため、そして支那事変のためと認識していると説明していました。しかし、日本がこの軍事同盟によって英米陣営に対する一大闘争の渦中にあえて身を投じることになったのは動かしがたい事実です。三国同盟と大東亜新秩序の建設により「英米本位の平和主義を排す」という図式です。

このとき鳩山一郎は、「近衛は国を亡《ほろ》ぼす者」と見ていました。

独裁体制

近衛はすでに昭和十二年正月の新聞各紙における巻頭論文で、「挙国一致、一切の勢力を渾《こん》然《ぜん》融合せしめた力の集団をして、施政の任に当たらしむべきである」と主張しています。

第一次近衛内閣のときには、すでに自身を党首とする新党あるいは新しい国民再組織への野心をもっていました。社会大衆党による「大日本党」構想や「皇国日本党」などの構想も存在しました。

しかし、しだいに斬新《ざんしん》な新党というよりは既成政党の主導色が強い動きとなってきたため近衛は積極的になりきれませんでした。

尾崎秀実は、昭和十三年七月以来、内閣嘱託として国民再組織問題に取り組んでいます。尾崎は風見章と赤坂の宿屋にこもって、とりあえず既存の政党・政治団体や経済団体を統合し、昭和研究会の新体制案と国民運動とをあわせたような原案をつくったうえで、近衛と首相官邸の日本間で打ちあわせました。

このとき近衛は尾崎に、「世論一般が未だ国民再組織ということを理解していない様である」

「旧政党を打って一丸とするということなら明日にでも出来ることだけれども、自分はそういうことを望んでいるのではない。要するに新しい政治中心組織の結成ということは、未だ機が熟していないのではないか、尾崎さん」と言いました。

彼もこの近衛の発言に同意しました。

近衛と尾崎がともに望んだのは、既成政党の寄り合いではなく、「新しい政治中心組織の結成」だったのです。

尾崎や風見のとりあえずの案をもととした一案が有馬頼寧《ありまよりやす》農林大臣から閣議に提出されましたが、閣内からの反対にあいます。

いろいろと画策をしていた末次内相からの案も出てきましたが、ほどなく昭和十四年正月に内閣総辞職となり、この件は日の目を見ずに終わったのでした。

尾崎は、内閣嘱託として国民再組織問題を担当するとともに、国民再組織問題の専門家として広く論壇で活躍しました。

このころ有馬は、ベルリンオリンピックの記録映画をみて、「実にうらやましい事だ。日本にもヒットラーの様な人はいないのか」とはっきり『有馬頼寧日記』に書き記しています。

その後、風見は、木舎幾三郎《きやいくさぶろう》が運営し有馬が理事長の政界往来会館を根城《ねじろ》にして、新党構想をねりながらの基礎工作をはじめます。

するとまもなく、近衛が風見にむかって、「『新党』では一般から、また例の政権亡者の離合集散かと思われる、何かよい表現はあるまいか」と言ってきたのです。

風見は考えました。

そして風見は「政治新体制の確立」と称することを思いついたのです。

近衛も了解しました。「新体制」という時代を席巻していくキーワードが誕生したのです。「新体制」という言葉は、マスメディアを通じて国民に「世直し」の幻想をふりまきました。従来政治に関心をもたなかった人たちまでが「新体制」という言葉に高揚していくのです。

第一次近衛内閣終了後の昭和十四年、近衛は陸軍の皇道派の真崎甚三郎と二回会談します。真崎は近衛が取りくもうとしている「新体制」運動が共産主義勢力の影響下にあると聞きおよんでいました。彼は近衛に赤化防止の警鐘を鳴らしたのです。このとき近衛は真崎の話を真剣に受けとめたような態度をみせました。

しかし、その後も近衛は共産主義者である風見を排除することなく、むしろ風見を中心軸として「新体制」運動をぐいぐい進めさせるのです。ここに近衛の正体がはっきりとみてとれます。近衛はこの時期、明らかに「赤」の利用を企図していたのです。

昭和十五年三月二十二日、有馬は近衛と会談し、日記に次のように記しています。

「現（米内）内閣もあまり長くはないらしいが次の内閣はもはや今迄の様なものは作れず、従って新党を作る要がある。軍がやればよいがそれも中々難しい。……公は秋田氏等ではなく、私達でやって欲しいような事をいうていた」

このあと有馬は、いよいよ決心を固めた近衛の下、風見とともに木戸幸一や後藤隆之助、そして政党人も交えて新体制づくりにむけた積極的な活動を展開します。綱領は、高度国防国家の建設、外交の刷新伸張、政治新体制の樹立です。

風見は、既成政党側の近衛への期待とバスに乗り遅れるな的心理をたくみにとらえ、暗に自発的政党解消を求めました。このあたりの風見の駆けひきは剛腕そのものです。

六月九日から十三日まで、天皇は関西に行幸中でした。随行している木戸内大臣からしょっちゅう近衛に新体制運動の動向をさぐる電話がありました。

「陛下は、この新体制運動に、大いに、こころをかけていられるというので、木戸が、ゆくさきざきから、その後の情勢はどうだと電話をかけてくるのだよ」と、近衛は木舎《きや》にもらしています。

六月十日には、武藤軍務局長は、「近衛公の出馬、新党の結成には軍を挙げて賛成して、自分等は是非ともこれが実現するよう蔭ながら援助致したき考えなり」と話しています。ただし陸軍は新体制（新党）づくりよりも、まず米内内閣の倒閣運動を先行させようと企図します。

風見は米内内閣の総辞職の一カ月も前から、ふたたび尾崎に新体制運動の立案を頼んでいました。尾崎は「民衆の中へ入った新しい活気ある民衆の民主的な組織」という構想をもっていました。

尾崎は官邸近くに宿をとり一週間こもりっきりで具体案を練ったといいます。日本国内では変革の主体としてのプロレタリアートの組織が破壊されていて、さし当りそれに期待しえないので、中産階級あるいは中小のブルジョアジーを組織して運動体化（国民再組織化）する。この運動体（国民再組織）と支那の民族解放革命のエネルギー、そしてソ連の社会主義建設の勢力、この三つをあわせることでアジアにおける社会主義革命をはかるという大きな絵を尾崎は描いていたのでした。

当時風見は帝国ホテル内に新体制運動の事務所をもっていました。尾崎や西園寺公一が留守番のようによく通っていたといいます。

ふたたび『風見章日記』を中心に見ていきます。次に示すものは、このころ考えられていた新党（新体制）の結成方略案や新体制運動案の抜粋です。風見らの基本的なスタンスをかいま見せるものです。

「諸種の経済社会及び労働団体等に対し新党の支持団体として密接なる連携を保つよう働きか

け、この働きかけに応ぜざるものに対しては断乎解散を命ずること」

「ひとたび総選挙を告示せば速時に新党絶対支持の気運を渦まき起こし、反対するものの立候補はその余地無きよう諸般の準備を進めおく事」

「百名の有能なる新人候補者を公認して当選せしむるためには、百名の現議員をして立候補を断念せしめざるべからず」

さらに「一種の革命的組織方法」を標榜《ひょうぼう》し、「地方新聞を機関紙たらしむ」「一種の戦闘突撃部隊を中央地方を通じ組織するの必要有り」「選挙法改正に当たりては、道府県会議員、市町村会議員等の公職に在るものをして自ら投票する以外選挙に関係する能《あた》わざることを規定し、既存政治勢力の地盤破壊に役立たしむること」などが記されています。驚きを禁じえません。まさに全体主義です。

「若し全権委任法不成立の危険有る場合には、次の選挙に当選せしむるに足る同志議員を辞職せしめ、議会を自然消滅せしめて緊急勅令により選挙法の改正を行う」

「新候補百名については、一道府県二名標準にて速やかに内務省をして当選可能なるものを物色せしめ」——などの施策案にはただ言葉を失うのみです。全体主義であり、そこに社会主義志向がくわわるのですから、「スターリニズム」といったほうがいいかも知れません。

近衛は昭和十五年六月二十四日に枢密院議長を辞任し、公式に新体制運動をはじめることを声明しました。この声明は政界全体に激しい刺激をあたえ、新体制運動が他のなにものをも圧倒する雰囲気が醸成されました。このとき近衛は具体的な「新体制」の構想を提示したわけではなく「既存政党とは異なった国民組織、全国民の間に根を張った組織と、それの持つ政治力を背景とした政府」というほどのイメージにとどめています。

近衛のブレーン・トラストである昭和研究会も朝飯会も風見と有馬を中心に新体制運動の推進にむけてフル稼働をはじめます。

そしていよいよ六月下旬ごろから、小政党から「自発的」な解党がはじまったのです。

新体制運動を終始資金面でささえていたのは有馬であったと思われます。有馬は荻窪の北側に所有していた一万五千坪の土地のうち一万坪を売却しています。

近衛は、近衛のブレーンとなった東大法学部教授の矢部貞治と「新しい政治体制」についての考え方のとりまとめを行いました。近衛と矢部の出会いは、後藤隆之助と尾崎秀実の仲介です。尾崎の誘いで矢部は朝飯会にも参加します。さて、その矢部が『週刊朝日』七月十日号に「新しい政治体制」と題しての寄稿をしました。

「何よりも内閣の強化が重要」であり、内閣が「全機構の主導的な中枢推進機関とならなければならない」。この「一元的な政治の指導意思、あらゆる政治勢力と国民の総力が集中し、統合せられ、協同して、国策の樹立とその実現遂行が、適切、有効、迅速、果敢に行われるような体制の確立」が「政治体制の強化」である。そしてその推進力たる強力な実質上の一国一党をつくるべきであるという主張です。

ただし、実はここでは「党」と言わず「国民運動」と言っています。それは、近衛を最高指導者（首相）とする一国一党が、憲法の建前の「天皇親政」に対する「幕府」に当るという批判が現われはじめていたからです。

そのためこのあたりから、いきなりの一国一党、近衛首相＝新党党首という構想はすこしずつ後退し、まず近衛は大命降下を拝受し、その後に内閣として新体制の国民運動の構築に取りくんでいくというような構想に転じていくのです。

七月十六日、ついに米内内閣が陸軍によって倒され、軍や国民などの期待が極大化するなかで翌十七日、近衛に大命が降下しました。

近衛は再び首相に就任し、第二次近衛内閣を発足させます。

近衛は、第二次近衛内閣を発足後、早々に閣議で新体制の話をしました。そして今度はその場で「全員協力してやる」と決せられました。新体制運動は司法相に就任した風見と有馬が中心となって進められます。

実はこの大命降下の前に、近衛は大命拝受を想定しての心構えを矢部に語っていました。近衛にとって大命降下自体はおりこみ済みであったのです。

「後継の大命に際し、天皇は通常憲法の条章を守ること、財界に動揺を与えないこと、米英と協調すること、という三カ条のご注意を与えられる。自分がもし大命を受ければ、恐らく同じ御言葉があると思う。ところが陛下の憲法の条章と仰せられるのは、多くは西園寺、湯浅流の旧い自由主義的解釈であり、又財界の動揺を御心念で、株の上下まで御心配になるし、対外的には深く親英米的な御感情がある。

ところがそれをそのまま遵奉《じゅんぽう》するのでは、今日の日本の政治はとても行えない。西園寺公が立憲的な君主に仕立てるために、なるべく現実政治に御関与にならぬように御教育をし、政治学や史学よりも、生物学の研究をお奨《すす》めしたのは、大きな意味があったが、率直にいうとそのために陛下は、複雑な政治問題と、とりわけ事態の動態的な発展につき、御理解が薄いように見受けられる。だから時勢の進展と関係なく、いつでも同じ様に右の三カ条を持ち出される。

そこで自分としては、又右の様な御言葉があったとき、そのままでは大命を拝受するわけにはいかない。その場合には、憲法の解釈が時代とともに発展しなければならないこと、経済もこの準戦時においては、どうしても統制と計画を欠くことはできず、一々株の動揺まで心配してはいられないこと、そして又現下の国際情勢では、英米の態度に鑑《かんが》み、その英米との交渉をやるためにも、或程度独伊との関係を強化する必要もあることにつき、率直に中上げて御許しを得たい」と。

このような近衛への今回の大命に際して天皇は、「内外時局重大につき外務・大蔵両大臣の人選には特に慎重にすべき」旨を仰せられたのでした。

昭和十五年八月十五日、最後に残っていた民政党が解党し、憲政史上初めて未曾有《みぞう》の無政党時代に突入しました。

近衛は八月二十七日に「新体制声明」を閣議で了承をえてから内奏し、あわせて「意見書」を内覧に供しています。「新体制声明」および「意見書」はやはり矢部が起草したものです。

二十八日、「新体制声明」はいわゆる軽井沢声明として世にだされました。

「新体制」を高度国防国家の基礎として位置づけ、経済・文化の各領域において、各部門を縦に各組織を横にむすぶ全国的な統合をもって、下意上達、上意下達をはかろうとする官民協同の国家事業、万民翼賛の国民組織としました。広く朝野有名無名の人材を登用して運動の中核体を組織し、そこに強力なる実践力を結集せしむこととし、「一国一党」ではないものの「高度の政治性を帯びる」ことを明らかにしています。

尾崎や後藤らの昭和研究会特別委員会が立案した「一国一党」体制をいっきょに実現させよ

うという声明ではありませんでした。

「意見書」のほうは、「憲法の運用について」「外交方策について」「財政経済について」の三節から構成されています。

「憲法の運用について」ではこう述べています。十九世紀の終わりからの世界的傾向として、「国家は益々政治経済生活のあらゆる領域に干渉せざるを得」なくなり、また、「自由放任の経済に全体的公益の立場より統制を行わざる」をえなくなってきている。こうしたことから、「権力分立、牽制均衡《けんせいきんこう》を棄てて、むしろ強力なる国家権力の集中を図り、その集中的政治機関として執行権を強化」する必要がある。その結果、「議会は政治の中枢より後退」せざるをえなくなっている。そしてこの傾向は近代戦の特徴である、「国家総力戦の要請による国防国家の必要から」いっそう強められる。

「この半世紀間、欧州各国は憲法改正ないし運用によってこうした傾向に順応しており」、とくに大胆に改革がすすめられているのが「全体主義国家」であり、わが国もそのような方向に進むべきである。

欧米では大恐慌をきっかけに自由放任経済から国家が経済をコントロールする方向へと転換がおこりました。併行して第一次世界大戦から現れた総力戦という戦争形態への対応を目的とする国家統制がはじまりました。

こうした世界的な時代の動きに対して、昭和研究会のメンバーである矢部らは、日本がさらに飛躍するためには、国家は平時より権力を集中・強化させる必要があると考えたのです。すなわち、国民生活の向上と総力戦遂行の準備というあい反する方向にあると思われる二つは、国家権力の強化と集中によってなし得ると信じたのです。ここにおいて、もはや英米流の自由主義、権力分立主義、個人主義は新しい流れに反するものとみなされていました。

近衛は、天皇の真意に反して、帝国憲法の改正すら考えていました。そしてそれが難しいのであれば、憲法の運用をかえるということで、「時代の進展に応じて」執行権力を集中させる、つまりは「天皇の輔弼《ほひつ》者の一元化」をはかるべきだと主張したのです。

「外交方策について」では、「進んで帝国の世界政策を確立し、来るべき世界秩序の建設に指導的役割を演ずべきことが、必要である」「東亜新秩序の理念は、現に進行中の欧州戦争と相俟《あいま》ちまして、現行世界秩序たるヴェルサイユ体制乃至ワシントン体制に代わり、世界新秩序の模型たるべき世界史的意義を有する」としています。

日本は東洋を解放し、ひとつのブロックつまり東亜自主圏を形成しなければならない。日本の自主外交への要求と経済的基礎の英米依存というジレンマを解決すべく血路《けつろ》をひらくには、「世界全体にわたる一大転換期たる現在をおいて、再び来るべしとも思われない」。

そのためには、独伊との緊密な提携が必要である。いまや日本はこの世界的大動乱を通じて世界の新秩序形成のリーダーたるべしと近衛は主張したのです。

「財政経済について」では、政治体制強化と統制経済体制の整備は補完関係にある。統制経済の確立は、現代の戦時体制ないし高度国防国家体制においては絶対的な要請に高められていると述べています。

近衛の新体制づくりは、こうした全体的な見通しのなかで進められようとしたのです。

八月二十八日「新体制声明」が発表された日、首相官邸で新体制準備会が開催されました。座長は有馬頼寧です。常任幹事には民間から後藤隆之助が参画し、近衛のかたわらにいて重きをなしていました。松本重治も追加されたようです。

ただし新体制準備会では、「レールは出来上がっても、汽車に乗っている間に、知らぬ間にソビエトへ行ったのでは大変である」との懸念の声もさっそく一部から出されていました。

天皇は八月三十一日、木戸に近衛の「意見書」に対して次のように感想を述べられました。

「憲法の改正を必要とするのであるならば、正規の手続きにより之を改正するに異存はないが、近衛が兎角《とかく》議会を重んぜない様に思われるが、我国の歴史を見るに、蘇我、物部の対立抗争以来、源平其他に二つの勢力が対立して居る、此の対立を議会に於て為さしむるのは一つの行方で、我国では中々一つに統一ということは困難の様に思わる」

天皇は、ここでは憲法の改正に異存はないとしながらも、歴史をひもときながら、近衛の議会軽視のやり方に疑問を呈したのです。

一方の近衛は、現実的な国内情勢の面からも権力の一元化を考えていました。昭和にはいって天皇を輔弼《ほひつ》してきた各権力はしだいにまとまりを失いはじめ、政府が国家の主体として国家権力を行使できない状態に陥ったとみなしていました。もっとも著しいのが関東軍の独断専行であり、陸軍をおさえるには権力の一元化が必要だという理屈です。

問題はそもそも帝国憲法にも内在していたといえます。統治機構のなかに対立・分裂の萌芽《ほうが》が内包されていたのです。天皇を頂点としつつも、議会、内閣総理大臣、各大臣、裁判所、軍（各統帥部）がそれぞれ独立した天皇の輔弼機関である以上、はじめから分裂する可能性を秘めていました。にもかかわらず明治以降統一した権力をもつ主権国家として機能してきたのは、明治維新を生きぬいてきた元老たちが諸権力をひとつにまとめ上げてきたからです。

しかし、元老たちがこの世を去り、ロンドン軍縮条約をめぐって統帥権干犯《とうすいけんかんぱん》問題がおこり、軍部大臣現役武官制が復活し、五・一五事件で政党内閣が終焉《しゅうえん》し、権力分裂は決定的となりました。このような情勢を背景に、近衛は統一した権力システムの構築を考えたといえます。

他方、衆議院議員の鳩山一郎はこうした動きに一貫して危惧《きぐ》の念をいだいていました。昭和十五年十月、『鳩山一郎日記』では、「新体制の正体不明」「近衛に日本を引き廻されては堪えきれない」と述べています。また、ちまたに溢《あふ》れだしたスローガン「贅沢《ぜいたく》は敵だ」は、かつてレーニンが使用していたスローガンだと聞いて懸念をしています。

「レーニンは先ずこのスローガンを宣伝して、次に『贅沢と貴族は敵だ』というスローガンを播《ママ》かし、その次に『贅沢と貴族とクレムリンは敵だ』と宣伝した。現時の日本の状態は全くレーニンの初期時代に髣髴《ほうふつ》す」

さらに鳩山は、「企画院、内務省、商工省の中に共産主義的の官吏ありて困ってる」との訴えや警告に対して近衛がまったく他人事のように無責任な態度をとり、総理大臣としての法的責任はもとより、道徳的、社会的責任をすこしも考えていないとしています。そしてこのことについて、「嗚呼《ああ》憐《あわれ》むべし、悲しむべし、憎むべし」と記しています。陛下御一人に御心配をおかけして、近衛の政府は「人類の福祉と万邦の協和」の逆を行くとさえ述べています。近衛にしてみれば、「企画院、内務省、商工省の中に共産主義的の官吏ありて」は、うまく事が進んでいる証左であり満足を与えるものであったでしょう。けれども、近衛はそれをいっさい顔に出さなかったのです。スターリンは、昭和八年ごろ、「日本の命令系統を乱し得べきにより、その後に日本を討つべし」とソ連の極東軍司令官に話したといわれていますが、近衛の新体制運動をスターリンは喜んでいたことでしょう。

いくたの議論をへて、九月二十七日、閣議において、「運動の名称を『大政翼賛運動』とし、これを推進する機関として『大政翼賛会』を置く」ことに決しました。九月二十七日は日独伊三国同盟の調印が行われた日でもあります。

十月三日、内大臣木戸は参内《さんだい》した近衛に、「近衛新体制運動の裏に共産主義者あり等との心配を頻々《ひんぴん》聞く」と異例の注意をしました。これは天皇からの注意でもあると考えられます。

翌四日、首相就任参拝のため西下《さいか》していた近衛は、京都における記者会見で次のように弁明します。

「新体制運動についてその根底に共産主義思想が流れているということを最近一部から聞くが、新体制運動の中には成程いわゆる転向者と言われている人も加わっており、そういう人の智能の一部を取り入れ、それを参考にするということもある。しかし、結局この運動は一面においては思想運動であり、国体明徴《こくたいめいちょう》運動である。……国体観念の明徴ということが新体制の思想運動としての目標である。新体制は強く打てば強く響き、弱く打てば弱く響く大きな太鼓《たいこ》のようなもので、或る時はナチの音がするし、またある時はマルクス主義の音が響くこともあるかも知れないが、その本音は日本の国体に根ざしたものであり、またその行動は徹底した臣道観から出発したものでなければならぬ。……此の考えがひとたび崩れれば、新体制はいわゆる幕府的存在となり、また一部の人が言っているように赤の運動になるという心配が多分にある」

心配しなくていいのか、心配しなければならないのか、よくわからないコメントです。

十月十二日、近衛の数えでちょうど五十歳となる誕生日、首相官邸大ホールで大政翼賛会の発会式が挙行されました。誤解を受けやすい日どりです。この発会式で、近衛は準備されていた綱領の発表を中止して、「本運動の綱領は大政翼賛、臣道実践ということに尽きる。これ以外に綱領も宣言もない」とだけ述べたのです。

綱領を準備していた共産主義者たちは、その瞬間おおいにがっかりしたといいます。

近衛にとって大切なことは、主導権がとれているということです。扇の要にいるということです。つっこみすぎて、天皇の不興を買ったり、きたる日米戦争の責任をかぶっては元も子もありません。

翌日には、こちらは予定どおり日比谷公園で華々しく大政翼賛三国同盟祝賀の国民大会が催されます。

天皇は新体制運動についての情報を随時おとりになり非常に警戒されていました。やはり共産主義者の件、そして「近衛幕府」あるいは「近衛党」の誕生を懸念されていたのでしょう。近衛のヒトラー仮装も忘れません。まわりにも次第に強い不快感をしめされました。だから近衛は大政翼賛会の発会式で準備されていた綱領を表明しなかったのです。

いま、天皇と正面から衝突すれば近衛は負けてしまいます。ここで逆鱗《げきりん》にふれたら、ここまで進めてきた我が闘争の計画はすべて無に帰します。

近衛は情勢を敏感に察知し、新体制運動の性格をコントロールして、新党づくりを大政翼賛会へとむかわせました。また大政翼賛会の性格も政事結社から単なる公事結社に変質させていくのです。

十一月十二日、大政翼賛会での経済新体制案の検討では、企画院案と連動して昭和研究会グループが主導して、資本と経営の分離、経営者への公的資格付与、利潤追求から国家奉仕・生産拡充への転換、国民経済の指導者原理による計画・統制化がうたわれました。

案の定、「昭和研究会の経済政策は反資本主義だ」として財界から強烈な批判と抵抗がでます。平沼騏一郎《きいちろう》などを中心とする政治家、右翼のグループも昭和研究会を「赤」だといって激しく攻撃しました。

「昭和研究会は大政翼賛会運動においても、なおソ連のような一国一党を実現させようとしている」と見たのです。

近衛は経済新体制案を換骨奪胎《かんこつだったい》して穏和なものにトーンダウンさせます。

財閥・大資本が戦争体制の生産力増強面をになうつもりになっていたのだから、それで一向に構わないのです。

昭和十五年十一月十九日、ついに昭和研究会は大政翼賛会に吸収されて発展的に解消するという形をとって解散しました。これも近衛の判断です。昭和研究会は日米開戦にむかう総力戦体制づくり・環境づくりに充分に貢献したのです。目的は達しました。そろそろ静かに解散すればいいタイミングだったのです。主要メンバーたちは、日米開戦にむけて物陰に身を隠しておくのがいちばん良かったのです。


昭和十五年十一月二十四日、最後の元老西園寺公望が衰弱のため死去しました。享年九十一歳。数万人が参加する壮大な国葬が日比谷公園で行われました。

最晩年、西園寺が反対しつづけた日独伊三国軍事同盟を成立させた近衛を、「まあ馬鹿げたことだらけで、どうしてこんなことだろうと思うほど馬鹿げている」となげきました。最後の言葉は、「いったいこの国をどこへもってゆくのや」であったと伝えられています。

十二月二十一日、近衛は内閣改造を行い、風見を司法相からはずして皇道派の柳川平助《やながわへいすけ》にかえ、内務大臣も安井をはずして反左翼で国粋主義の平沼騏一郎にかえます。

平沼は近衛から内務大臣としての入閣を要請されたとき、次のように近衛に語ったそうです。

「自分は、翼賛体制は憲法の精神を無視するのみか条項に背反するものと思う。自分は枢密院議長として憲法の番人を勤めてきたが、いやしくも憲法を冒瀆《ぼうとく》することは、断じて許しえないところである。しかるに、貴下は大政翼賛会の総裁であって欽定《きんてい》憲法を冒瀆した首領である。大政翼賛会の制定者たる貴下が総理大臣たる内閣に、どうして自分が入閣することができるか」

この平沼の批判に対して、近衛はけろりとして他人事のように、「翼賛会も困ったものですね。ついては、私が直接では従来の行きがかりからなんともできないので、貴方が内務大臣となって、お考え通りに翼賛会を始末してくれまいか。改組のことは挙げて一任する」と答えたとされています。すばやい身のこなしです。

この後、平沼の意向を反映させます。

大政翼賛会は昭和十六年に入ってからも、対米戦を煽るプロパガンダなど政治的行動をとりつづけます。しかし、このときついに財閥が大政翼賛会を倒す計画をねったと言われています。

十六年三月、総裁の近衛は有馬大政翼賛会事務総長と後藤隆之助大政翼賛会組織局長らに辞任を要請し、同時に組織も改組することとしました。「高度の政治性」をすべて放棄して、大政翼賛会組織も内務官僚化を志向するのです。

大政翼賛会興隆のために数々の困難を乗り越え苦労を買って出ていた有馬や後藤は悔しい思いをしたといいます。

けれども、この辞任は、実は彼らにとっては敗北ではなかったのです。

むしろ「ほど良いタイミング」であったのです。

このとき対米英戦へと向かう国内世論、国民心理は彼らの思惑通り十分に整えられていました。彼らの目的は達成されていたのです。

風見も、有馬も、後藤も後は舞台を降りて、日本が対米英開戦と突っ込み戦争が本格化し、そして敗戦となるのを、安全なところにいて眺めていればよかったのです。大政翼賛会からの名誉ある撤退、いったん休憩といったところです。

近衛自身も対米戦が確実となったころを見はからって舞台から降りる算段でした。すでにレールは敷《し》かれ、最後の詰めが残っているばかりでした。

この大政翼賛会自体は、東條首相の登場とそれにつづく大東亜戦争への突入により、近衛が仕掛けたごとく、あるいは近衛が予想したごとく、戦争体制をささえる行政補完組織として機能します。近衛が用意した東條にとっての「軍国主義」の道具のひとつであり、かつ東條を敗戦後に戦犯へと導くとてもわかりやすい証拠のひとつとなったのです。

日米交渉

日本とアメリカが戦争をする前に日米和平交渉という過程がありました。そこに「日米諒解案」なるものが登場します。

昭和十五年十一月二十九日、クーン・レーブ商会重役シュトラウスの使者として来日した二人のアメリカ人、ウォルシュ司祭とドラウト神父が、大蔵省出身で昭和研究会発起人の産業組合中央金庫理事井川忠雄と帝国ホテルで会見し日米の和解をとなえました。ウォルシュとドラウトは米国政府の正式な使節ではなく、まったくの個人の資格での来日です。

クーン・レーブ商会はロックフェラーのメインバンクかつ財政アドバイザーとして有名です。国内の主要産業への投資のみならず、日本や中華民国の公債引き受け等にも参画。日本は日露戦争の際、ロスチャイルドの紹介で、ジェイコブ・ヘンリー・シフが営むクーン・レーブ商会に公債を引き受けてもらい戦費を調達した経緯があります。

ウォルシュとドラウトの来日が「日米諒解案」なるものが生まれることになる、そもそもの始まりです。

背景にあるアメリカ側の狙いは、正式ルートとは別の交渉ルートをつくることにより、日米和平交渉を混乱・攪乱《かくらん》することにあったと考えられます。ハル国務長官とルーズベルト大統領は、これを民間ベースの話し合いとして適当に泳がせながら、交渉を長びかせ、交渉がまとまることは巧みに回避させたのです。

近衛のほうも、近衛の計算でこの仕掛けにあい乗りしたと思われます。

近衛は昭和十三年七月の若杉要ニューヨーク総領事からの報告以来、ルーズベルト政権の反日政策が、米国共産党やコミンテルンの工作により形成された反ファシズムとデモクラシー擁護の世論に影響されていると聞かされていました。近衛はルーズベルト政権は対日戦争を志向するものと確信していたと思われます。

そのうえで、彼の思惑もルーズベルト政権と同様、和平交渉がまとまり日米戦争が回避されてしまうことを阻止することでした。

そのために松岡外相が主導するであろう正式交渉ルートを牽制・攪乱するのです。近衛の了解のもと、井川忠雄と陸軍省の岩畔豪雄《いわくろひでお》がこのウォルシュとドラウトに応答し、渡米して野村吉三郎大使を巻きこみながら交渉を進めます。

野村大使は海軍出身で外交の素人です。ときに通訳として近衛の秘書官牛場友彦も立ち合います。

近衛は、昭和十五年十一月時点ですでに、皇道派の真崎甚三郎に対してははっきりと「今や米国に対しては差し当たり融和の途無し」との認識と決意を述べています。

けれども、近衛は、「日米諒解案」交渉の延長線上に見えてくるであろう「日米首脳会談」については、これを熱心に働きかける腹づもりでした。敗戦後の戦争責任を回避する有力なアリバイにしようというしたたかな計算です。

昭和十六年四月十七日、外務次官の大橋忠一は「日米諒解案」の電文がアメリカから入ってくると、暗号解読中にもかかわらず、どうも日本の運命を左右するようなものだと察知して喜びを体であらわしました。

大橋は午後四時半に電報の解読を待って、寺崎太郎アメリカ局長をともない近衛を訪ねます。近衛首相は、翌日、政府大本営連絡会議を招集しました。政府からは近衛首相（松岡外相が訪欧中につき兼摂外相）、平沼内相、東條陸相、及川海相、大橋外務次官、統帥部からは杉山参謀総長、永野軍令部長が出席し、武藤、岡の陸海軍務局長と富田書記官長も加わり、米国からの案を協議しました。協議の結果は次のとおりです。

一、この案を受諾することは、支那事変処理の最捷径《しょうけい》である。即ち汪政権樹立の成果上がらず、重慶との直接交渉も非常に困難であり、今日の重慶は全然米国依存である故、米国を中にいれねば何ともならぬからである。

二、この提案に応じ日米の接近を図ることは、日米戦回避の絶好の機会であるのみならず、欧州戦争が世界大戦にまで拡大することを防止し、世界平和を招来する前提になろう。

三、今日わが国力は相当消耗《しょうもう》しているから、一日も速《すみ》かに事変を解決して、国力の恢復培《かいふくばい》養《よう》を図らねばならぬ。一部に主張されている南進論の如き、今は統帥部でも準備も自信もないという位だから、やはり国力培養の上からも一時米国と握手し、物資等の充実を将来のため図る必要がある

——ということで、付帯的な意見は種々ありましたが要するにみな交渉に賛成であったのです。東條陸相も武藤軍務局長もはしゃいでいました。陸海軍とも飛びついたのです。そこで、すぐにも、「主義上賛成」の返電をしろという議論になりました。当然の成りゆきです。

さあ、近衛にとってはまずいことになりました。日本が「主義上賛成」の返電をしたなら、日本政府・軍部の平和志向をはっきり世界に宣明してしまうことになります。同時に日米諒解案なるものが「やらせ」交渉的性格をおびていることが早期に暴露してしまいます。近衛としては「主義上賛成」の返電を絶対に阻止しなければなりません。

すると、大橋次官が「もう二、三日でソ連から中立条約締結の成果をみやげに帰国する松岡外相の意見を聞いてからにすべき」と言いだしました。渡りに船と近衛はすかさず同意して、とりあえず返電を止めることに成功します。

この松岡の訪独・訪ソには近衛のブレーンのひとり西園寺公一が外務省嘱託として随員に

なっていました。西園寺は松岡の様子をふくめて随員として得られた情報をすべて近衛と尾崎に報告しています。もちろん尾崎はそれをゾルゲに伝えていました。

陸軍を中心に、それなら松岡の帰国を一日でも早く促そうということになり、近衛首相が至急通話したがっている旨を松岡がいる満洲里《まんしゅうり》あてに連絡しました。近衛にしてみれば、千四百年の藤原の手練手管をもってすれば松岡の心理を操ることなど朝飯前のことです。近衛は絶妙の心理戦に出ます。

松岡は四月二十日、大連に着きましたが、まず近衛は、電話で、「一刻も早く帰京して欲しい」と要望しました。松岡の返事は、「明日満鉄社員に講演することになっているのでその上で」というものでした。松岡は側近に、「日米交渉のことは、自分がモスクワで米国大使スタインハートに話したことが結実したのであろう」と語ったとのことです。この松岡の気持ちを近衛は手にとるようにわかっていたのです。東條も、とにかく早く帰ってもらいたいということで、陸相用の飛行機を大連に飛ばしました。しかし、天候のせいもあり、結局、松岡は予定通りの二十二日に立川飛行場に降り立ちます。

松岡はヒトラー、ムッソリーニと会談し、スターリンとは急転直下、日ソ中立条約の締結を実現したのです。次はいよいよルーズベルトとの会談です。松岡はルーズベルトとの会談で一挙に日支和平、日米和平を実現し、欧州大戦の収拾にまで乗りだすという構想をもって帰国したのです。松岡はいくつかのチャンネルを通じてルーズベルトとの会談実現にむけた布石もうっていました。

松岡にとっては、世界の耳目《じもく》をあつめる大凱旋《がいせん》将軍としての帰国です。

ところが日本では、事前の閣議で、立川飛行場における松岡外相の出迎えは、内閣からはさびしく書記官長だけにしようとの不可解な決定になっていたのです。近衛が、「松岡は人一倍感情が強く、しかも神経は至って細かい」「ある閣僚は出迎えある閣僚は出迎えないというのは変だが、さりとて全員が出迎えるにも及ぶまい」という屁理屈をつけたのです。政府の冷たい出迎えを演出したのです。

そうしておいて、近衛はあとで富田書記官長を呼んで、「松岡君は感情の強い人だから、『日米諒解案』に、政府も大本営も応諾に一致したということを、初め言い出す人物によっては、その時の松岡君の気分でどう出るか判らない。そこで私が出向いて、帰途の自動車の中でも話をすれば、案外すらすらと行くかも知れない。だから私が出迎えに行った方が良いと思うのだが」と言いました。近衛自身のアリバイづくりのためです。このような準備のうえで、近衛と富田は立川飛行場へむかったのでした。

四月二十二日午後二時過ぎ、松岡外相の飛行機が立川飛行場に到着しました。まず松岡は迎えにきているべき閣僚たちがいないので異様なものを感じました。松岡は迎えの自動車に乗るとき、二重橋で皇居を遥拝《ようはい》したいと言いだしたとされています。近衛は、皇居遥拝などに悪感を覚える性格でした。

だから、とりあえず松岡の車に同乗し、重大事項を伝えたうえで、途中で後続車に乗りかえればよかっただけなのですが、不思議なことになぜか近衛は松岡の車に同乗しませんでした。かわって大橋次官が同乗し、日米交渉の件を伝えました。案の定、外務大臣の自分をさしおいて進められた「日米諒解案」の話を聞かされて、松岡のへそは大きく曲がってしまったということです。

近衛は、このようなことがきっかけとなって、「日米諒解案」の交渉を松岡が頓挫《とんざ》させたとします。しかし、この『近衛手記』によったエピソードはどうも眉唾《まゆつば》のようです。松岡洋右伝記刊行会篇『松岡洋右─その人と生涯』はこの逸話は近衛の創作であると書いています。大橋次官も、「私の記憶では、近衛公が外相との同乗を希望した話を聞いたこともなければ、日米交渉の話を外相にするよう仰せつかった覚えもない。二重橋参拝は自動車が進行を始めてから外相が命令したように思っている」と回想していて、全面的に『近衛手記』の話を否定しています。

松岡が「感情で」日米交渉を頓挫させるという図式は、近衛にとってはこの上ない格好の図式であったのです。

ところが、帰国後の松岡外相が部下の加瀬俊一に命じて「日米諒解案」の英語原文を吟味させると、日本語の翻訳に相当手が入っていて日本に都合よく改竄《かいざん》されていることがまず判明しました。「やらせ」たるゆえんです。日米諒解案の骨子は次の通りです。

①支那の満洲国承認
②アメリカの日支和解調停
③日本の南方資源獲得にアメリカが協力
④近衛首相とルーズベルト大統領との直接会談開催

これらは日本側にとって都合のいいものとなっています。

しかし、ハルはしたたかに同時にハル四原則なるものも野村大使に提示していました。次の通りです。

①いっさいの国家の領土保全および主権の尊重
②他国の国内問題への不干渉
③通商上の機会均等

④平和的手段による以外、太平洋の現状を変えない

ハルは周到に諒解案と四原則の二本立てを用意したのです。この二つはまったく正反対の内容です。アメリカが四原則をそのまま前面にだせば諒解案とは相いれない。にもかかわらず、野村大使は諒解案に飛びつき、これを頼みの綱とし、四原則のほうを日本に報告しなかったのです。四原則をきちんと読めば、アメリカが日本と妥協する気がないことは一目瞭然でした。

一方、昭和十五年九月から九カ月つづけてきた石油買入れのための日本とオランダ領東インド（蘭印）との間の日蘭会商がデッドロックにのりあげ、昭和十六年六月七日、ついに打ちきるほかなくなりました。この日は、駐独大使から独ソ戦が避けられないことを急報してきた日でもあります。

その四日後、六月十一日の政府大本営連絡懇談会で、独ソ戦が近いとの内報をうけて慎重な態度となった杉山参謀総長は言いました。

「（仏印に）すぐ武力行使（南部仏印進駐）するなどのことは、この際よく考えねばならぬ。それよりも、前から繰り返してきたように、蘭印と仏印に兵力を平和進駐させるよう、外務大臣の方で手を打ってもらいたい」

これを聞いた海軍の永野軍令部総長は猛然と反発しました。

「仏印、タイに兵力行使のために基地を造ることは必要である。これを妨害するものは、断乎として討ってよろしい。叩く必要のある場合には叩く」

英米なにするものぞ、即武力行使と永野が叫んだのです。この永野の発言はあまりにも唐突で強硬でした。杉山は永野の真意をはかりかね、出席者一同も呆気にとられました。

このときの永野の発言はまったく合理性に欠けるものです。

しかし近衛のシナリオにとっては有り難いかぎりの永野の発言です。

不倶戴天の敵

「支那事変から対米開戦へそして日本の全面的敗北、併せて天皇退位と米軍進駐、近衛による親米政権の樹立」が覇権獲得にむけた近衛のメジャーシナリオです。そして、可能性が低いもののの念のための想定としてのマイナーシナリオが、「ソ連をバックとした敗戦革命」でした。

北進論すなわち対ソ戦はこのメジャーシナリオの進行を妨げるものであり、同時にソ連の力を弱めるという観点からマイナーシナリオにも悪影響を与えます。共産主義者たちはマイナーシナリオのほうに没頭していました。

近衛にとってやっかいな問題が起きます。

昭和十六年六月二十二日の独ソ開戦です。

実は、独ソ不可侵条約締結後も、ソ連やコミンテルンは、ドイツ近隣諸国やドイツ占領下で、武器供与をふくむ対独破壊工作とスパイ活動を継続していました。ブルガリアをはじめとするバルカン半島での策動、フィンランドへの食指《しょくし》、トルコへの援助、そしてドイツ国境の軍事力増強などソ連は野望をしめしていたのです。

このためドイツは対抗手段をとらざるを得なくなったのです。

独ソ戦開戦後、英米両国はただちにソ連援助の声明をだしました。

独ソ開戦の報を聞くや否や、松岡外相はただちに参内して、「即刻北進してソ連を討ち、ドイツとともにソ連を東西から挟《はさ》み撃《う》ちにすべし」と天皇に上奏《じょうそう》します。

日・独・伊・ソの四国同盟を背景にアメリカと対峙する松岡の構想が崩れ去ったいま、激動の世界情勢のなかで日本が生き残るひとつの道は、本来不倶戴天《ふぐたいてん》の敵である共産ソ連を討つことです。

北進は陸軍の建軍の精神でもあります。

ソ連は、支那事変勃発後、二十四個師団分の経費約一億元を国民党政府に借款《しゃっかん》供与し、大量の軍事物資と爆撃機四百機を提供しています。

昭和十二年八月には早くも国民党政府とのあいだで中ソ不可侵条約を締結しています。その後もソ連は国民党政府を精力的に援助しました。

支那事変解決のためにも、ドイツがソ連に攻めこんだことは日本にとって千載一遇《せんざいいちぐう》のチャンスであったのです。

日本が日ソ中立条約を破ってでも従来からの仮想敵国であるソ連にむかえば、本来は反共である蔣介石にも影響をおよぼして新たに大きな展開を見せたはずです。

日本が共産ソ連と戦っているかぎり、アメリカも正面きっての介入の口実はありません。

「日本は強大なアメリカとは戦えない」――これが松岡の本心です。

日本が対ソ戦にうってでれば、沿海州・北樺太《からふと》などのソ連領は短期間に占領していたことでしょう。北樺太には屈指の埋蔵量がある最大級の油田があったといいます。

日本が北進していればソ連は東西に兵力が分散されたままで、東西からの同時攻勢に抗しきれず、レニングラード、モスクワ、スターリングラードはおそらく陥落していたでしょう。

ドイツはコーカサスを進んでカスピ海の油田を手にいれ、さらに南下してペルシャ湾の油田も獲得していた公算が大きいのです。

六月下旬、ゾルゲはオット駐日ドイツ大使より、「松岡外相は日本は日ソ中立条約があるといえども、近くドイツ側に立って対ソ参戦を為すと言明した」との情報を得ていました。ゾルゲはドイツ大使館陸軍武官からも、「日本陸軍は一、二カ月後に対ソ参戦すると約束した」との情報を得ていました。

ゾルゲも「独ソ戦は日本にとって絶好のチャンス」であったと見ていたのでしょう。

この対ソ開戦論は当時世界的にみても決して的はずれなものではなく、チャーチルやアメリカのウェデマイヤー将軍がのちに回顧して次のような趣旨を述べています。

「日本が第二次世界大戦で勝者となれる唯一最大のチャンスがあった。それは独ソ戦勃発時に北進してソ連を攻撃し、ドイツと組んでソ連を東西から挟み撃ちにすることだった。この絶好の機会を日本はみすみす逃してしまった。日本が北進せず南進して、アメリカとの戦争に突入してくれたことは、われわれにとっては最大の幸福であった」

独ソ戦勃発直後の松岡の北進・ソ連攻撃論は、天皇が疑問を持たれたため撤回せざるを得ませんでした。やはり、近衛が松岡を妨害したのです。近衛は木戸を通じて、あくまでも「外相単独の行動」としっかり事前に天皇への注進を行っていました。くわえて近衛は天皇に拝謁して松岡の主張を次のように位置づけました。

「いうところは判然としなかったが、要するに外相は彼個人の最悪の事態に対する見透しを申し上げたものらしい」

独ソ戦開始当初は陸軍一般の雰囲気は自重的でした。けれどもドイツ軍の優勢をみて、陸軍にがぜんソ連を討つべしとの空気がわき起こっていました。

そこで近衛は念には念を入れて、「外相の『強硬論』は、果たして彼の見透しに過ぎないものか、又は主張なのかはっきりせず、紛糾《ふんきゅう》を恐れた余は宮中から書記官長に電話を以て其日午後開催の手筈になっていた独ソ問題の為の大本営政府連絡会議を取り敢えず中止させた」のです。連絡会議つぶしです。

松岡の対ソ攻撃にむけた果敢な行動と陸軍のソ連討つべしの空気にあわてた近衛の防戦ぶりが目に見えます。近衛も必死でした。

近衛は政府としての態度を決定するとして、慎重に陸海相と懇談したあと、六月二十五日、二十六日、二十七日、二十八日、三十日、七月一日と連続的に連絡会議を開きました。このときも、松岡は断固として北進を主張し、南進に反対しました。

「南進すれば必ずアメリカと衝突し戦争になるから、少なくとも後半年待て」と主張したのです。正論です。及川海相もこれに同意するような発言をしました。しかし近衛首相は、北進中止の「一種の代償として仏印進駐」を決定せざるを得ないとして、「統帥部がおやりになるというなら、やりましょう」とまったく抵抗をしめさずに南進のほうに同意したのです。扇の要にいる近衛が、北進への代償として南進への道をひらいたのです。実に無責任で身勝手な決定です。

七月二日に御前会議が開かれました。

そこで波瀾が起きました。原枢密院議長が、国策要綱案に「対米戦を辞せず」とあるのを採りあげ、南部仏印への進駐はアメリカとの戦いになる恐れがあるのかと繰りかえし尋ねました。平和的に慎重にやりたいという参謀総長の答えを引きだした原は、アメリカとの戦いは避けるようにしてもらいたいと念を押しました。そして彼は独ソ戦に関して「暫く之に介入することなく」の文言をとりあげ、「一日も早くソ連を討つよう軍部と政府に希望する」と言ったのです。

結局、御前会議では軍令部が主張する南進と、陸軍が主張する北進・対ソ戦の準備という二正面での作戦展開の方針が決まりました。「南北統一作戦」と呼ばれました。

しかしこれは要するに、さしあたってはソ連に対して行動を起こさないと決定したことを意味しました。けれども、原議長の熱い訴えは陸軍参謀本部田中新一作戦部長らの強い味方となり、陸軍の対ソ戦準備に拍車がかかります。

七月五日には、陸軍省と参謀本部とのあいだで五十一万人を新たに動員する協議がまとまり、天皇の裁可もおりました。まれにみる全国的規模の大動員となったのです。

七月七日、いわゆる関東軍特種演習（関特演）が発動され、演習の名目で兵力を動員しつつ、独ソ戦争の推移しだいではソ連に攻めこむということなのです。

ところで、当然のことながら、尾崎は独ソ戦が始まると、できるかぎり多くの人々に対して機会あるごとに、ソ連に対する日独の挟撃《きょうげき》を阻止しようと働きかけました。

「北進は近視眼的な誤った行動である。東部シベリアで獲得できる政治上及び経済上の利益は何一つない」「南方こそは進出の価値ある地域である。南方には日本の戦時経済になくてはならない緊急物資がある」「南方にこそ日本の発展を阻止しようとしている敵がいる」と説き、北進をやめ南進をとるよう必死に訴えたのです。松本重治は、朝飯会でしばしば尾崎が対ソ戦反対の急先鋒として必死な姿であったことを目撃しています。

松本自身も、「ドイツによるモスクワ陥落を疑うべきだ」と述べていたそうです。結局、朝飯会メンバーは全員が対ソ戦に反対しました。朝飯会のメンバーにとっても北進は困るのです。このようなさなかの七月十六日、近衛内閣が総辞職しました。対ソ開戦阻止が一番の目的です。「日米諒解案」交渉をめぐる混乱を口実に松岡を追放し、七月十八日、第三次近衛内閣が成立します。

さっそく七月二十八日、南部仏印への進駐が実行されました。これに対してアメリカは資産凍結と石油輸出全面禁止に打って出ました。アメリカから石油が入ってこなければ、日本は蘭印（インドネシア）で石油を得るべく必然的に英米蘭と戦うしかない。日本が南進に踏みだしたとたんに、対米戦争は決定的となったのです。永野の思惑通りであり、近衛の望み通りです。日米開戦までの五カ月間の日米交渉はアメリカにとっても、日本を手玉に取ってのらりくらりと時間をかせぎながら、戦争を準備した期間以外の何ものでもありませんでした。くわえて、日本の外交情報はアメリカの〝マジック〟と呼ばれる暗号解読システムですべて把握されていました。

昭和十六年八月二十六日、近衛は海軍の高木惣吉に日米和平交渉について次のように語っています。本音が見えます。

「国交調整に対する見通しは『五〇・五〇』と思う。……しかし他方漫然として時日を遷延し『ジリ貧』に陥りたる暁に戦いを強いられることも亦最も警戒すべきことであるから其の点は予め覚悟している」

このような情勢の中、近衛は今後さらに数カ月続く日米和平交渉を後の戦争責任回避のためのアリバイとして「大切」にしたのです。

近衛は、外務省や陸海軍省だけではなく、自らのスタッフである外交担当の秘書官の牛場、内閣嘱託で日米交渉に関する連絡役であった西園寺、そして松本重治や井川忠雄にも日米交渉案の起草をさせています。近衛は、ルーズベルトとの首脳会談実現でいっきに局面打開することを狙っている姿勢を執拗《しつよう》に見せました。

しかし、事前の実務レベルでの調整を米国側が必須事項として求めていましたので、交渉は初めから頓挫《とんざ》していたというべきでしょう。

「結局、近衛の『平和への努力』にもかかわらず、残念ながら日米首脳会談は開かれなかった」というストーリーがシナリオ通りに完成します。

御前会議

木戸内大臣が残した言葉をそのまま信じるならば、昭和十六年九月五日、近衛に「明日六日に御前会議を開きたい」といわれて、あらかじめ準備されていた「国策遂行要領」を見せられ、木戸は怒りに震えたといいます。勝てる見込みのない対米英開戦などいっさい持ちだすべきではないと木戸は考えていたからです。理にかなっています。

この時点では、「対米英蘭戦争指導要綱」はまだ陸海軍内で討議中であり、国家的な対米英戦争戦略である「対米英蘭蔣戦争終末促進に関する腹案」も姿をあらわしていず、「米英には必敗」が常識であったからです。

もっとも、天皇自身も、この日、両統帥部長による戦局の見通しに関する内奏をうけていましたが、御前会議の議題の変更は要求しませんでした。

しかしながら天皇が統帥部の説明に不安を抱かれているのは確かでした。このとき近衛は避戦の立場にたって局面を大きく転換することも可能でした。

けれども近衛は翌日の御前会議で戦争決意がなされることを黙過するのです。近衛は日米交渉重視というポーズをとりつつ、ぬかりなく対米開戦への道をつけていくのです。

近衛の手記『平和への努力』(日本電報通信社／昭和二十一年四月発行)では、昭和十六年九月六日の御前会議を次のように描いています。

「翌九月六日午前十時、御前会議が開かれた。席上枢密院議長より『此案を見るに、外交より寧《むし》ろ戦争に重点がおかるる感あり。政府統帥部の趣旨を明瞭に承りたし』との質問あり。政府を代表して海軍大臣が答弁したが、統帥部からは誰も発言しなかった。

然るに、陛下は突如御発言あらせられ、『只今の原枢相の質問は誠に尤もと思ふ。之に対して統帥部が何ら答へないのは甚だ遺憾である』とて御懐中より御製——四方《よも》の海みな同胞《はらから》と思ふ世に　などあだ波の立ち騒ぐらむ——を記したる紙片を御取り出しになって之を御読み上げになり、『余は常にこの御製《ぎょせい》を拝誦して、故大帝の平和愛好の御精神を紹述せむと努めて居るのである』と仰せられた。万座粛然、暫くは一言も発する者なし。(中略)かくて御前会議は未曾有の緊張裡に散会した」

さて、ともかくもこの重大な御前会議では「あくまでも外交優先であり、万已む無き場合のみ戦争」という確認がなされました。

ところで昭和天皇が読みあげた御製中の「あだ波」は何を意味するのでしょうか。

明治三十七年、すなわち日露戦争中の大御歌として、次の歌が公表されています。

よものうみ　みなはらからと思ふ世に　など波風のたちさわぐらむ

昭和十六年五月刊行の『明治天皇御集謹解』では、この歌の注解として、「大御心には世界の平和を希ひ給へるに、他国より道に違へることどもの出で来て、国際間に事あるを嘆かせ給へるなり。戦争中にしてこの御製を拝す」となっています。

明治天皇の詠んだ「波風」を昭和天皇は「あだ（敵）波」と替えられていたのです。この点は、近衛の手記だけではなく、参謀総長である杉山元が残した『杉山メモ』および木戸内大臣の『木戸幸一日記』でも確認できます。

昭和天皇は単なる行きちがいによる「波風」ではない、米国の意図的な経済封鎖をしめす「あだ（敵）波」という語を使って、苦衷《くちゅう》を表現されたのでしょう。

戦後多くの出版物がこの御前会議を描写するにあたって「あだ（敵）波」を「波風」に戻しています。あくまでも戦争を日本の侵略とみなす東京裁判史観のなせるわざなのでしょうか。

奇《く》しくも、近衛はつくろわずに「あだ波」とそのまま伝えています。近衛は近衛の思惑として、天皇が米国を「あだ（敵）」と言ったことをそのまま伝えたかったのでしょう。長年、近衛が米国という「あだ（敵）波」を立ち騒がせようと努力してきたことは棚に上げてです。


いずれにせよ、九月六日の御前会議で天皇は異例の御発言をなされました。憲法では天皇は国務大臣の輔弼《ほひつ》によって宣戦や講和の大権を行使せられるのですから、直接指図《さしず》されたらそれは専制君主となってしまいます。天皇は英国式に「君臨《くんりん》すれど統治せず」ということでお育ちになってこられました。九月六日の御発言は立憲君主としての最大限の処置と拝さなければならないのです。

だから、近衛首相は聖意を自分の輔弼の責にとりいれて「ただ今平和への大御心を拝して臣等一同恐懼《きょうく》に堪えません。議案を練り直してさらに御前会議を奏請いたします」と申し上げ、この日の決議を避けるべきであったのです。それを近衛はしなかった。戦争へのシナリオの進行は筋書きどおりでなければならず決して止めてはならなかったのです。

近衛はこの御前会議があった夜、グルー駐日米国大使とひそかに会談します。芝にある知人宅を使い、車のナンバーを替え、食事のサービスには元新橋芸者駒子こと山本ヌイがあたりました。当時の話では、山本ヌイはこの世のものとも思われない絶世の美女であったそうです。

三時間におよんだこの会談で、近衛はグルーとの関係をいっそう親密にし、グルーは日米首脳会談にむけた近衛の抱負を直接ルーズベルト大統領へ手紙で知らせると約束しました。近衛の念を入れた「平和への努力」です。

もちろんその後も米国からは色よい返事は届きません。

しかし、近衛の思惑は、国務省の有力者グルーの近衛に対するいい心証が敗戦後におおいにアリバイとしての効果を発揮し近衛を守ってくれるはず、というものでした。

さて、近衛は政治的にきわめて大事な九月から十月にかけての時期に寝こみます。夏の間忙しかったため体調をくずして発熱したという理由です。近衛はちょっと熱が出るとよく休んだのです。周囲からは「少しくらいの熱なら、がんばって出てきてもらいたいものだ」と、これまでも何度も言われていました。国家総動員法の審議の時期、支那事変勃発の直後の時期などもそうでした。

しかし、近衛はいつも次のように言い訳をしました。

「自分はどんな些細なことでも全力を尽くさなければならないという人生観を持っている。西園寺公が生前よく言われた言葉に『獅子はネズミ一匹捕らえるにも全力を傾ける』というのがある。自分は西園寺公の教えを守って、健康のことについても少しでも異常があれば全力で治すことにしている」

近衛はどんなに急ぐときでも飛行機に一度も乗ったことがありません。もしもの墜落を心配してです。細心の用心です。

どこまでも、自分大事、自己本位なのです。そして命大事です。都合の悪いことは避け、一方、命をかけて何かをするということは、本音としては絶対にないのです。

自ら命を絶つということも決してあり得ない類の人間像です。

「秋丸機関」と「腹案」

昭和天皇は、早くから、対米英戦ともなれば長期戦を覚悟しなければならない。この長期戦に目途《めど》が無いならば対米英開戦などもってのほかであるとの強いお考えをお持ちでした。したがって、対米英「長期戦」の視界が開けないかぎりは、外交交渉路線一本であることは大いに首肯されるところです。

ところが、陸軍に設けられた一機関を中心に対米英打開策の研究がなされて、その研究成果が対米英長期戦への視界をひらく戦争戦略に結びつくものであったのです。この研究は近衛にとっても、日米開戦への道の最大の障害となる天皇の躊躇《ちゆうちよ》をとりのぞく願ってもないものだったのです。この一機関とは「陸軍省戦争経済研究班」、通称で「秋丸機関《あきまるきかん》」と呼ばれた機関です。

そもそも、わが国が対米英の「開戦」決断をせざるを得なかったのは、南進が災いしたとはいえ、アメリカによって最低限の国民生活さえ立ち行かなくなるまでに追い込まれた末の自存自衛のためでした。日本は、石油は九割、他の戦略物資も多くをアメリカからの輸入に頼る脆《ぜい》弱《じやく》な経済構造でした。そのうえに、コミンテルン・共産主義者たちに仕組まれ踊らされた支那事変の重荷で経済的窮状におちいったため、破綻《はたん》は時間の問題でした。

そのような状況下、アメリカ主導で昭和十六年八月一日に発動された対日全面禁輸措置がとどめを刺しました。日本国及び日本国民の生活の破綻を企図したアメリカは、黒船来航におびえた臆病な日本にもどれと恫喝《どうかつ》し同時に挑発してきたのです。

日本が対米屈従の道を選ばなかったのは、国家、民族、そして家族が生き残るためです。それゆえに開戦決断は合理的な判断の下に行われなければなりませんでした。そうでなければ国民は納得せず、国家は運営できず、陛下もご裁可なさらなかったでしょう。

この合理的な判断の主役は陸軍でした。そして陸軍の開戦決断が合理的であったと同時に、開戦決断が合理性をもったかたちで必然的となるようなお膳立てを、近衛や共産主義者たちが数年がかりで組み立ててきたのです。「開戦決断」の舞台づくりです。陸軍はその舞台の上で真摯《しんし》に、そしてみごとに舞ったのです。


第一次大戦以降、世界は「総力戦」の時代に突入し、戦争は国民経済全体を巻きこみ同時に国民経済に支えられることとなりました。戦争は経済上の戦争遂行能力（経済抗戦力）抜きで語れない時代になっていました。陸軍は、日本に経済力がないことを前提に対英米総力戦に向けての打開策を研究する機関として昭和十四年秋「陸軍省戦争経済研究班」を立ちあげました。「陸軍省経理局長の監督の下に次期戦争を遂行目標として主として経済攻勢の見地より研究し、「陸軍省軍事課、軍務課、主計課、参謀本部第二課及第二部は之が研究に協力し、その成果を陸軍大臣に報告し参謀総長に通報する」のです。陸軍省と参謀本部が総力をあげて対英米総力戦にむけた研究を行うという趣旨です。

「陸軍省戦争経済研究班」の設立を企画したのは軍政の家元といわれた軍務局軍事課長の岩畔《いわくろ》豪雄《ひでお》大佐です。中野学校創設、大東亜共栄圏発案、インド独立支援等で著名な戦略家です。日米和平交渉にも関与しています。

「戦争経済研究班」は「主計課別班」との別称を使いました。満洲と同様、内地でも陸軍が経済を統制するとの疑念が生じたためのカモフラージュです。「秋丸機関」とも呼ばれました。秋丸次朗中佐がひきいたからです。

秋丸次朗は陸軍経理学校を卒業後、総力戦に備えた派遣制度により東京大学経済学部で三年間学びました。当時の東大はかなり左派的な土壌があり、多くの陸軍軍人がマルクス主義を勉強しています。秋丸もかなりの影響をうけたと考えられます。その後、秋丸は満洲国建設主任をへて昭和十四年九月「陸軍省戦争経済研究班」に赴任したのです。

秋丸は孫子の兵法「敵を知り己を知れば百戦殆《あやう》からず」に立ち、「仮想敵国の経済戦力を詳細に分析・総合して最弱点を把握すると共に、わが方の経済戦力の持久度を見極め攻防の策を講ずる」ことを誓いました。

ところで、当時すでに日満財政経済研究会、企画院、陸軍省整備局の各機関がおのおの数次にわたり国力判断を実施していました。

どの国力判断においても、「日本は支那事変による軍拡の重荷で昭和十二年より危機局面を迎えている。経済構造は歪《ゆが》み縮小再生産へと向かい、かつ戦略物資の米国依存は高まる一方である。対米英長期戦は全く不可能」という結論をだしていました。

事実、日本経済は、個人消費は昭和十二年がピーク、実質GNPは昭和十四年がピーク、英米を主体とする第三国向け輸出入もブロック経済を企業努力で乗りこえてたくましく伸びましたが昭和十二年がピークでした。これ以降はいずれの指標ものきなみ下り坂であったのです。資源など彼我《ひが》の国力差はあまりに顕著で、陸海軍とも明確に対米英戦争を忌避《きひ》していたのです。

陸軍省戦争経済研究班（秋丸機関）のなかでもっとも重要な班は英米班でした。秋丸中佐はこの英米班の主査に、マルクス経済学者で東大経済学部助教授の有沢広巳《ありさわひろみ》を招きました。このとき有沢は人民戦線結成容疑での治安維持法違反で師の大内兵衛《おおうちひょうえ》らとともに検挙され保釈中であったため、東大経済学部は休職中でした。秋丸はかつて東大経済学部で学んでいたとき有沢の講義を聴講し、その卓越した学識に感動していたのです。

有沢は第一次大戦後のドイツに留学しています。ドイツでは日本人左派グループに属し、ドイツ社会民主党大会に招待されて出席しています。帰国後、総力戦と統制経済の大家《たいか》となり、支那事変勃発後は『戰爭と經濟』を出版し大増刷となりました。同書には、七大強国の資源自給率分析、鉄・石炭・石油等の資源戦略、大英帝国や国際金融資本と英本国との資源力のちがい等、後の陸軍省戦争経済研究班（秋丸機関）における抗戦力調査の下地があります。ドイツの第一次大戦下の統制経済や原料・食糧の自給体制を確立したナチス国防経済の成功についての分析も行っています。

有沢は近衛のブレーン・トラストである昭和研究会のメンバーでした。

昭和十五年八月には有沢の草稿をもととした「日本経済再編成試案」が、朝日新聞論説委員にして朝飯会メンバーである笠《りゅう》信太郎の名で『日本経済の再編成』として発行されました。この本はちまたでベストセラーになりました。財界には大きな衝撃を与えます。

有沢や笠は、わが国の軍事行動は「治安工作と並行して抗日勢力の徹底的破砕を目指して進められねばならぬ」と主張するとともに、物資のみならず企業の利潤や経営にまで統制の範囲を拡大させる必要性を説き、国家総動員を徹底することを求めたのです。

『中央公論』昭和十四年十一月号に掲載された「事変処理と欧州大戦」というテーマでの座談会では、笠信太郎、和田耕作、平貞蔵、牛場信彦そして西園寺公一などが、公然と、自由経済の復活、複数政党政治、言論の自由のすべてを否定します。

なお戦後の有沢は吉田茂首相のブレーンとして、石炭と鉄鋼の増産を先行させるやり方での経済復興、すなわち傾斜《けいしゃ》生産方式を企画・推進したことで有名です。この傾斜生産方式の発想は、陸軍省戦争経済研究班（秋丸機関）が、わが国をはじめとして一国の経済抗戦力の全関連的意義を調査分析したところから生まれたものと伝えられています。レオンチェフの産業連関理論の応用です。有沢は、戦後、わが国の原子力政策を主導したことでも知られています。

有沢は親中派の代表的人物であり、「中国侵略の贖罪《しょくざい》」として蔵書二万冊を対日スパイ活動の拠点ともいわれている中国社会科学院日本研究所へ寄贈し、「有沢広巳文庫」が設立されています。

「日本は中国に謝り続け、アメリカに感謝し続けなければならない」が持論であることは有名です。東京大学名誉教授、法政大学総長、日本学士院長を歴任し、叙勲一等授瑞宝章《ずいほうしょう》、授旭日大綬章《きょくじつだいじゅしょう》、叙正三位と戦後レジームの立役者的存在です。

有沢は七十歳になって、ナチスドイツにとってかわられたとされるワイマール共和国に入れこみ、ワイマール共和国の興亡について執筆をはじめました。八十歳で『ワイマール共和国物語』を完成させて私家版として周囲に配布しています。ここでは、有沢自身が、戦前からいかに反ファシズムであり、いかに民主主義を愛していたかが強調されています。

この日本の左派インテリの本流に位置する有沢が、英米班の主査であり、かつ秋丸機関全体の実質的な研究リーダーとなったのです。

秋丸中佐は有沢とともに、ナチスの戦争経済の大家で慶應大学教授にして召集主計中尉の武村忠雄を主査に招いて独伊班を、東京商科大学教授の中山伊知郎を主査に日本班を、立教大学教授の宮川実を主査にソ連班を、元サイゴン駐在の横浜正金銀行行員の名和統一《なわとういち》を主査に南方班を、そして東大教授の蠟山政道を主査に国際政治班をつくりました。

昭和研究会の主要メンバーで最左派の蠟山が参画していることは重要です。蠟山は近衛の訪米に密着していました。朝飯会の有力メンバーでもあります。松本重治とともに太平洋問題調査会で暴れ、左派の立場で東京政治経済研究所を立ちあげています。

陸軍はきわめて「合理的」で治安維持法違反検挙者でも有能なら統制下で管理職の平均月給が七十五円のところを、その七倍弱の五百円も払って登用しました。いまの感覚では二百数十万円から三百万円でしょうか。秋丸機関には官庁、民間企業、調査機関等の精鋭たちも集いました。

秋丸機関は大英帝国や米国、ドイツ、ソ連、支那等の機密情報をふくめ軍事・政治・経済・社会・文化・思想・科学技術等に関する内外の資料約九千種を収集、欧米の植民地支配や国際金融資本にも充分な知見を得、それらをもとに二百五十種の報告書を作成したのです。

陸軍省戦争経済研究班（秋丸機関）は、まず「持たざる国」日本およびドイツのあるべき戦争像を示しました。

「統制経済組織の方が自由経済組織よりも遥《はる》かに強力な経済抗戦力の発現を可能ならしめる。（中略）この高度に引上げられた生産力により軍隊の近代的装備を強化」することによって、短期戦を有利に戦えるとします。

一方で、「然らずして長期戦となる限り、やがて生産力素材の欠乏が現われ、如何に高度の組織力を持つにしても生産力素材の不足により、生産力、従って経済抗戦力は低下せざるを得ない。これに反し生産力素材を豊富に持つ国は、たとえ戦争の初期に高度の国民経済的組織力を持たず、その為最初の間は経済抗戦力が低くとも、長期戦となる限り、豊富な経済的戦争潜在力が物を云って来る」と「長期戦」を想定します。「持つ国」の代表は米国です。

つづいて、「持つ国の基本的戦略方向が前述の如く長期戦にある以上、これに対応し持たざる国が最後の勝利を得る為には（中略）不足する生産力素材の確保を目指す」「軍事行動によって占領した敵国領土の生産力をも利用し得る」「長期化されれば、同盟国、友邦、更には占領地を打って一丸とする広域経済圏の確立も次第に可能となり、この広域経済圏の生産力が対長期戦の経済抗戦力として利用され得る」ことを明示します。日本にとっての広域経済圏は大東亜共栄圏です。

実際、蘭印（蘭領東印度、インドネシア）の獲得で石油は当初計画をはるかに上まわる量を数年にわたり確保できました。だから連合艦隊は大海原をおおいに動けたのです。

ここに記された戦略思想は、東アジアで日本が負けないためのシナリオの基礎でした。英米の経済抗戦力の潜在力の主体は米国です。しかし戦力は距離の二乗に反比例するので、東アジアを戦場とした場合、地理的に日本にくらべ米国は圧倒的に不利です。くわえて米国は大西洋をはさんでドイツと対峙し、太平洋をはさんで日本と対峙する二正面作戦を余儀なくされます。さらに米国は自由経済組織なので経済抗戦力を最大限発揮するには時間がかかります。

統制経済で短期間に最大限の力を発揮しえる日本は、当初一年半から二年は東アジアで対米優位となります。この間に日本とドイツが英米の弱点を突き、いったん講和にもちこみ、さらなる長期戦に備えることが日本の戦争戦略です。広域経済圏を確立すれば長期的に米国に対抗できると考えられたのです。

以上の基本的な考察は、現在の我々がみても一概にまちがいとはいえない一定の合理性があります。

陸軍省戦争経済研究班（秋丸機関）は、英米の弱点をつく具体的な戦略を策定するために英米の経済抗戦力を測る戦争シミュレーションを実施しました。このシミュレーションでは第一次世界大戦の倍の規模の世界大戦を想定します。この時点での想定としては妥当でしょう。

戦争は経済です。倍の規模の世界大戦ということは、倍の戦費ということです。各国が倍の戦費をまかなえるかどうかが焦点です。

まず「英国は第一次世界大戦の倍の戦費、年間戦費四十億ポンドをまかない得るのか」を社会生産物、労働力、船腹の観点から検討します。

経済学の話です。少し難しいですが、戦争は経済ですので、しばらくおつきあいください。

詳細におよぶ検討の結果は、やはり、英国経済が四十億ポンドの戦費をまかなうことは不可能ということがわかりました。不足額は約四分の一の十一億五千万ポンド（五十七億五千万ドル）にのぼります。円換算で二百三十億円、当時の日本の国家予算（一般会計）のおよそ八倍の不足額です。

それでも英国は戦争をあきらめなくてもいいのです。

この不足を米国からの完成品輸入で補うことができるからです。なぜかというと、ルーズベルトが成立させた武器貸与法による米国からの無制限援助をうけることができるからです。

一方、米国は「第一次世界大戦の倍の戦費、年間戦費二百億ドルの規模の戦争」を失業者動員と遊休設備活用等にて「充分にまかなえます」。

米国は就業時間延長や配置転換によって軍需生産において五百十万人の労働力余力をもち、年産百三十八億ドルの軍需資材供給余力が生まれます。

従って米国は「英国に五十七億五千万ドルの援助を行ったうえに、さらに英国以外へ約八十億ドルの軍需資材供給」ができます。

ただし、米国でこの最大供給力を発揮するためには開戦後一年から一年半の期間を要します。ここがひとつの大きな鍵です。記憶しておいてください。

英国の物資供給量の不足額約十一億五千万ポンド（五十七億五千万ドル）は貨物トン数に換算して三千八百九万トン、船腹《せんぷく》に換算して三百六十二万総トンです。

実は米国から供給される物資輸送を英国が一手にになったとしても英国には二千五百二十八万トン、船腹換算で二百四十万総トンの余裕がありました。さすが世界一の海運国です。

しかし今次大戦の勃発で状況は激変、英国はドイツのUボートの攻撃により一九四一年五月末時点で、すでに約一千万総トンの遠洋適格船を失いました。他方拿捕《だほ》もふくめ獲得は約八百十三万総トンで、差し引き約百九十万総トンの純減、船腹余力はわずか五十万総トンになっていたのです。

米国には船腹に余力がないので、問題の核心は英米の造船能力と枢軸国側による撃沈速度の競争です。

英米の造船能力は一九四三年において月五十万総トン見込みでしたので、枢軸国側が月平均五十万総トン以上の撃沈をすれば米国の対英援助を無効にできます。そして月平均五十万総トン以上の撃沈は現実的な数字でした。実際Uボートは威力を発揮、一九四一年から四二年にかけ、月平均三十六万総トンから六十五万総トン、多い月で七十万総トンから八十万総トンを撃沈しています。

このような戦争シミュレーションの結果をふまえて、陸軍省戦争経済研究班（秋丸機関）は、日本が「短い持久期間で最大抗戦力を発揮すべき」対象を構造的な弱点を有する英国としました。英国をまず敗北させるということです。

最終調査報告の「判決」（結論）を見てみます。

まず「英米合作するも、英米各々想定規模の戦争を同時に遂行する場合には、開戦初期において米国側に援英余力無きも、現在の如く参戦せざる場合は勿論参戦するも一年ないし一年半後には、英国の供給不足を補充して尚第三国に対し軍需資材八十億ドルの供給余力を有す」と米国が膨大な供給力を発揮することを前提とします。

これを受け「英本国は、想定規模の戦争遂行には軍需補給基地としての米国との経済合作を絶対的条件とするを以て、これが成否を決すべき五十七億五千万ドル（十一億五千万ポンド）に達する完成軍需品の海上輸送力が、その致命的戦略点（弱点）を形成する」とします。

さらに、米国からの援英物資の輸送をになう英国の船舶に独伊の撃沈による喪失がつづけば、「英国抗戦力は急激に低下すべきこと必定なり」との結論を導きます。

そして「対英戦略は（中略）、英国抗戦力の弱点たる人的・物的資源の消耗《しょうもう》を急速化するの方略を取り、空襲に依る生産力の破壊及び潜水艦戦に依る海上遮断を強化徹底する一方、英国抗戦力の外郭をなす属領・植民地に対する戦線を拡大して全面的消耗戦に導き且つ英本国抗戦力の給源を切断して英国戦争経済の崩壊を策することも亦極めて有効成り」と断言します。

日本の戦争戦略の眼目《がんもく》は、「海上遮断を強化徹底する一方、英国抗戦力の外郭をなす属領・植民地に対する戦線を拡大して全面的消耗戦に導き且つ英本国抗戦力の給源を切断」することです。日本はインドやインド洋地域の英国領に対する戦線を最大限に拡大し、彼らの物資を消耗させるべし、です。そしてますますこれらの地域への物資輸送の船腹需要を増大させ、英国の船腹需給を逼迫《ひっぱく》させるのです。そのうえでインド洋にて、より多くの船を撃沈することで英国の海上輸送へのダメージを最大化できます。これによって対英米戦を枢軸《すうじく》にきわめて有利に導けます。

インド洋は、東アフリカや中東もふくむ大英帝国圏の内海であったのです。

実はシミュレーションは、保有船腹は無条件に米国から英国への大西洋海上輸送に転用できると仮定しています。実際にはソ連や支那への援助、大英帝国圏内の各地間輸送、さらには中東・北アフリカ・インド等の軍事作戦に対する輸送に、合計九百万総トン近い船腹が供されたのです。日本はこれら海上輸送船をたたくべきなのです。

船がなければ「反枢軸国家群への経済的援助により交戦諸国を疲弊《ひへい》に陥《おとしい》れ其世界政策を達成

する戦略」をもつ米国の意思も喪失させることができます。「英米合作を突き崩すことができる」が結論です。

ここに「太平洋」は出てきません。真珠湾、ミッドウェー、ガダルカナルはどうみても的はずれです。あくまでもインド洋、および大西洋が戦場でなければならないのです。

昭和十六年七月、杉山参謀総長らへの戦争経済研究班（秋丸機関）の最終報告は、現存する諸文献を総合すると、「英米合作の本格的な戦争準備には一年余かかり、一方、日本は開戦後二カ年は貯備戦力と総動員にて国力を高め抗戦可能。この間、輸入依存率が高く経済的に脆《ぜい》弱《じゃく》な英国を、インド洋（及び大西洋―独逸が担当）における制海権の獲得、海上輸送遮断やアジア植民地攻撃によりまず屈服させ、それにより米国の継戦意思を失わせしめて戦争終結をはかる。同時に、生産力確保のため、現在英、蘭等の植民地になっている南方圏（東南アジア）を自給自足圏として取りこみ維持すべし」というものです。

まさに時間との戦いであり、日本は南方圏を押さえ脇目もふらずにひきつづいて西へ行き、インド洋やインドなどをおさえるべきなのです。

杉山参謀総長は、「調査・推論方法は概ね完璧」と総評します。

陸軍の合理的思考が戦争戦略思想として形をあらわしたのです。

ここに日本軍のインド洋作戦を含む西進思想が導きだされました。米英合作対日独枢軸の地球規模の戦争戦略の図式をえがいたのです。
インド洋こそ大英帝国の内海にして米英にとっての経済・軍事の大動脈、すなわちインドや豪州等から英本国への綿花・羊毛・鉛等鉱物資源などの原材料、小麦・茶・牛肉・乳製品・林檎《りんご》などの食料の輸送、ペルシャ湾岸からの石油の輸送、エジプトやインドへの兵員・武器の輸送、ソ連（イラン経由）や蔣政権（インド経由）への援助物資輸送の大ルートであったのです。インド洋を戦場とするのです。

陸軍の戦争戦略案は、昭和十六年八月一日、米英蘭による対日全面禁輸発表という最終局面にいたり、陸海軍戦争指導関係課長らの正式討議に付されました。
当時、実務の中心に陸軍省軍務局軍務課の石井秋穂《あきほ》大佐という人物がいました。彼は秋丸機関とつねに連携していて、昭和十六年四月十七日、大本営海軍部決定「対南方施策要綱」の「対英米国力上、武力南進はしたくてもできない。しかし全面禁輸の場合は、自存自衛の為に武力行使」という結論も秋丸機関の研究にもとづきながら策定しています。

陸海軍戦争指導関係課長らの正式討議では、
①戦争目的（自存自衛）

（中略）
④総力戦における攻略範囲の限定（不拡大）
⑤占領地の処理
⑥思想戦指導の眼目（米国の非戦の世論をいかす。米海軍主力を極東へ誘致）
⑦経済戦指導上の着想
⑧外交戦指導の準則
⑨戦争終末促進の方略
――という内容の「対米英蘭戦争指導要綱」が策定されました。

「対米英蘭戦争指導要綱」は九月二十九日、大本営陸海軍部で正式決定します。

十月十八日の東條内閣発足後、石井大佐らが「⑨戦争終末促進の方略」を中心に編集したのが「対米英蘭蔣戦争終末促進に関する腹案《ふくあん》」です。「腹案」という語は「あらかじめ心の中に持っている考えや計画」を意味します。「腹案」は当時天皇がまさにご要望された研究内容だったのです。

「対米英蘭蔣戦争終末促進に関する腹案」は十一月十五日、大本営政府連絡会議で国家戦争戦略として正式決定します。

対米英蘭蔣戦争終末促進に関する腹案
（昭和十六年十一月十五日第六十九回大本営政府連絡会議決定）

方針

一、速《すみや》かに極東に於ける米英蘭の根拠を覆滅《ふくめつ》して自存自衛を確立すると共に、更に積極的措置に依り蔣政権の屈服を促進し、独伊と提携して先ず英の屈服を図り、米の継戦意思を喪失せしむるに勉《つと》む。

二、極力戦争相手の拡大を防し第三国の利導に勉む。

要領

一、帝国は迅速《じんそく》なる武力戦を遂行し東亜及南太平洋に於る米英蘭の根拠を覆滅《ふくめつ》し、戦略上優位の態勢を確立すると共に、重要資源地域並主要交通線を確保して、長期自給自足の態勢を整う。凡有《あらゆる》手段を尽して適時米海軍主力を誘致し之を撃破するに勉む。

二、日独伊三国協力して先ず英の屈服を図る。

（1）帝国は左の諸方策を執る。

(イ)豪州(オーストラリア)印度(インド)に対し政略及通商破壊等の手段に依り、英本国との連鎖を遮断し其の離反を策す。
(ロ)「ビルマ」の独立を促進し其の成果を利導して印度の独立を刺激す。
(2)独伊をして左の諸方策を執らしむるに勉む。
(イ)近東、北阿(北アフリカ)、「スエズ」作戦を実施すると共に印度に対し施策を行う。
(ロ)対英封鎖を強化す。
(ハ)情勢之を許すに至らば英本土上陸作戦を実施す。
(3)三国は協力して左の諸方策を執る。
(イ)印度洋を通ずる三国間の連絡提携に勉む。
(ロ)海上作戦を強化す。
(ハ)占領地資源の対英流出を禁絶す。
三、日独伊は協力し対英措置と並行して米の戦意を喪失せしむるに勉む。
(1)帝国は左の諸方策を執る。
(イ)比島の取扱は差し当り現政権を存続せしむることとし、戦争終末促進に資する如く考慮す。
(ロ)対米通商破壊を徹底す。

（ハ）支那及び南洋資源の対米流出を禁絶す。
（ニ）対米宣伝謀略を強化す。其の重点を米海軍主力の極東への誘致並米極東政策の反省と日米戦意義指摘に置き、米国輿論の厭戦《えんせん》誘発に導く。
（ホ）米豪関係の離隔《りかく》を図る。
（２）独伊をして左の諸方策を執《と》らしむるに勉む。
（イ）大西洋及印度洋方面における対米海上攻勢を強化す。
（ロ）中南米に対する軍事、経済、政治的攻勢を強化す。
四、支那に対しては、対米英蘭戦争特に其の作戦の成果を活用して援蔣の禁絶、抗戦力の減殺《げんさい》を図り在支租界の把握、南洋華僑の利導、作戦の強化等政戦略の手段を積極化し以て重慶政権の屈服を促進す。
五、帝国は南方に対する作戦間、極力対蘇（ソ連）戦争の惹起を防止するに勉む。独蘇両国の意向に依りては両国を講和せしめ、蘇を枢軸側に引き入れ、他方日蘇関係を調整しつつ場合によりては、蘇連の印度、「イラン」方面進出を助長することを考慮す。
六、仏印に対しては現施策を続行し、泰（タイ）に対しては対英失地回復を以って帝国の施策に強調する如く誘導す。
七、常時戦局の推移、国際情勢、敵国民心の動向等に対し厳密なる監視考察を加えつつ、戦争終結の為左記の如き機会を捕捉するに勉む。
(イ)南方に対する作戦の主要段落。
(ロ)支那に対する作戦の主要段落特に蔣政権の屈服。
(ハ)欧州戦局の情勢変化の好機、特に英本土の没落、独蘇戦の終末、対印度施策の成功。
之が為に速やかに南米諸国、瑞典(スウェーデン)、葡国(ポルトガル)、法王庁等に対する外交並宣伝の施策を強化す。日独伊三国は単独不講和を取極むると共に、英の屈服に際し之と直ちに講和することなく、英をして米を誘導せしむる如く施策するに勉む。対米和平促進の方策として南洋方面における錫《すず》、護謨《ゴム》の供給及比島の取扱に関し考慮す。

「腹案」の中身を説明します。

「腹案」は、「方針」と「要領」にわかれます。

「方針」ではまず、すみやかに米英蘭の極東拠点をたたき南方資源地帯を獲得し自存自衛の体制を確立することを第一段作戦とします。大東亜共栄圏の構築です。さらに比較的脆弱《ぜいじゃく》な西正面、蔣政権の屈服と独伊と連携してのイギリスの封鎖・屈服の大方針を第二段作戦とします。アメリカについては、合作相手イギリス屈服により戦争継続の意思を喪失せしめます。

背景には、そもそものアメリカ国民の戦争不参加の圧倒的な世論がありました。あまり参戦の必然性を感じていなかった第一次世界大戦で、十二万人もの戦死者を出した記憶がまだ生々しかったのです。ルーズベルト大統領は、大統領選挙のときに、有権者の子息を決して戦場に送らない、すなわち戦争不参加を公約し当選していました。

だから、アメリカを極端に刺激するハワイ攻撃などは、アメリカ世論を急変させる恐れがあるので避けるべきであり、企図しません。これが対米思想戦指導の眼目であり、対米宣伝謀略の基礎となるのです。「方針」は秋丸機関の最終報告でだされた方針にもとづいています。

「要領」では、個々の戦略が明記されています。

第一段作戦での長期自給自足態勢の確立をかかげ、アメリカ海軍主力は日本から攻勢にでず、逆に極東へ誘いこみ撃破する伝統的守勢作戦思想で対処します。

次に第二段作戦の核心、イギリスの屈服をはかる西向きの方策すなわち西進です。日本はインドや豪州に対し政略および通商破壊等でイギリス本国と遮断し、離反をはかります。ビルマの独立を促進し、インドの独立を刺激します。

さらに独伊が近東・北アフリカ・スエズに侵攻し、西アジアへ向かう作戦を展開します。イギリスの支配地を切り崩し、封鎖を強化し情勢が許せばイギリス本土に上陸します。日独伊三国はインド洋作戦を強化し、イギリスへの物資輸送を遮断します。

イギリス屈服には、日本のインド洋やインドでの作戦遂行が極めて重要です。アメリカについては戦意喪失に努めるとして、通商・資源輸送の遮断、宣伝謀略等に言及しています。アメリカ海軍主力に対しては、本土に近いマリアナ諸島に防衛拠点を築けば堅固な守勢体制となります。

昭和十七年一月十八日、日独伊軍事協定が統帥部によりむすばれ、日本はほぼいまの全インドを担当地域とし、「腹案」の推進にともないインド洋を制圧し、中東までも進み得る体制となりました。

戦争戦略をささえる日本の軍事力は、支那事変以降の巨額な臨時軍事費支出をふりかえることで相当程度ととのえられていました。この特別会計の予算に関する大蔵省審査は十分でなく、議会の審議も予算の細目をしめさず秘密会で原案がそのまま可決されたのです。軍部は支那事変を口実に年々巨額の軍備拡張予算を獲得していったのです。

国家予算の全体的な政治責任はもっぱら内閣にあります。現在の相場に換算して百兆円ほどの臨時軍事費の政治責任が近衛内閣にあるのです。

近衛は早くから軍拡を全面的に肯定していました。支那事変の拡大とともに、臨時軍事費の膨張に道をひらき、これを促していったのです。

以上の経過を端的にいえば、陸軍省戦争経済研究班（秋丸機関）における有沢や蠟山らの研究にもとづいて、対米開戦しても何とかいけそうだとの理屈だてがととのったということです。近衛のおかげで軍備もそろいました。

昭和天皇がやむを得ざる対米開戦に納得できる「合理的な」状況がつくられたのです。

さて、昭和十六年十一月五日の御前会議では対米交渉期限を十二月一日とする「国策遂行要領」を決定します。しかし交渉妥結の見こみは小さく「開戦已《や》むなし」の覚悟でした。

この間、海軍は西太平洋の制海権持久は保証なしとしつつ避戦を選択しない無責任な態度をとったのです。陸軍は責任をもって大きなリスクを認識しつつ少しでも可能性があり、合理的と考えられる戦争戦略を採用したのです。

東條首相もリスクを理解しつつ、この「腹案」の戦略で戦えること、否、それ以外に進む道はないことを認識しました。このことは後に東京裁判のために書かれた東條英機の「宣誓供述書」で確認できます。

十一月五日、御前会議決定「国策遂行要領」にもとづき十一月中旬には開戦準備を本格化し、軍動員・増税・軍事予算・対独提携強化等を進めます。最後に、十一月二十六日の大本営政府連絡会議、つづく十二月一日の御前会議で開戦を正式決定したのです。

対米英戦争は十二月八日にはじまります。十二日には閣議で、支那事変と対米英戦をひとつのものとして、東アジア解放の意をこめ「大東亜戦争」と命名するのです。

非戦の決意

話をすこし戻します。昭和十六年十月中旬、近衛は内閣を投げだしました。

その際、「後継首相は東條」というアイデアが近衛から木戸に呈せられたのでした。

このことを後に有馬頼寧《よりやす》や風見章も書いています。東條の天皇への忠誠心と陸軍内の統率力を評価して、という理屈です。

近衛は木戸に次のように言いました。

「君の苦心はお察しする。君の今の考え方は誠に尤《もつと》もであると思う。矢張り何としても九月六日の御前会議の決定を白紙に返さなくては、米国と戦う外ないと云うことになる。……殊に今一番大事なことは、陸軍の統制を乱さず此の難局を切り抜けなければならぬと云うことだ。その意味では寧《むし》ろ東條陸相に収拾せしむるのが一番いいと思う」

さらに近衛は次のようにつけくわえました。

「東條陸軍大臣が陸軍の統制と云う点から見て一番いいと思う。数日来東條陸相と話して見ると、東條陸相といえども、直ぐに米国と開戦しようと云うのではない。殊に海軍が自信がない様なら之はやることは出来ないとも云っているのだから、陛下から御言葉でもあれば東條陸相は考え直すだろう」

木戸はこのとき近衛と熱心に話しあい、そして念をいれて近衛にもう一晩よく考えてくれるよう依頼したのです。

翌朝、近衛は電話で、「やはり東條しかあるまい」と返事をしてきたとのことです。

戦後になって、昭和三十七年頃でしょうか、木戸はこう言ったとのことです。

「この点については、自分はテープレコーダーに吹き込んである。それは五十年後に開封してもらうように、ある場所に預けてある。それですべてがわかる」

録音時から五十年後の録音テープ開封であれば平成三年、この発言から五十年後であれば平成二十四年頃にあたります。顚末《てんまつ》はどうなっているのか、興味あるところです。

一方、東條のほうは、近衛内閣最後の閣議の際、近衛に対してしきりに、「再考して、もう一度第四次内閣を組織して、近衛の力で戦争をしろ」というようなことを言っていたのでした。

東條自身、まさか自分に大命降下があるとは夢にも思いませんでした。しかし、近衛のシナリオでは、対米開戦はもっぱら東條という駒が行い、かつ東條が全面的に戦争責任を引きうける、ことになっているのです。

近衛は、総理就任の挨拶にきた東條に日本刀を贈呈しています。絶妙の小道具の使い方です。十月十八日の『鳩山一郎日記』には、「東條に大命降下せりと。近衛は逆賊と歴史は断ずるや。……近衛、木戸の所謂ブロックは遂に日本を何処迄引きずるであろう」と記されています。鳩山一郎には近衛の企図が見えていました。


九月六日、御前会議決定についての「白紙還元の御諚《ごじょう》」により、統帥部からの即時開戦決定要求というプレッシャーはいったん東條の眼前から消えました。国策を非戦の方向に進めるために東條は慣例を破って陸軍現役のまま首相となり、陸相を兼務しました。陸軍内の主戦勢力をおさえることが狙いです。

さらに非戦にむかう場合に右翼その他民間が騒ぐであろうことに備えて、警察をしっかり掌《しょう》握《あく》するために内務大臣も兼務しました。悲壮な決意をともなった兼務です。

いまや日本は経済封鎖と包囲陣のなかに閉じこめられ、交渉での打開の道は見あたらない。進退まったく窮《きわ》まっていたのです。けれども、思わぬ大命降下と「白紙還元の御諚」により成立した東條内閣は、連日閣議を開いて、ひろく内外の情勢、日米交渉、国力判断などについて再検討しはじめました。大本営政府連絡会議もほぼ毎日のように開きました。

しかし外交で打開の道がひらかれるとは誰にも考えられない。作戦開始可能の時期は限定されていて、それを逸してはまったく武力解決の道を失う。陸海軍統帥部は焦慮《しょうりょ》しはじめます。

「いまさら何の国策再検討ぞや。すみやかに、再検討を完了して結論を出せ」

まもなくこういった要求が統帥部から連絡会議で主張されはじめました。

統帥部はこのころすでに戦争戦略「対米英蘭蔣戦争終末促進に関する腹案」の原案を手にしていました。

陸海軍統帥部内では「東條の変節」といった声さえ聞かれるようになりました。それでも東條は白紙還元の主旨を繰りかえし述べたといいます。東條は人がかわったように統帥部の焦慮をおさえることに腐心したのです。

東條内閣は組閣いらい日米交渉妥結に全力をつくしました。しかし半年余かけてまとまらなかった交渉を、わずか一カ月でまとめることはどだい無理な話です。

これほど東條が平和愛好の聖慮を奉じ非戦の方針をとろうとしていたのですが、東郷外相、賀屋蔵相の主張した「交渉不調のまま戦争に訴えない」案は最終的にとられませんでした。この案では、支那事変は解決せず、経済封鎖も解かれず、かつ日本海軍の艦艇は石油枯渇《こかつ》で動けなくなるばかりだったからです。したがって「戦争決意のもとに作戦準備を整え、それとともに外交施策を続行して、これが妥結につとめる」方針にせざるを得なかったのです。そして「対米英蘭蔣戦争終末促進に関する腹案」があったから戦争を決意できたのです。

東條を、そして「白紙還元の御諚」を近衛は最初から冷ややかな眼で見ていたことでしょう。「対米英開戦は避けられるわけがないではないか。敷かれたレールを走る東條内閣は開戦内閣なのだから」と。

日米交渉がおし詰まっていた状況下、政府は十一月十七日に臨時議会を召集します。日米交渉の中身は日米ともに秘密にされていましたので、国民に事態が切迫しているということだけでもわからせておこうとの狙いです。

東條首相は施政方針演説で、日本の期するところは、第三国が支那事変の遂行を妨害しないこと、対日包囲陣と経済封鎖の脅威が解除されること、欧州戦争が太平洋に波及しないことの三点であると述べ、結論を東洋の平和を祈念するとしました。

衆議院でベテランの島田俊雄議員は全会派を代表して次のように熱弁をふるいました。

「支那事変の解決しないのは米国等の妨害によること、シンガポール、グアム、フィリピン、ハワイ等に対日包囲陣を強化しつつあって太平洋に一触即発の危機をかもしている……東亜諸民族が有無相通《うむそうつう》、共存共栄の平和境たる大東亜共栄圏を確立して世界平和に貢献しようとする皇国の主張のどこに侵略的意図があるか……。

正義を蹂躙《じゆうりん》し、独立を脅威し、進路を遮断せられてもなおかつこれを甘受《かんじゆ》し、侮辱や威嚇に屈服して自滅を待つが如きは吾々の正義観、愛国心が絶対に許さぬ。凡《およ》そ話をしても解らぬ者には尚解らせる方法工夫がある。しかし解っておりながらなお解らぬという理屈を捏《こ》ねて止まざる者に対してなすべきことは、ただ一つあるのみではないか……」

島田のいう「解っておりながらなお解らぬという理屈を捏ねて止まざる者」とは米国政府のことです。

「政府はややもすれば国民大衆がいまだ時局認識に徹底しておらぬかの如くに考えておられるようであるが、それこそ大なる誤りである。政府は果たして如何に吾々国民が押し詰められた気分になり、どうしてもこの重圧を押しのけて、天日を見ねば止まらぬという意気に燃えているかを認識しておられるか。国民は皆目に見えざる空襲に攻められている気分に駆られている。政府当局にして一度大磐石の決心をもって前進一歩するならば、電光石火瞬時にこれに呼応して邁進するの覚悟をしていることが判っておられるか。ここまで来ればもはや、やる外《ほか》はないというのが全国民の気持ちである……」

最後の「やる外はない」との声がとどろくと、議場の緊張はいっきにピークに達しました。

日米交渉の詳細はわからなくても、その空気は議員にも国民にも響いていたのです。

なによりも経済封鎖による苦境は日常生活を襲っていました。新聞がアメリカ主導の包囲の状況をどんどん報じていて、議員も国民もアメリカの横車に嫌悪を感じていました。

みなが切羽詰った気分に閉じこめられていたのです。

一部議員や民間では、「米国討つべし」の声が高く、気分は政府より一歩先を行っていました。近衛にとってはしめしめの様相です。

十一月二十九日に鳩山一郎は真崎甚三郎を訪問して、日米開戦は避けられるか否かの見解を求めています。

これに対して真崎は、「避け得ず」と答えます。

すると鳩山は、「日米開戦せば日本は共産主義に陥るべしと観測しあり」とし、真崎も、「その通りだ」と答えています。日米戦争の国内の混乱に乗じて共産主義革命がおこる可能性を二人はともに危惧《きぐ》したのです。

けれども、日米双方が燃えたつ本格的な日米戦争に突入するには状況はまだ不十分でした。

近衛のシナリオを次へ進めるためには、米国の方でも、「日本討つべし」の世論が轟然《ごうぜん》とわき起こらなければなりません。

第四章

果報は寝て待つ

亡国の真珠湾攻撃

昭和十六年十二月八日未明、太平洋で幕はあがりました。

真珠湾攻撃です。

山本五十六連合艦隊司令長官が、真珠湾攻撃で、大東亜戦争の「対米英蘭蔣戦争終末促進に関する腹案」における「米国をあまり刺激せず米国艦隊はその来襲を待つ」という対米戦略および雄大な西進作戦を徹底的に破壊します。

真珠湾攻撃は「腹案」と根本的に矛盾するのです。

山本五十六連合艦隊司令長官は、昭和十六年一月七日付けの及川海相宛書簡「戦備に関する意見」において、「日米戦争に於て我の第一に遂行せざるべからざる要項は開戦劈頭《へきとう》敵主力艦隊を猛撃撃破して米国海軍及米国民をして救う可からざる程度に其の志気を沮喪《そそう》せしむること是なり……」と述べています。

ご存じのとおり、真珠湾攻撃（奇襲）は第一次世界大戦の戦禍《せんか》の記憶も生々しい米国民の反戦感情をひっくり返し、米国民を一挙に戦争へと結束させ「日本討つべし」「枢軸討つべし」の大合唱をわきおこしたのです。ルーズベルト大統領の三選時の非戦の公約など吹っとんでしまいました。

真珠湾攻撃は山本が述べていた幻想的な企図と真逆《まぎやく》の結果を招いたのです。たしかに空母を討ちもらしたり、地上攻撃を中止したりしましたが、「志気を沮喪せしむる」どころか米国民の戦意を猛烈に昂揚《こうよう》させたのです。

米国側の事情通は、真珠湾攻撃を「相手の横面《よこつら》を張って激昂《げっこう》させただけの作戦」と評しています。真珠湾攻撃は、対枢軸開戦と同時にはじまる米国の本格的戦争準備を劇的にスピードアップさせ、米国が猛烈な勢いで供給力（経済抗戦力）を最大化することを可能としたのです。「腹案」が狙った「日米戦意義指摘に置き、米国輿論の厭戦《えんせん》誘発に導く」とはまったく逆です。

「陸軍省戦争経済研究班」（秋丸機関）では、昭和十八年の造船能力を、米国が五百万総トン、英国が百万総トン、あわせて六百万総トンと予測していました。しかし、米国の戦争準備の炎が猛烈に点火されたことで、米国の造船能力は倍の一千万総トン、英国でも百五十万総トン、あわせて一千百五十万総トンといっきに倍増し最大化にむかってしまいました。真珠湾への攻撃（奇襲）により、米国の経済抗戦力はみごとに上方へシフトしたのです。

このため、日本がいったん講和に持ちこまなければならない時間軸上のリミットは、より前倒しになりました。当初の想定の一年半から二年が一年をきるくらいになってしまったのです。

日本の持ち時間は非常に少なくなり、一層すみやかに脇目もふらずに西進すべき状況におかれたのです。

なぜ山本はこのような国益を損《そこ》なう暴挙を企図したのでしょうか。

彼は若いころの米国での留学や駐在のときから真珠湾攻撃を思いえがいていたという話があります。アメリカ軍人から真珠湾を攻撃すれば日本に勝機があるとでも示唆《しさ》されたのでしょうか。いずれにせよ、真珠湾攻撃が山本の信念になっていたようです。

そんな彼をなぜ連合艦隊司令長官に任命し、しかも、まるで日米開戦を待つかのように比類なく長期間在任させていたのか。まるで真珠湾攻撃前提のトップ人事です。彼を連合艦隊司令長官に任命したのは米内《よない》光政です。

連合艦隊のなかでは、多くの反対を押し切って昭和十五年末ごろに山本の一存で真珠湾攻撃が決定されました。

しかしながら海軍省軍務局や作戦部の大反対がつづきました。

これらの反対論は、攻撃自体の危険性もさることながら、米国世論の激変を危惧《きぐ》したきわめて合理的なものでした。航空艦隊参謀長の大西滝治郎は十六年九月末に開かれた航空艦隊首脳部の打ちあわせの席上次のように述べています。

「日米戦では武力で米国を屈服させることは不可能である。……対米戦に突入する以上、当然戦争の早期終結を考えねばならず、それにはある一点で妥協をする必要がある。そのためには、フィリピンをやっても何処をやっても構わないが、ハワイ攻撃のようなアメリカを強く刺激する作戦だけは避けるべきだ」

「腹案」の戦略思想と軌《き》を一《いつ》にするものです。

けれども十月下旬から十一月初めにかけての時期に永野（修身《おさみ》）軍令部総長は真珠湾攻撃を裁可してしまうのです。永野総長はこの不可思議な裁可をした理由を、戦後、東京裁判の検察尋問に答えて次のように証言しています。

「海軍省軍務局はアメリカ艦隊を待ち受けるとする伝統的な手段を好んだのです」

しかし、

「山本大将は真珠湾攻撃計画が正しいという強固な考えがあり、その計画が実行できなければ部下と共に辞職するとおどしたのです」

「私はもともと海軍軍令部案（『腹案』）に賛成していたのです。……海軍作戦部は南太平洋でアメリカ軍を何年も待つことに計画を使うことに賛同していました」

「私は海軍省軍務局の方が理にかなっていると思ったのでこちらの計画（『腹案』）に賛成だったのです。しかし、艦隊の指揮者が辞任するのは反対でした。……一番良いのは承認だと思ったのです」

すなわち、山本が辞任しないようにするためだけに、永野は亡国につながる真珠湾攻撃を裁可したという証言を後世に残したのです。国益にかなう合理的な理由はなかったと言っているのです。永野は暗に「口にできない理由があった」と述べているのです。

真珠湾攻撃を裁可した永野の背後にはまさに闇があると言わざるを得ません。この後、永野は冬の寒い監獄で窓を破られたままにされ裁判途中の昭和二十二年一月二日、急性肺炎にかかります。永野は巣鴨プリズン（拘置所）から両国の米陸軍第三六一野戦病院に移され三日後に死去しました。まるで殺されたようだと言われています。

永野の死後、拘置所の部屋に残された裁判関係資料、手紙、諸記録等の貴重な書類は妻に引きとられました。しかし、それらがぎっしりと詰まった大きなトランクは妻と娘が高知の自宅へもって帰る途中の列車で盗まれてしまうのです。妻は新聞広告を出してまでトランクを必死に探しましたが出てきませんでした。かわいそうに妻はこれを苦にして間もなく亡くなります。

なお、日本は真珠湾を「奇襲」したつもりでしたが、ルーズベルト大統領は山本の企てを先刻承知で、大事な空母は避難させ、旧式戦艦等を無防備で真珠湾に停泊させ、日本海軍の「奇襲」を待っていたとする説が有力です。

ルーズベルト大統領は、大統領選挙当選時に戦争不参加を公約していました。戦争不参加は世論の圧倒的な支持を得ていました。ルーズベルト大統領は、この公約を一八〇度ひるがえして日本やドイツと開戦するための口実を求めていたのです。

だからヒトラーひきいるドイツ軍は、実質上大西洋でアメリカ海軍の艦船から攻撃をうけていましたが、耐えがたきを耐え忍びがたきを忍んで一〇〇%自重していたのです。

この真珠湾攻撃が亡国の道であることは、豊富な情報ネットワークをもっていて米国事情に詳しい近衛は熟知していたと思われます。近衛と山本はしばしば密に情報交換をしていました。十六年九月十二日にも近衛は山本と秘密裏に会っています。真珠湾をやった場合、超大国アメリカを本気で立ちあがらせてしまうのですから、結局は日本に勝ち目がないと山本も認識していたでしょう。最初の一年や一年半はともかく、それ以降は見こみがないことを山本は近衛に正確に伝えていました。さらに二人の間には記録に残っていない特別な意思疎通もあったかもしれません。

現に、緒戦《しょせん》の勝利で多くの人々が喜びにわいていたとき、近衛はまったくひとり冷静でありました。十二月八日、風見章も息子に「第一撃は立派だが、いずれ日本は負ける運命にある」と話しています。

風見と山本もきわめて親密な仲でした。風見は山本への手紙を新聞記者に感づかれないようにとの理由で、秘書ではなく、しばしば長男の博太郎に持っていかせていました。山本から風見への手紙は風見自身が終戦後すぐにすべてを焼却しています。長男は後に次のように回想しています。

「親父は終戦後三日か四日、一週間もしないうちに手紙を全部焼いてしまった。それは徹底していて、それまでのものを全部。他人に迷惑をかけるのが一番いかんというのが、親父の考えだった。僕が見たら近衛さんの手紙、山本さんの手紙、米内さんの手紙だとか、いろいろな人の手紙がある。僕は焼くのはもったいないと思ったから、『こういう手紙は焼かずにしまっておいた方が、いいんではないか』と親父にいったらね、『そんなことを言うな。もし万が一それがもとで迷惑をかけたらどうするんだ。米軍なんて何をやるかわからんのだから。間違いがないようにこういうふうにやるんだ』」(「父・風見章を語る――風見博太郎氏に聞く」)

まず長男の目についたのは、近衛、山本、米内からの手紙だったのです。とくに数が多かったのです。「迷惑をかけたらどうするんだ」と言っていますが、山本はすでに二年以上前に亡くなっていていません。「迷惑をかけたらどうするんだ」「米軍なんて何をやるかわからんのだから」と言っていますが、風見は日記や関係資料はきちんと残しています。近衛、山本、米内からの手紙を終戦後すぐさま焼いたのは、自分を守るためであったのでしょう。絶対に残してはいけない事実の一部が彼らとの手紙のやりとりに書かれていたのでしょう。あるいは、近衛、山本、米内との手紙のやりとりの多さ自体も隠しておきたかったと考えられます。

山本は〝自由主義的〟と呼ばれた左派の言論人や学者たちとも親しいつきあいがありました。昭和十六年四月には、異例なことに、十二人の言論人および学者グループが横須賀に入港中の連合艦隊旗艦長門《ながと》に山本長官を艦船見学を兼ねて訪ねています。東京朝日新聞論説委員で風見や尾崎と親しい関口泰、政治学の矢部貞治、経済学の大河内一男など昭和研究会にいた顔ぶれです。

ところで、十二月八日、真珠湾攻撃に先立つこと一時間二十分、マレー半島上陸ではじまる南方資源地帯獲得をめざした「腹案」第一段作戦は予想以上の成功をおさめます。

十二月二十五日　イギリスの植民地である香港占領。
翌年一月　三日　アメリカの植民地であるフィリピンのマニラ占領。
二月　十五日　イギリスの植民地であるシンガポール占領。
三月　八日　イギリスの植民地であるビルマのラングーン占領。
三月　九日　オランダの植民地であるインドネシア（蘭印）のジャワ占領。

この成功は、日本軍の戦略的な勝利であると同時に、アジアの民衆が日本軍を長年にわたる欧米列強による植民地支配からの解放軍として歓迎し、陰に陽に広範に支援をした結果でもありました。

昭和十九年にはバチカン市国がアメリカから独立したフィリピンを実質上国家承認しています。画期的なことです。

インドネシアでは、日本は石油の生産施設をほぼ無傷で獲得することができました。日本はこの地で、以後数年にわたって当初計画を大幅に上まわる石油を手にいれることができたのです。シンガポール陥落は、欧米列強によるアジア植民地支配の一大拠点を壊滅させたものです。白人植民地主義の長い歴史の終わりをしめす人類史的な偉業です。

シンガポール陥落後、イギリスのチャーチル首相は、日本の第二段作戦での西進を大英帝国を崩壊へ導くものとして恐れました。さすがにチャーチル首相はみずからの致命的な弱点を熟知していたのです。

「腹案」の第二段作戦はイギリス屈服に重点を置き、ビルマ、インド（洋）、さらには西アジアを見すえての西進が基本です。一方、ドイツはイラク・イランへ進出し日本と連携すべく、また、スエズ・北アフリカをにらみつつ油田確保も狙ってコーカサス（黒海とカスピ海にはさまれた地域）作戦を企図していました。

日本軍によるプリンス・オヴ・ウェールズ、レパルス等の撃沈により東洋艦隊が大損害を被《こうむ》り、このときインド洋の覇権を失っていたイギリスは豪州やインドからの派兵ができなかったので、コーカサス、西アジアは枢軸側にとってこのうえない戦場だったのです。

この情勢下、昭和十七年三月七日、大本営政府連絡会議で、第二段作戦の詳細検討の前提としての「今後採るべき戦争指導の大綱」が決定されました。この「今後採るべき戦争指導の大綱」で驚愕《きょうがく》すべきは、「機を見て積極的の方策を講ず」の文言が挿入されたことです。この文言は、大東亜戦争における日本の勝利のためには決して記載されてはならない代物でした。

陸軍参謀本部第一部長（作戦）田中新一中将は業務日誌に、「三月八日　戦争指導は恐るべき転換を来《きた》すかも知れない。海軍の太平洋攻勢作戦が戦争指導の主宰者になる。三月十日　太平洋の積極作戦は国力速成の根幹をゆるがす。不敗態勢の建設を第一義とする要あり。（中略）大東亜戦争指導は緒戦の終了と共に岐路に立てり。印度—西亜打通《だつう》の重視」と書き残しています。

山本連合艦隊司令長官に引きずられた海軍ひいては日本軍の悲劇が浮きぼりになったのです。

昭和十七年三月七日の「大綱」決定後、四月十五日に海軍が決定した第二段作戦は、「腹案」では日本に成算がないと勝手に考えた山本連合艦隊司令長官の意向を反映した東向きの積極作戦となってしまいました。山本の意向は緒戦の勝利で勢いを増していたのです。そしてまたもや永野軍令部総長がこれを承認しているのです。

陸軍は、攻勢の限界を超えることを恐れていました。陸軍は、ジャワ占領によって第一段の戦略目標は達成されたので、おおむねその線で長期持久態勢を固め、連合艦隊の主力をインド洋に指向し、インド陥落、西亜（ペルシャ、イラク、アラビア方面）打通に資する作戦のみにすべきと主張しました。まさに正論です。

真珠湾で空母を討ちもらした山本連合艦隊司令長官は、ハワイ攻略に挑《いど》みたかったのですが、航空兵力の整備を待たなければなりませんでした。

そこで、そのあいだに、セイロン島攻略によりインド洋のイギリス東洋艦隊を誘いだし撃滅して西正面の態勢を整えようとしました。

このとき、ドイツも日本に対してインド洋でのイギリスの後方攪乱《かくらん》を要請しています。開戦時に大損害を被ったイギリス東洋艦隊はセイロン島に退避し、その後、本国艦隊から増援をうけ、戦艦五隻、空母三隻の大艦隊に復活していたため、ビルマ攻略をひかえた日本軍には脅威となっていました。当然にインド洋作戦は陸軍の望むところです。

日本海軍は、第一段作戦の最終章のインド洋作戦として、四月五日から六日にセイロン島沖で空母機動部隊によるイギリス東洋艦隊の再撃滅をめざし、空母一隻、重巡二隻そしてベンガル湾内の商船二十一隻を撃沈するという一方的勝利をおさめました。しかし、結果的にイギリス東洋艦隊の多くをインド西岸やアフリカ東岸にとり逃がし撃滅はたっせられませんでした。

他方、チャーチルは、四月七日および十五日付のルーズベルト宛書簡で、「今、日本がセイロン島と東部インドからさらに西部インドへ前進してくれれば対抗できない。蔣介石支援ルート、ペルシャ湾経由の石油輸送ルートやソ連支援ルートが遮断される」とし、インドにおける海空軍の増強への支援とともに四月末までにアメリカ太平洋艦隊が日本の西進を止め東へ転じさせるべく牽制《けんせい》行動をとるよう切望しました。米英ともに、日本軍が西進し、インド・中東においてドイツと出会うことで枢軸側による世界制覇がなかば達成されることを恐れたのです。ですから、日本海軍は、すかさず、脇目もふらずにインド洋方面に積極展開すべきだったのです。

チャーチルの書簡に対して、ルーズベルトは次のように返事をしています。

「太平洋艦隊が今取りかかっている手段は軍機密の要求上細部にわたってはお知らせしてありませんが、近くご承知になる時、効果的だとお思いくだされば結構です」

当時、アメリカ艦船による日本本土攻撃は、日本軍による周辺海域の厳しい警戒下、きわめて危険で困難な状況でした。そこでアメリカは前代未聞の奇策をねります。すなわち、陸軍の長距離爆撃機を日本から遠く離れた地点で海軍の空母から決死の発艦をさせて日本本土にむかわせ、日本本土の目標地点を空襲する。その後、着艦は不可能なので海をこえて中華民国の飛行場に着陸するという作戦です。

この作戦を、アメリカ陸海軍は蔣介石と連絡しながら大急ぎで準備しました。空襲部隊の指揮官は、リンドバーグとならぶ空の英雄、二十一時間アメリカ大陸横断飛行に成功したドゥーリトル陸軍中佐です。

チャーチルからルーズベルト宛の書簡と符合する時期、日本では衆議院選挙中の昭和十七年四月十八日の朝、犬吠埼《いぬぼうざき》より約千百キロの地点で、空母ホーネットからB‐25十六機が東京方面等にむかい空襲を敢行しました。アメリカは、太平洋の貴重な空母四隻のうち二隻を本作戦に投入したのです。この空襲で日本国民は無差別攻撃をうけ、死者は子供を含む八十七名、重軽傷者四百六十六名、家屋三十五戸の被害を出しました。

本土上空での米軍機の第一発見者は、偶然にも内情視察のため水戸にむかって陸軍機で移動中の東條首相でした。東條は度肝《どぎも》をぬかれ、ただちに視察を中止し、おおあわてで汽車に乗り東京にむかい、すぐに天皇へ報告に参内《さんだい》したのでした。

ドゥーリトル空襲が海軍にあたえた衝撃はとくに甚大《じんだい》で、山本連合艦隊司令長官のプライドは大きく傷つき、一方で空襲を防ぐにはミッドウェー島占領が必要だという説明に説得力が増してしまいました。ミッドウェー作戦については、海軍内においてさえ作戦発動時期等について議論があり、ペンディング状態であったのです。

しかし、不幸にもドゥーリトル空襲を背景に疑義を呈する議論がいっきに収束してしまったのです。このとき山本連合艦隊司令長官はドゥーリトル空襲にこめられた真の狙いにまったく思いをいたそうとはしませんでした。日本の「西進」を「東進」に転換させるというアメリカ側の意図は、乾坤一擲《けんこんいってき》の空襲で実現したのです。日本の国家戦略「腹案」がふっ飛んだのです。

ちなみに、この五月、英ソ相互援助条約がむすばれ、対ソ支援ルートとしてインドが明確化されました。当時、英米の海上輸送を破壊するための潜水艦は、日本はインド洋や豪州近海に数隻を配備するのみでした。ドイツは大西洋を中心に最大三百七十五隻を配備して、英米の船舶に猛攻撃をかけました。したがって日本海軍主力のすみやかな西進がますます必要とされる状況となっていたのです。

ミッドウェー作戦の結果は、ご存じのとおり日本の大敗北。海軍の慢心もわざわいして、アメリカ海軍の待ちぶせにより主力空母四隻と艦載機を一挙に喪失しました。しかも罪なことに、海軍はこの壊滅的損害を陸軍側にながく知らせなかったようです。

ところがこの後、再びインド洋作戦、すなわち「腹案」への回帰のチャンスがめぐってくるのです。昭和十七年六月二十一日、ついにドイツ軍がリビアのトブルクにあるイギリス要塞《ようさい》を陥落させ、エジプトへ突入しました。枢軸の画期的な勝機到来です。

急遽六月二十六日に日本海軍は、再編した連合艦隊を投入するインド洋作戦を決定。陸軍参謀本部もセイロン島攻略を東條首相に進言しました。

しかしながら、連合艦隊に引きずられた海軍は、「腹案」をはるかに逸脱して、「米」豪遮断の準備を進めていました。「腹案」にそった「英」豪遮断ではありません。そして、後に設定される絶対国防圏から遠いラバウルに基地航空部隊を集中、さらにそこから千キロメートルも離れているガダルカナルに進出し、七月から航空基地の建設をはじめたのです。

八月七日、このガダルカナルにアメリカ軍が突如上陸。日本は激烈な消耗戦を展開し、多くの搭乗員をふくむ陸海軍兵、航空機と艦艇を失ったのです。まったく無意味な消耗戦。日本の国力から、その後この損失を回復することは不可能でした。ここに、インド洋作戦をはじめとする西進戦略はすべて崩壊、日本の戦争戦略は完全に破綻したのでした。

永野修身軍令部総長や山本五十六連合艦隊司令長官ら海軍による意識的な戦争戦略からの逸《いっ》脱《だつ》が、二度の大きな勝機があったインド洋作戦をはじめ西進戦略を崩壊させ、わが国をそもそも意図せざる「太平洋戦争」という地獄へと転落させたのです。大東亜戦争を破壊し、遂行不能におとしいれたのです。

英霊たちの怨嗟《えんさ》の声が聞こえてきます。この時点で、祖国は戦争に敗れたといえます。日本がインド洋を遮断しなかったために、アメリカは大量の戦車と兵員を喜望峰回りでエジプトへ送ることができました。ドイツ軍は前進をとめられ、結局、昭和十八年五月にチュニジアの戦いで壊滅しました。ドイツ軍も日本海軍を怨《うら》みました。

近衛は、アメリカを真珠湾攻撃によって本気で参戦させたら、たとえいっとき南方の資源をうまく手に入れてその後、西へ行ったとしても、日本は結局は巨大国家アメリカにやられてしまうと悟っていました。真珠湾攻撃という暴挙で、すでに敗北を見通していました。

尾崎も風見も同じ見解でした。支那事変拡大、南部仏印進駐、真珠湾攻撃そしてミッドウェー作戦、ガダルカナル攻防と亡国への水先案内人であった米内光政、永野修身そして山本五十六は、近衛にとって敗戦にむけての実に頼もしい駒であったのです。

万全の準備

首相退任後の近衛は軽井沢、熱海そして箱根などをめぐりながら痔《じ》の治療と静養をしていました。

昭和十六年十二月八日、真珠湾攻撃成功のニュースに日本中がわき立ちました。近衛は箱根でラジオニュースを聞き、急ぎ上京します。そしてすかさず周囲の者に、「とうとうやったね。僕は悲惨な敗北を実感する。こんな有様は初めのうちだけだろう。一年目はいいが、二年目から悪くなる」(『細川家十七代目─私の履歴書』細川護貞)と言ったのです。すべて近衛が思い描いたとおりに進んでいるのでした。

日米開戦後は、近衛は敗北主義者、親米派として非難を浴び、車は憲兵に尾行され、荻外荘《てきがいそう》は監視されることもあったそうです。しかし戦争責任回避という狙いをもつ近衛にしてみれば、このような扱いは願ったり叶ったりというところでした。

昭和十七年から十八年にかけて近衛は東大附属病院大槻外科に痔の手術と治療で二度ほど入院します。山本ヌイは一日おきに代々木の自宅から食事を運びました。

十七年十一月の入院時には、近衛はゾルゲ事件で検挙された尾崎の件で形式的な訊問を病室でうけています。

近衛は昭和十八年頃からいわゆる「共産主義陰謀説」を主張しますが、これについては後ほど詳しく述べます。

痔疾が癒《い》えた近衛は、十九年からかなり積極的に活動しはじめます。敗戦後にむけて体調も万全といったところです。

戦時中の近衛のおもな情報源は、戦局については陸軍は酒井鎬次《こうじ》中将、海軍は高木惣吉少将、国際情勢や米英側の動向については第二次第三次近衛内閣情報局総裁の伊藤述史《のぶふみ》と外務省の加瀬俊一、宮中については近衛の意向で高松宮の連絡係となった女婿《じょせい》の細川護貞、そして国内情勢については第二次第三次近衛内閣書記官長の富田健治がいたことが知られています。

また、近衛は、NHKの対敵放送を担当していた牛場友彦や松本重治をつうじてアメリカの短波放送も情報源としていたと思われます。

昭和十九年十二月の前駐日大使ジョセフ・グルーの国務次官就任の報は、近衛にとってしめたものでした。なにしろ、グルーは近衛の日米開戦前の「平和への努力」の大切な証言者であるからです。ただし、残念ながらグルーは昭和二十年八月十五日、終戦と同時に国務次官を辞任します。さらに、太平洋問題調査会の太平洋会議における日本についての討議内容については、外務省も近衛も大きな注意をはらい情報を入手していました。

近衛は、昭和十八年二月初めに、「第二次及第三次近衛内閣ニ於ケル日米交渉ノ経過」と題する文書を学生時代からの友人で作家の山本有三にわたしています。牛場秘書の手による草稿を全面的に加筆修正することで十六年十一月中旬にほぼ書き上げていたものです。戦後公表された「日米交渉に就いて」という文章とほぼ同じです。

近衛からわたされた文章を読んだ山本は、「こういうふうに秩序だって、日米戦争の回避につとめ、平和のために努力した記録を見たのは、これが最初でした。なにしろ、戦争の真最中のことですからね」とあまりの準備のよさにびっくりしたのでした。

近衛は、早々と戦争責任回避のために日米交渉の努力というアリバイを完備させていたのでした。

翌年、学徒動員がさかんになったころですが、近衛は伝記を書いてくれる若者の紹介を、蒲焼きをご馳走しながら山本に頼んでいます。しかし、多くの若者が動員されはじめていた状況でしたので、結局、山本が引きうけることになりました。近衛の口述をもとにした日記風の伝記です。これも、近衛の戦後にむけた念のいったアリバイづくりの一環です。

後日談ですが、この近衛の伝記は、戦後、病をえた山本にかわって、前東大法学部教授の矢部貞治が近衛文麿伝記編纂刊行会の協力のもとに出版しています。矢部と仲のいい後藤隆之助が資金集めに走りまわったようです。

昭和十九年四月十二日、戦局がいよいよ悪化する中、近衛は東久邇宮《ひがしくにのみや》殿下に拝謁《はいえつ》し、「自分としては首相を替えるのではなくこのまま東條にやらせる方が良いと思う」と申し上げました。

「もし替えて戦争がうまくいくようならば当然かえるのがよいが、もしかえても悪いということならば、せっかく東條がヒトラーとともに世界の憎まれ役になっているのだから、彼に全責任を負わしめるほうがよいと思う。途中で二、三人交替すれば、誰が責任者であるかがはっきりしないことになる」

との理由です。近衛の本音です。

一方、近衛は山本有三に「大化の改新」のごとくと称して東條暗殺を熱心に説いたりもします。もちろんすぐに熱が冷めてしまい結局は実行しません。

そんなことではありましたが、東條内閣打倒や和平への転換を重臣たちと連携しながらめざす近衛グループなるものがしだいに形成されていきました。

近衛の和平論は、米国の影響力下でのみずからの戦後覇権につながる英米との「丸腰」の和平交渉でした。東條内閣打倒のポーズや敗戦後の戦争責任回避と責任転嫁のための味方づくりは、この時期の近衛にとって大切なことでした。

高木惣吉、吉田茂、小畑敏四郎、富田健次などがまずこのグループの筆頭にあげられます。吉田茂は、原田熊雄、池田成彬、樺山愛輔などの大磯の住人たちで親英米的和平派（大磯グループ）を形成していました。

これらの面々が後で述べます昭和二十年二月の「近衛上奏文」の起草に協力し、この戦争を共産主義者と陸軍統制派の陰謀として天皇に訴え、かつ戦後に伝えていくのです。


ところで、戦後、自分は軍部に反対し平和主義者であったとか、自由主義者であったとかと自任する人々は、たいてい戦争中は軽井沢や箱根などの別荘あるいは疎開先で悠々自適にまったく戦争の圏外ですごしていました。スイスの公使があらためてアメリカに軽井沢を爆撃しないように頼んだという話もあります。

近衛のすまいは永田町の邸宅、目白の邸宅、それに杉並の荻外荘、さらには白樺の林にかこまれた軽井沢の別荘「草亭《くさてい》」がよく知られています。そのほかにも小田原入生田《いりうだ》、湯河原、鎌倉山、そして京都御室などと多くの別邸がありました。

近衛家の邸宅は広大でした。さすがに永田町の邸宅は四百坪でしたが、目白の邸宅は一万七千坪あったということです。ただし大正十一年にかなりを分譲し、近衛町と名付けられます。荻外荘は当初は二万坪、その後、約二千坪。軽井沢の「草亭」は一万坪、小田原入生田の別邸は当初借家でしたが五万坪もありました。山本ヌイと斐子は、昭和十九年十二月から小田原入生田の別邸に疎開していました。京都御室の別邸は約三千坪。

戦局がきびしくなっても、近衛はとりよせのうなぎを食べ、自動車はガソリンに不自由せず乗り放題で女のところへ通い、ときにゴルフ三昧、用のないときは邸宅で寝ていればよかったのです。「果報は寝て待て」です。

空襲嫌いの近衛は、ヌイと斐子《あやこ》を疎開させてからは小田原入生田を本拠地にしていました。「親子三人が仲むつまじく幸せな日々をすごした」と後にヌイが回想しています。

有名な逸話があります。戦争末期、近衛のところに知人が訪れ、「あなたは名家のお家柄だから、大変な骨董品をたくさんお持ちでしょう」と聞きました。これに対して近衛は「もともとたくさんあったのですが、それも戦災でだいぶなくなりましてね」と返事をし、「そうですか」と知人はうなずきました。しかしその後の「保元《ほうげん》・平治《へいじ》の乱の戦災でだいぶやられたんです」という近衛の言葉に驚いたといいます。

ちなみに応仁の乱のときは近衛家の邸宅は焼失しましたが、古文書類はあらかじめ疎開させていたので無事であったそうです。

このような近衛は国民大衆が命をすてて財を失いつつも土地に踏みとどまり、職場を死守している姿をどのようにながめていたのでしょうか。冷ややかな目でながめていたのでしょうか。

鳩山一郎も前外相の東郷茂徳もともに軽井沢です。松本重治は昭和十八年から病気で鎌倉で療養していたとされています。鎌倉も空襲を受けていません。松本も昭和二十年七月には軽井沢に移ります。風見は早々に茨城県の水海道《みつかいどう》で悠々自適の生活にはいっています。

昭和十五年ごろから十九年の春ごろまで風見は六本木にある東京一のうなぎの店に頻繁にでかけ、近衛や有馬とともにうなぎを食べています。十八年から二十年にかけて、風見はこの店で近衛、白洲、牛場、岸らとさかんに会っています。西園寺公一も招かれています。筆者はとくにうなぎに恨みがあるわけではありませんが、象徴的なので書きました。

白洲次郎は、日米開戦の一年前にはすでに東京郊外の町田市鶴川に武相荘《ぶあいそう》を購入していて、疎開かたがた農業をはじめます。白洲は引っ越しのときに風見に頼んで「武相荘」と書いてもらい額装して居間にかざります。

戦争たけなわの昭和十八年から十九年にかけての『有馬頼寧日記』に白洲についての記事がありません。元農林大臣の有馬は帝国水産の社長でした。日本水産が分割吸収されて国策の帝国水産ができたのです。白洲は帝国水産のふまじめな理事でした。

有馬は、「白洲の親米的な言辞が気になって居た」「白洲君より空襲の危険迫った話あり」「白洲君の話に、大島大使が独逸《ドイツ》ももはや一カ月くらいだとの事。英国では灯火管制を解いたという。どこ迄も米英的な人」「どうして此人（白洲）は日本の敗ける事を前提としてのみ話をするのであろう」などと書きしるしています。白洲が欧米の情勢や日本をめぐる戦況に通じていたことがわかります。

白洲は昭和十八年に三井物産の仕事を頼まれて上海に行っています。アヘンの密輸関係であったといいます。さらに白洲は、吉田茂、樺山愛輔、牧野伸顕などのあいだの連絡係をしていました。

白洲は戦後すぐ吉田茂外相の引き立てで終戦中央連絡事務局次長に就任し、吉田茂の側近第一号と呼ばれました。第一次吉田内閣では経済安定本部次長、第二次吉田内閣では初代貿易庁長官となります。

東條のほうは天皇陛下から与えられた使命を果たすべく、生真面目にそして不器用に戦時下の施策をうちました。これが東條の役まわりです。憲兵政治は東條の代名詞となります。次の小磯内閣においても憲兵政治はつづきました。

戦争の様相は深刻をきわめ、国民の前途には暗澹《あんたん》たるものがありました。戦況の悲報はあいついで入り、国内は空襲をうけていました。衣食住なかでも食生活は飢餓の一歩手前です。

従来、共産主義者たちはこう考えていました。

「国民の国家から受ける重圧や犠牲負担には一定の限界があり、この限界を超えて国民に圧力を加えることは国民暴発につながる」

と。しかし、わが国の国民はかぎりなき偉大な底力をもっていたのです。憲兵らにとっても国民を対象とする国内治安上の憂慮は少なかったのです。共産主義者たちが読みちがえた重大な点です。日本には第一次世界大戦におけるドイツやロシアのような赤色革命の脅威があらわれなかったばかりか、多大な国民の犠牲のうえに真に一億の完全なる戦争への一致した姿があったのです。

けれども、さらなる空襲の激化と戦況の困難にともなって、さすがの日本国民にも沈滞の空気が底流することは見逃せませんでした。これをかろうじて支えていたものは、戦争状態における社会的な制圧、この戦争はどうしても負けられないといった国民心理、弱音をはくことを恥とする社会意識などです。日本国民は歯を食いしばって耐えていたのです。

だからひとたび、この心理や意識に変化がおこれば、たちまち総崩れになることは容易に推察されました。それはもっとも警戒すべきことでした。内務省警保局によりますと、たしかに戦争中、治安維持法による検挙件数自体は減っていましたが、「不敬、反戦反軍、其の他不穏当言動」の件数は増えていました。これが憲兵らにとっての最大の課題であったのです。

敗戦革命

風見ら共産主義者の日本革命、敗戦革命のもくろみにとって支那事変ははじまりであり、日米開戦によっていよいよ佳境《かきょう》に入っていったのです。

昭和十九年十月から十一月にかけて『風見章日記』で風見が次のように述べていることに私は腰をぬかしました。

「皇居の前を通るときは脱帽して敬礼する。だれが一番あり難いかと問われれば、言下に天皇陛下だと答える。外観はまさにかくの如くである。この外観はその内容と一致しているだろうか、それとも表面をそういうように繕《つくろ》っているに過ぎないのであるか。そうしなければ叱られる、そうしなければ権力あるものからにらまれる。(中略) 形式だけ天皇崇拝の態度を示しているに過ぎないのではないか」

風見は日本の状況は革命前のロシアと同じになっていると見なしています。ロシアの民衆も「敬愛しなければおそろしい目にあうという恐怖が、敬愛の形をとって表面化していたまでのことに過ぎなかったればこそ、けろりと敬愛の念を棄て去ることが出来たのである」と。

大東亜戦争も後半となれば風見らにとって「革命」への道筋は、その輪郭をいっそうはっきりとさせていたのです。

さらに、「戦争が長引けば長引くほど、人々はますます戦争に無関心になって行くだろう。戦意は低下して行く一方であるに相違ない。その結果はどうなるか。いうまでもなく自暴自棄的風潮が、ますます加わって行くだろう」「従来の如き政治組織は、この戦争で払拭《ふっしょく》されるに相違ない。新しき社会秩序の誕生がこの戦争によって約束される以上、新しい政治組織の発生もまた、この戦争が約束する筈である」「この見地からは今ふるき制度の代議士をやめて（中略）その制度の崩壊と同時にその存在の足場をも失わねばならぬであろう」と記しています。

そして、昭和二十年二月時点で仲間の代議士に代弁させるかたちで記している結論的な言辞は風見らが何をめざしていたかをより鮮明に物語るものです。「やっぱり」の感がある文章です。

「今犠牲を出来るだけ少なくするには最悪の条件を鵜吞《うの》みにして、ソ連にすがって和平の途を求むることだろうが、それは現在の如き政府の場合相手が承知しまいから、戦争の責任無き民衆の力による政府の出現を待たなければならぬ。（中略）ふまれても千切られても、尚伸びて行ける雑草の如き旺盛なる生活力を持つ民衆が頭をもたげ来ることが予想できる。この予想が外れぬ場合は一種の革命である。それが遠くはあるまい、遅くとも六カ月より遅れまい」

「遅くとも六カ月より遅れまい」とはすなわち二月から半年後ですから昭和二十年八月ごろをさします。これがまさに近衛のシナリオのひとつでした。ただし、近衛にとってはマイナーシナリオのほうですけれども、風見の著書『近衛内閣』によれば、その「半年後」の昭和二十年八月上旬、片山哲が風見のもとへ相談に来ます。片山は戦後、社会党委員長に選出され、昭和二十二年の総選挙で第一党の地位を獲得し、連立内閣の首相となる人物です。

「なによりもまず必要なのは、一刻もすみやかに講和をはかるために、一種の革命的独立政権をつくりだすことである、それには、同志結束してたちあがらねばならぬが、それにしても、それには近衛氏の蹶起《けっき》をうながさねばならぬ、近衛氏がたちあがったとなれば、国民も安心して、そのあとについてくるだろう」

と片山は言いました。そして段取りを二人で打ちあわせているのです。

このときの風見の情勢判断は次のごとくです。

「内地でも戦線でも、軍隊は、あたかも第一次世界大戦末期のドイツ軍隊と同じく、一夜にしてくずれ落つにいたるべき機運が熟しつつあるということは、ことに一九四五年ごろともなれば、いやでも認めずにはいられなかった。かかるありさまであったので、わたしも片山氏の相談にはすぐに賛成した。それというのも、わたしもまた、近衛氏さえ同じ考えになって、たちあがってくれたなら、ことは、もとより、たやすくないにしても、画策よろしきをえれば、人心は近衛氏にあつまり、目的を達することは不可能ではないと見てとったからである」

そして、近衛と自他ともに認める一心同体であった風見が次に述べたことは私にさらなる衝撃を与えました。

「もっとも、かかる計画の実現は、天皇を反対の立場に追い込むわけで、そうなると近衛氏は皇室と運命をともにするわけにゆかなくなるわけだが、しかし、『大義親《たいぎしん》を滅す』の勇断に出ることを信じて疑わなかったので、片山の片棒をかつごうという決心もしたのである」

要するに、敗戦講和を実現させる「革命的独立政権」は天皇陛下と反対の立場であり「大義親を滅す」性格の政権なのです。風見は、近衛は「民族の幸福のために必要とあらば、いつでも皇室にそむくことを、ちっともためらうものでないということを見ぬいていた」のです。

近衛の日頃の言動を知る風見の言葉です。しかも、このとき風見の近衛への信頼は絶対的でした。

風見のソ連参戦時点での情勢判断は、「こうなると、ソ連仲介の和平交渉は問題ではなくなったが、さて、あとを政府がどうするかは、見当がつかなかった。あるいは、戦争継続焦土決戦をいいだすかも知れぬと想像された」というものです。鈴木貫太郎内閣に下駄をあずけた表現ですが、真意は本土決戦歓迎です。実際、風見は、「ひそかに身辺を整理しつつ、近衛氏を動かすため、上京の用意にとりかかっていた。だが、まもなく、無条件降伏に決定したことがわかったので、それっきり、片山との交渉も絶えたのである」。

天皇陛下が本土決戦ではなく終戦の聖断を下されたのです。

国民、民衆も立ちあがらなかったのです。

ちなみに、戦争末期において海軍は、ソ連との提携という、陸軍の主張した参戦防止以上のものを、なぜかソ連に期待していました。たとえば、本土決戦を目的として、戦艦「長門」、空母「鳳翔《ほうしょう》」、巡洋艦「利根」などの日本の軍艦と、ソ連の石油や軍用機との交換が具体的に検討されました。米内海相の使者の末沢海軍軍務局第二課長が在京のソ連海軍武官をとおしてこれを打診するとともに、米内海相が同趣旨のことを主張しています。海軍のとくに米内の対ソ認識はきわめて楽観的、というより幻想的であったと言わざるを得ません。


革命の好機を逃した風見は、「わたしは想像するのだが、もしこのとき政府が戦争継続ときめたとしたら、近衛氏は片山の希望を入れて、きっと講和政権の樹立に、一身をささげたにちがいない」と書き残しています。

このとき風見はまだ近衛の「裏切り」を知らなかったのです。「近衛上奏文」の話もまだ耳にはいっていなかったのです。そもそも近衛にとってソ連をバックとする敗戦革命は可能性が少ないとみなしていたマイナーシナリオでした。

第五章

戦後覇権を摑め

悪いのは奴ら

近衛文麿は、戦争責任回避のために「日米交渉」という「平和への努力」の証《あかし》を用意するとともに、戦争責任転嫁の理屈もしっかりと用意しました。いわゆる「皇道派史観」を利用してかたちづくった共産主義陰謀説です。つまるところ「共産主義者と陸軍が悪かった」「近衛は騙されただけ」という理論武装です。

近衛は政治家としてはまれにみる情報通でした。

軍部、官僚、政党、財界、右翼、左翼など国内各層、各勢力に情報網をもっていました。このなかで近衛と陸軍の皇道派とのつながりは、満洲事変後、荒木貞夫が陸相であった前後のころからと思われます。

元来軍人一人ひとりは、本来の職務として政治にかかわる必要がある陸軍大臣や軍務局長などを除いては、政治にかかわってはいけないことになっていました。

しかし、荒木や真崎甚三郎を筆頭にいわゆる皇道派と称せられる将兵たちはそんなことはお構いなしの感覚でした。むしろ「皇道」という大義のもと、政治にかかわり介入することを良しとしたのです。このような皇道派の人士ですので、必然的にときのひと近衛のところにも出入りをするようになります。近衛にしてみれば、皇道派は自分を慕ってきてくれるかわいい軍人たちであると同時に、つけいる隙だらけの駒だったのです。近衛は、荒木や小畑敏四郎など皇道派の将軍たちと昵懇《じっこん》になり、彼らをつうじて陸軍の内部情報を得ていました。

さらに近衛を首相にすることに献身的な努力をしていた篤麿《あつまろ》の薫陶《くんとう》を受けていた政治運動家志賀直方は、荒木、真崎、小畑、柳川平助らの皇道派の主だった面々と密接な関係を築いていました。志賀は、日露戦争における傷痍《しょうい》軍人で、とくに荒木とは同期で親しかったのです。近衛の父篤麿は、アジア主義者にして国家主義者であり、右翼方面の大親分でした。篤麿が関係したこの方面の人材は、近衛の名が世に喧伝《けんでん》されるにつれ、近衛につながりを求めてやってきました。

他方で、矛盾するようですが、近衛は皇道派をはじめとする軍や右翼に対して非常な恐怖を感じていたと言われています。万一敵対した場合の暗殺への恐怖です。これに対する防衛策としても皇道派に近づいたことは否定できないでしょう。近衛が二・二六事件後の大命を拝辞したのち、西園寺は秘書の原田にこう言っています。

「どうも近衛も、真崎や荒木を弁護してみたり……、自分本来の考えであるのか、言わせられておるのか、或いは恐怖心からそういう風に言っておるのか、判らない。ああいう人物であいう家柄に生まれて実に惜しいことだと思う。なんとか近衛をもう少し地道に導く方法はないだろうか」

原田も、近衛は、「右翼に対しては非常に怖がっている」と見ていました。

近衛は第一次近衛内閣組閣のとき、皇道派に媚《こび》を売ってこれを起用できないかと考えました。真崎をはじめ二・二六事件によって厳しい処分をうけている人々をなんとか大赦によって復活させたいとも考えました。

「今必要なのは、反乱および内乱の罪について大赦を行い、彼らをして天恩の宏大なることに感激させるとともに、その志をくんでやり、相克対立を除去して国民協和の道を開くことにある」

情に訴えつつ正論をはいているように聞こえますが、これは昭和天皇に対する最大限の心理的な攻撃でもあります。天皇からすると長年つれそったきわめて優秀な忠臣たちを暗殺され、怒髪天《どはってん》を衝《つ》くほどの怒りをあらわにされた二・二六事件です。

けれども近衛は法制局長官に命じて大赦の詔書の文案までつくらせました。これに対して、宮中、元老そして重臣など、西園寺や木戸を筆頭にこぞって反対し、近衛に実現をあきらめさせました。陸軍の派閥は、もとはといえば「革新」にかかわって生じたものです。国家改造を志す革新分子が、「総力戦体制」への理解に応じて統制派と皇道派に分派し、いっとき激しい争いを演じました。

総力戦は軍事・政治・経済の一体運営の賜物《たまもの》です。大きな目標にむかって軍事・政治・経済のコンセンサスが大事であり、これを軍事では軍政（統制）がになうのです。

だから、軍事としてのけじめをはっきりつけるという観点、議会主義の下で政治が軍政をコントロールし、軍政が軍令（作戦）をコントロールするという枠組みを護らなければならないことは当然ですが、総力戦という観点からも軍令（作戦）は軍政の下になければなりません。陸軍内で陸軍大臣の下での軍政（統制）優位が確立されていなければならないのです。

永田鉄山軍務局長がもっとも心血を注いだところです。

ところが、このような軍政（統制）優位をよしとせず、「作戦」優位をとなえ、現地が中央に反発し競うことを勧め軍政優位を妨げようとしたのが、いわゆる荒木と真崎らであり「皇道派」です。非常に観念的に天皇機関説攻撃も展開します。神がかり的な小国主義に徹し、長期総力戦構想を嫌いました。そもそも日本は大国になり得ないという発想がもととなっています。この皇道派が、いわゆる「皇道派史観」をもって統制派を「赤」とみなして非難攻撃するのです。

しかし、二・二六事件後の粛軍は、皇道派を掃滅するとともに、これと対立していた統制派という「派閥」もなくしてしまいました。当時、皇道派の首脳とみられていた真崎、柳川、小畑といった人々は、その後も自らを「皇道派」と称していたのですが、彼らはすでに予備役となり、軍の組織の中にはいませんでした。

ところが近衛は、あえていぜんとして陸軍には「派閥」が存在するとみなして、「現在は統制派が指導層だから、これを粛清するには皇道派を起用する」のが良いというロジックをおおげさにふりあげて重宝に使っていくのです。近衛にとっては、「皇道派」の小国主義、非戦主義が近衛のアリバイづくりに資するという計算があったからでしょう。


さて、近衛は、昭和十八年一月の内大臣の木戸宛書簡以降、次のような説を発信しはじめていました。

「石原莞爾が宮崎正義につくらせた『生産拡充五カ年計画』を最近見て判然としたことだが、石原や宮崎の退陣後もこの計画が軍部の一角に残り、次第に急激なものとなり、今日では明白にソ連と同型の共産主義となった」

「第一次近衛内閣に於ける支那事変、第二次近衛内閣に於ける日米交渉等に関し軍部と折衝したる体験を顧みると、陸相や軍首脳部が意図を持っていたとは考えられないが、少なくとも統制派に属する『軍部内の一団』が国家革新を目的に、故意に支那事変を起こし拡大させ、故意に交渉を遷延《せんえん》させ対米戦争を誘発する行動にでた」

「彼らにとり戦争の勝敗の如きは問題外で、むしろ敗戦こそ国家革新にとって望ましい」

近衛は、自分のことを棚に上げ、他への戦争責任転嫁のための説を説きだすのです。石原莞爾のもとで宮崎正義がつくった「生産拡充五カ年計画」や「国内革新案」も、この説に利用できないものかと思案したのでしょう。たしかにこれらは満洲国と日本での官僚主導の統制経済体制の確立をめざしたものでした。しかし、彼らは対ソ防衛力の強化ということをまず念頭においていたのであって、その手段たる経済体制構想をもって彼らを共産主義者とみなすことはできない相談です。

さらに近衛は、「『生産拡充五カ年計画』を最近見て判然とした」と言っていますが、実は、すでに早い段階で近衛はこの計画を見ていて、そのときは国防力充実のための産業政策と判断し、思想的な「赤」との批判をしりぞけていました。近衛はそのときのことは忘れたふりをしているのです。役者です。

昭和十八年三月には、海軍大将小林躋造《せいぞう》が荻外荘を訪ねて近衛と懇談しています。このとき近衛の話は次のとおりです。

「軍の若い所は（石原莞爾の下で宮崎正義が作った）此の両案に共鳴し、国内革新問題に就いて、世の所謂《いわゆる》新人、革新派に近づいたのであるが、これ等新人の内には赤がかったものも相当居り、彼等は革新を目標に軍部を利用せんとし、しきりに若い所に取り入った。……いつの間にか、赤に乗せられた軍中堅層は革新を目標に、而してその手段として長期戦争を企つるに至ったと考えられるのである」

近衛は共産主義陰謀説のストーリーを着々とつくりあげていくのです。ここで、「赤がかったものも相当」にいる「世の所謂新人、革新派」を登場させています。彼らが軍部を利用しようとして軍中堅層を乗せたというのです。自分たちが出てこない形で、しかも説得力がある共産主義陰謀説のストーリーをなんとか工夫しようとしているのです。真崎・小畑らの「皇道派史観」との一体化も進みます。

ちなみに、このとき小林は「腑《ふ》に落ちた」感じはしたものの、「いわゆる赤がかった学者や新人も影を潜めたかに見える今日、なお軍の中堅層が依然彼等に操られているというのはどんなものか」として、近衛の説に完全に同意はしませんでした。いいところを突いています。

昭和十八年七月には、近衛は共産主義陰謀説、統制派赤（アカ）説を高松宮に語っています。九月二十九日、東京地方裁判所にて尾崎秀実《ほつみ》に死刑判決が出されました。十九年四月五日には大審院で上告が棄却され尾崎の死刑が確定します。近衛にとってお荷物が消え去ることが決まったのです。

サイパン失陥で重大局面をむかえた昭和十九年七月、近衛は目白邸に平沼騏一郎を招き会見しました。

平沼は、「東條は戦争遂行一点張りで行くと言っているが、実は国内革新できればよく、戦争の名を借りて統制するのが目的ではないか」と話したとのことです。

また平沼は、「梅津の周囲には赤が沢山いる」とも述べました。平沼のこのような見方は、近衛が「共産主義者と陸軍が悪かった」という説を完成させていくうえでありがたいものでした。平沼はこの時期の近衛にとっては、とても「話がわかるやつ」であったのです。

『近衛日記』で、近衛は、平沼がいう「赤」とは「例えば、さきに企画院にありて、いわゆる革新政策の推進力となりし池田、秋永両少将の如きを指す」とわざわざ注記しています。池田、秋永とは企画院の革新政策でよく知られた池田純久《いけだすみひさ》と秋永月三《あきながつきぞう》です。

さらに近衛は、「敗戦に伴う左翼的革命さらに恐るべし」「いわゆる統制派は戦争を起こして国内を赤化せんとしつつあり」と日記にぬけめなく書き記しています。

近衛は、「皇道派史観」を擁していて自分にとってきわめて都合がいい皇道派の面々を陸軍首脳部に起用すべきとの主張も展開しはじめます。

結局、七月十八日、重臣たちが力をあわせることで東條の内閣改造の企図を挫折させ、東條内閣は総辞職にいたります。この後、開かれた重臣会議では、後継首相は最終的に小磯国昭《こいそくにあき》大将に落ちつきました。

この会議でも近衛は、共産主義革命の懸念を力説し、「十数年来陸軍の一部に左翼思想があり、今日軍官民に亘《わた》って連絡をとり、左翼革命を企てる者がある。これは敗戦以上の危険で、自分は敗戦よりも左翼革命を恐れる。敗戦は皇室国体を維持できるが、革命はそうでないからだ」と言っています。

すべてを陸軍「統制派」あるいは「軍官民に亘って連絡をとり、左翼革命を企てる者」に押しつけ糾弾する形で、自分の戦争責任を回避しようとしているのです。

昭和十九年六月、近衛は高松宮と次のようなやりとりをしています。

「最近の滔々《とうとう》たるマルキシズム的傾向について申し上げ、一部には日本の国体は、上に天皇を戴き下万民は皆平等なるべしとして、いわゆる天皇共産主義を主張する者あるも、凡《およ》そ共産主義と日本の国体とは相容れざるものにして、家族制度を破壊し私有財産を否認することは、結局皇室をも否認するの思想なるを以って、かかる考えは革命思想と何等異なることなしと言上したる所、殿下は黙して何も御答えなかりき。しかし別の機会に殿下は最近の赤の傾向は困ると仰せありたり」

昭和二十年二月十四日、近衛は昭和天皇に重臣として拝謁上奏します。その内容は「近衛上奏文」として伝えられています。

湯河原の別荘で近衛自身が年明けから書きつづっていた草案をもとに、上奏前夜、平河町の吉田邸に一泊して、吉田茂らと協議のうえ完成させたものです。
「近衛上奏文」はいわゆる共産主義陰謀説の代表的な文書として歴史にその名を残しました。
「皇道派史観」ともぴったり重なります。
また、ソ連が東欧に勢力をひろげている情勢や、中国共産党のアジアでの動きの展開など、共産主義勢力が世界で非常な勢いで台頭しているという状況認識もしめされています。この状況認識はソ連通で親英派の外務省調査局第二課長尾形昭二《おがたしょうじ》の報告などを基礎としたようです。

「近衛上奏文」を見ていきます。

最後のほうの段落の冒頭、「此の一味を一掃せずして、早急に戦争終結の手を打つ時は、右翼左翼の民間有志、此の一味と饗応《きょうおう》して国内に大混乱を惹起《じやつき》し、所期の目的を達成し難き恐れ有之候。従て戦争を終結せんとすれば、先ず其の前提として、此の一味の一掃が肝要」が、近衛の主張を要約しています。

そして、支那事変も「『永引くがよろしく、事変解決せば国内革新が出来なくなる』と公言せしは此の一味の中心的人物に御座候」「徹底的に米英撃滅を唱うる反面、親ソ的空気は次第に濃厚になりつつある様に御座候。軍部の一部はいかなる犠牲を払いてもソ連と手を握るべしとさえ論ずるものもあり、又延安との提携を考え居る者もあり」などと主張の背景の状況が述べられています。「延安」とは、ここに拠点をおいていた中国共産党をさします。そして結論として共産革命から日本を救うために、「此の一味」すなわち敗戦革命の企図に踊らされている陸軍の「統制派」の面々を一掃する勇断を陛下に求めたのです。

「近衛上奏文」全文を掲載します。

近衛上奏文

敗戦は遺憾《いかん》ながら最早《もはや》必至なりと存候。以下此の前提の下に申述《もうしのべ》候。

敗戦は我が国体の瑕瑾《かきん》たるべきも、英米の輿論《よろん》は今日までの所国体の変革とまでは進み居らず（勿論一部には過激論あり、又将来如何に変化するやは測知し難し）随《したがっ》て敗戦だけならば国体上はさまで憂うる要なしと存候。国体の護持の建前より最も憂うるべきは敗戦よりも敗戦に伴うて起ることあるべき共産革命に御座候。

つらつら思うに我が国内外の情勢は今や共産革命に向って急速度に進行しつつありと存候。即ち国外に於てはソ連の異常なる進出に御座候。我が国民はソ連の意図は的確に把握し居らず、かの一九三五年人民戦線戦術即ち二段階革命戦術の採用以来、殊に最近コミンテルン解散以来、赤化の危険を軽視する傾向顕著《けんちょ》なるが、これは皮相且《かつ》安易なる見方と存候。ソ連は究極に於て世界赤化政策を捨てざるは最近欧州諸国に対する露骨なる策動により明瞭となりつつある次第に御座候。

ソ連は欧州に於て其周辺諸国にはソビエト的政権を、爾余《じよ》の諸国には少なくとも親ソ容共政権を樹立せんとし、着々其《そ》の工作を進め、現に大部分成功を見つつある現状に有之候。

ユーゴのチトー政権は其の最《もつとも》典型的なる具体表現に御座候。ポーランドに対しては予《あらかじ》めソ連内に準備せるポーランド出国者連盟を中心に新政権を樹立し、在英亡命政権を問題とせず押切申候。

ルーマニア、ブルガリア、フィンランドに対する休戦条件を見るに内政不干渉の原則に立ちつつも、ヒットラー支持団体の解散を要求し、実際上ソビエト政権に非ざれば存在し得ざる如く致し候。

イランに対しては石油利権の要求に応ぜざる故を以て、内閣総辞職を強要致し候。

スイスがソ連との国交開始を提議せるに対しソ連はスイス政府を以て親枢軸的なりとして一蹴し、之が為外相の辞職を余儀なくせしめ候。

英米占領下のフランス、ベルギー、オランダに於ては対独戦に利用せる武装蜂起団と政府との間に深刻なる闘争続けられ、且之等《これら》諸国は何《いず》れも政治的危機に見舞われつつあり、而して是等武装団を指揮しつつあるものは主として共産系に御座候。ドイツに対してはポーランドに於けると同じく已《すで》に準備せる自由ドイツ委員会を中心に新政権を樹立せんとする意図なるべく、これは英米に取り今日頭痛の種なりと存候。

ソ連はかくの如く欧州諸国に対し表面は、内政不干渉の立場を取るも事実に於ては極度の内政干渉をなし、国内政治を親ソ的方向に引ずらんと致し居候。ソ連の此意図は東亜に対しても亦同様にして、現に延安にはモスコーより来れる岡野を中心に日本解放連盟組織せられ朝鮮独立同盟、朝鮮義勇軍、台湾先鋒隊等と連絡、日本に呼びかけ居り候。かくの如き形勢より押して考うるに、ソ連はやがて日本の内政に干渉し来る危険十分ありと存ぜられ候(即ち共産党公認、ドゴール政府、バドリオ政府に要求せし如く共産主義者の入閣、治安維持法、及防共協定の廃止等々)翻《ひるがえつ》て国内を見るに、共産革命達成のあらゆる条件日々具備せられゆく観有之候。即生活の窮乏、労働者発言度の増大、英米に対する敵愾《てきがい》心の昂揚《こうよう》の反面たる親ソ気分、軍部内一味の革新運動、之に便乗《びんじよう》する所謂《いわゆる》新官僚の運動、及《および》之を背後より操《あやつ》りつつある左翼分子の暗躍等に御座候。右の内特に憂慮すべきは軍部内一味の革新運動に有之候。

少壮軍人の多数は我国体と共産主義は両立するものなりと信じ居るものの如く、軍部内革新論の基調も亦ここにありと存じ候。皇族方の中にも、此の主張に耳を傾けらるる方あり、と仄聞《そくぶん》いたし候。職業軍人の大部分は中流以下の家庭出身者にして、其の多くは共産的主張を受け入れ易き境遇にあり、又彼等は軍隊教育に於て国体観念だけは徹底的に叩き込まれ居るを以て、共産分子は国体と共産主義の両立論を以て彼等を引きずらんとしつつあるものに御座候。

抑々《そもそも》満洲事変、支那事変を起し、之を拡大して遂に大東亜戦争にまで導き来れるは是等《これら》軍部内の意識的計画なりしこと今や明瞭なりと存候。満洲事変当時、彼等が事変の目的は国内革新にありと公言せるは、有名なる事実に御座候。支那事変当時も「事変永びくがよろしく事変解決せば国内革新が出来なくなる」と公言せしは此の一味の中心的人物に御座候。

是等軍部内一味の革新論の狙いは必ずしも共産革命に非ずとするも、これを取巻く一部新官僚及民間有志（之を右翼というも可、左翼というも可なり、所謂右翼は国体の衣を着けたる共産主義者なり）は意識的に共産革命にまで引きずらんとする意図を包蔵し居り、無智単純なる軍人之に踊らされたりと見て大過なしと存候。

此事《このこと》は過去十年間軍部、官僚、右翼、左翼の多方面に亘り交友を有せし不肖《ふしよう》が最近静かに反省して到達したる結論にして此結論の鏡にかけて過去十年間の動きを照らし見る時、そこに思い当る節々頗る《すこぶる》多きを感ずる次第に御座候。

不肖は此間二度まで組閣の大命を拝したるが国内の相克摩擦を避けんが為出来るだけ是等革新論者の主張を容れて《い》挙国一体の実を挙げんと焦慮《しようりよ》せるの結果、彼等の主張の背後に潜める意図を十分看取する能《あた》わざりしは、全く不明の致す所にして何とも申訳無之深く責任を感ずる次第に御座候。

昨今戦局の危急を告ぐると共に一億玉砕を叫ぶ声次第に勢を加えつつありと存候。かかる主張をなす者は所謂右翼者流なるも背後より之を煽動しつつあるは、之によりて国内を混乱に陥れ遂に革命の目的を達せんとする共産分子なりと睨《にら》み居り候。

一方に於て徹底的に米英撃滅を唱うる反面、親ソ的空気は次第に濃厚になりつつある様に御座候。軍部の一部はいかなる犠牲を払いてもソ連と手を握るべしとさえ論ずるものもあり、又延安との提携を考え居る者もありとの事に御座候。以上の如く、国の内外を通じ共産革命に進むべき、あらゆる好条件が日一日と成長しつつあり、今後戦局益々不利ともならば、この形勢は急速に進展致すべくと存候。

戦局への前途につき、何らか一縷《いちる》でも打開の望みありというならば格別なれど、敗戦必至の前提の下に論ずれば、勝利の見込みなき戦争を之以上継続するは、全く共産党の手に乗るものと存候。随って国体護持の立場よりすれば、一日も速《すみやか》に戦争終結の方途を講ずべきものなりと確信仕候。戦争終結に対する最大の障害は、満洲事変以来今日の事態にまで時局を推進し来りし、軍部内の彼の一味の存在なりと存候。彼等はすでに戦争遂行の自信を失い居るも、今までの面目上、飽くまで抵抗可致者と存ぜられ候。

もし此の一味を一掃せずして、早急に戦争終結の手を打つ時は、右翼左翼の民間有志、此の一味と饗応して国内に大混乱を惹起し、所期の目的を達成し難き恐れ有之候。従て戦争を終結せんとすれば、先ず其の前提として、此の一味の一掃が肝要に御座候。此の一味さえ一掃せらるれば、便乗の官僚並びに右翼左翼の民間分子も、影を潜むべく候。蓋《けだ》し彼等は未だ大なる勢力を結成し居らず、軍部を利用して野望を達せんとするものに他ならざるがゆえに、その本を絶てば、枝葉は自ら枯るるものなりと存候。尚これは少々希望的観測かは知れず候えども、もしこれら一味が一掃せらるる時は、軍部の相貌は一変し、米英及重慶の空気或は緩和するに非《あら》ざるか。元来米英及重慶の目標は、日本軍閥の打倒にありと申し居るも、軍部の性格が変り、其の政策が改らば、彼等としては戦争の継続につき、考慮するようになりはせずやと思われ候。

それはともかくとして、此の一味を一掃し、軍部の建て直しを実行することは、共産革命より日本を救う前提先決条件なれば、非常の御勇断をこそ望ましく存奉候。

昭和天皇は上奏の内容の特異さに驚きました。

近衛はさらに天皇の御下問にこたえるかたちで、「思想を基準に粛軍せよ」と提言します。もちろん、その上で、「一日もすみやかに戦争終結の方途を講ずべき」、すなわち「無条件降伏しても、アメリカと講和する以外に方法はない」という趣旨です。

もし天皇が近衛の提言をそのまま受けいれ、このような基準で粛軍に踏みきったとしたら、祖国を命がけで護っている将兵を背後から冤罪《えんざい》におとしいれようという話につながりかねません。米軍の猛烈な攻勢を太平洋正面に受けている状況下でできることではありません。ひょっとしたら反粛軍のクーデターも起こりかねません。それを実行せよ、どうしても実行が必要だというのです。

昭和天皇は近衛の提案を採用しませんでした。

当然です。

けれども、その場合でも「近衛上奏文」は一つの効果を予定していました。

つまり、近衛がみずから述べるところの「敗戦革命」を企図する側の人間ではない、あるいは企図する側の人間ではなかったという心証形成です。

そしてそれ以上に戦争責任は共産主義者と陸軍にあるという責任転嫁のロジック構築です。

敗戦後に米軍が乗りこんできても、この共産主義者と陸軍を告発した近衛の立場は、自由主義・民主主義陣営の側にたつ立場であり、戦後日本における存在として好ましいものにうつるという計算です。上奏文という最上の文書にそれを残して後日の身の保全をはかったのです。

さすがに長き歴史を知る公卿政治家のしたたかさです。

近衛は上奏文において、「是等軍部内一味の革新論の狙いは必ずしも共産革命に非ずとするも、これを取巻く一部新官僚及民間有志（之を右翼というも可、左翼というも可なり、所謂右翼は国体の衣を着けたる共産主義者なり）は意識的に共産革命にまで引きずらんとする意図を」有していたとし、「無智単純なる軍人之に踊らされたり」「此事は過去十年間軍部、官僚、右翼、左翼の多方面に亘り交友を有せし不肖が最近静かに反省して到達したる結論」であると述べています。

上奏文においてもっとも重要な点は「無智単純なる軍人」「此の一味」は「一部新官僚」及び「民間有志」に踊らされていると言っている点です。「背後より操りつつある左翼分子」「共産分子」とも表現しています。陸軍統制派だけを悪者にしては説明がつきにくいことに気づいていた近衛は、これを踊らせている共産主義者たち、左翼分子、共産分子を上奏文に登場させたのです。確信犯は彼らだということです。

しかし、この「一部新官僚及民間有志」という表現にも、事の真相を糊塗《こと》しようとする工夫があります。

われわれはこの問題を考えるとき、「一部新官僚」という言葉に、たとえば、役所の実務家・事務方職員を対象とした企画院事件などを連想して眼をくらまされてはいけません。彼らは社会主義的思考の影響をうけていたかも知れませんが、閣僚でもない、政権（内閣）中枢にも近くないという意味で低いレベルのものたちです。

近衛が利用したもっとも核心的な確信犯は、「民間有志」あるいは「背後より操りつつある左翼分子」「共産分子」としてくくられる中に入りますが、これまでに本書に数多く登場してきた、閣僚級を含む政権（内閣）中枢に直接かかわった高いレベルの者たちです。とくに近衛と企図をともにしたのは、風見章を筆頭に、尾崎秀実、後藤隆之助、帆足計《ほあしけい》、西園寺公一、有馬頼寧《よりやす》、蠟山政道、佐々弘雄、笠信太郎ら近衛内閣、昭和研究会、朝飯会、初期大政翼賛会そして太平洋問題調査会などにかかわり参画していた有力メンバーたちです。

近衛は上奏文でこれらの具体的名前は出さずに隠します。風見らは自分に近すぎるから、ここで風見らの名前を出す手はありません。「共産主義者」「左翼分子」「共産分子」とだけ抽象的に表現するにとどめ真相を糊塗しているのです。

なぜなら、自分たちが犯人であることを隠すのが上奏文の目的であるからです。

だから、もうこの時期、風見には田舎などに引っこんでいて目立たないようにしてもらうのが好都合でした。事実、風見は選挙にも出ずそうしていました。昭和研究会や朝飯会がもはや存在していないことや、主だったものたちが大政翼賛会から手を引いていたことも近衛にとって誠に好都合でした。

もちろん、近衛自身も一線から身を引いていました。

さらには一番の目立ちたがりやの尾崎が逮捕されて死刑となり、存在していないのは、このうえなくありがたいことであったのです。

近衛は、自らについて、革新論者の「主張の背後に潜める意図を十分看取する能わざりしは、全く不明の致す所」と述べています。自分は知らなかった、騙されていたということです。「近衛上奏文」は、戦争責任を共産主義者らと、それに踊らされた陸軍「統制派」に責任転嫁しているのです。

しかし真実は、もうおわかりの通り、近衛が「彼等の主張の背後に潜める意図を十分看取し之を利用し」たのです。利用しつくしたのです。さんざん利用しておいてよく言うよ、といったところです。

さて、ここで内務省警保局勤務の後に戦前戦中戦後と衆議院議員であり、戦争と共産主義についてのよく知られた著作（『大東亜戦争とスターリンの謀略―戦争と共産主義』）を残した三田村武夫の見解をとりあげます。彼は次のように述べています。

日本の敗戦は最初からプログラムの中に書き入れてあったのだ。だがこの正確な筋書きを知っていたものは極めて少数の、おそらくは数名乃至十数名のものに限られていたであろう。同じ日本の革命乃至改造を目的としていたとしても、所謂青年将校の中から生まれた革命思想は飽く迄もファシズム革命で、それは天皇の下に国家至上主義と一君万民の平等主義に立脚した倫理的正義観に発足したものであった。したがって一部の論者が言う如く、所謂軍閥政治軍人が客観的には容共派であったとしても、主観的には敗戦主義を肯定していたのではなく、飽くまでも「戦争に勝つこと」「勝てること」を信じていたものと見るべきである。そうでなければ、敗戦革命の筋書きを描く場合、この政治軍人を謀略の対象とすることは危険なのである。「勝てる」と信じ「天皇革命」が可能だと信じているところに利用価値があったのだ。したがって彼らは敗戦革命への協力者であったが同志ではない。また近衛周辺の所謂進歩的理論家が敗戦謀略の同志だったとも思われない。彼らもまた政治軍人と同様にその進歩的思想家、学者の自意識のために、意識せずして敗戦革命への巧妙なる謀略戦術に利用された「意識せざる」協力的同伴者となったものであろう。企画院の革新官僚、人民戦線フラクション、昭和研究会の進歩的理論家にしても同様なことが言えるであろう。

三田村の「政治軍人」についての見立てはよく言い得ています。恐らく正しいでしょう。しかし、近衛周辺についての見方は粗雑であり、真実をおおい隠すものとなってしまっています。

ここでいう「正確な筋書きを知っていたものは極めて少数」とは、これまでの登場人物の中で、やはり近衛、風見、尾崎、後藤、帆足、西園寺、有馬、蠟山、佐々、笠、そして牛場友彦、松本重治、白洲次郎、犬養健、有沢広巳あたりをあげないわけにはいきません。

さらにいえば、この筋書きの次の筋書き、つまりアメリカ占領下での親米政権樹立のプログラムまでを見通していたものとなれば、近衛はもちろんですが、牛場、松本、白洲などをあげないわけにはいきません。すぐ後で触れる吉田茂とヨハンセン・グループも間違いなくアメリカ占領下でのプログラムまでを見通していたことでしょう。こちらが近衛のメジャーシナリオだったのです。

なお、上奏文において、近衛は、「国体と共産主義は両立するもの」との主張については「皇族方の中にも、此の主張に耳を傾けらるる方あり、と仄聞《そくぶん》いたし候」とまで述べています。このの「皇族方の中にも」のフレーズも昭和天皇に相当の衝撃をあたえたはずです。

しかし、この「皇族方の中にも、此の主張に耳を傾けらるる方あり、と仄聞いたし候」の部分は多くの戦後の歴史資料（史料）で削られています。しっかりした編纂で知られている外務省の『終戦史録』におきましても、平成になってから「皇族方の中にも、此の主張に耳を傾けらるる方あり、と仄聞いたし候」の箇所を削除してある戦後出版物からの引用に差しかえられています。この一文の削除は恐らく皇室への配慮もあると想像されますが、近衛が上奏した内容をきちんと伝える史料のあり方という観点から、原文どおりのままのものを残し、公開することが求められます。

四月十五日、「近衛上奏文」の作成に協力した吉田茂、元大蔵官僚の殖田俊吉《うえだしゅんきち》、そしてジャーナリストの岩淵辰雄のいわゆる「ヨハンセン・グループ」の三名は、「近衛上奏文」の内容流布《るふ》および陸軍当局への「赤化」中傷など陸軍刑法第九十九条違反（造言飛語罪）のかどで東部憲兵隊司令部に逮捕されました。もぐりこんでいたスパイから憲兵に情報がもれたのです。

「ヨハンセン」とは彼らをひそかに監視していた軍部や憲兵隊当局の暗号で、「吉田反戦（よしだはんせん）」の略とされています。

殖田俊吉は、親戚でもある田中義一首相の秘書官経験をもち、その後、台湾や満洲の行政にたずさわって昭和八年に退官しています。

退官後は秘書官時代の体験がもとになったのか、昭和十三年なかばころから独自の共産主義陰謀説や陸軍赤化論を真崎甚三郎や重臣などに説いてまわりました。殖田は近衛の新体制運動も共産主義だといって批判し、考えを真崎周辺と共有します。真崎らの「皇道派史観」は殖田の説に啓発されたところが大です。

殖田は昭和十七年ごろから平沼騏一郎や近衛にも自説を披露しはじめます。平沼や近衛も殖田の説をとりいれたのでした。

殖田は吉田茂とも首相秘書官時代から親しく、戦後は第二次・第三次吉田内閣で法務総裁に就任します。

岩淵辰雄は吉田を近衛に接近させた功労者です。

戦後は吉田を外相、首相へと持ちあげるべく働きます。吉田の側近中の側近となります。

白洲の義父樺山愛輔、牧野伸顕《のぶあき》なども、この「ヨハンセン・グループ」に属していました。

しかし、逮捕劇は関係者とみなされた者たちの間で広がりをみせませんでした。樺山、そして小畑敏四郎《としろう》、原田熊雄は参考人として取り調べをうけるに留まりました。

柳川平助、酒井鎬次《こうじ》、牧野そして近衛については調べもありませんでした。

奇妙な逮捕劇です。

ちなみに小畑と柳川はいわゆる「皇道派」です。「皇道派」なるものをその史観の側面から、ことさら大きく後世すなわち戦後に伝えてしまったことも「近衛上奏文」の罪あるところです。

この逮捕劇は、吉田茂らに輝ける反戦平和主義者・自由主義者の勲章をあたえました。戦後、吉田茂をぐっと政権獲得に近づける効果を発揮するのです。

吉田、樺山、牧野、そして白洲はみなクリスチャンです。

逮捕、検挙といえば、近衛の次のようなことばが残っています。昭和二十年六月、近衛は富田健治に「私は日本をこのような敗戦に陥れた野心家の者どもを、私達を国賊扱いした私心家どもを、終戦後一大検挙をして、思い知らしてやりたいと思う。そのとき残忍なことの出来るのは、あなたよりも私ですよ」と語っています。富田は内務省出身です。

日本を戦争へと導いた大野心家の近衛が、終戦後に小野心家どもや小私心家どもに残忍な処罰をくだしたいと言っているのです。この言葉に近衛のずるさといやらしさ、そして自信がはからずもはっきりと表れています。

天皇

皇統の長い歴史を熟知し、ときにこれを操ってきた藤原氏の末裔《まつえい》である近衛にしてみれば、退位を想定していない明治憲法下であっても天皇の退位はあり得ないことではなかった。いやそれどころか、政変次第では退位は随時あり得る、という感覚の持ち主であったというのが本当のところでしょう。

日本史上の鵺的《ぬえてき》な存在といわれる藤原氏の血と伝統にとって、明治の制度などは長い歴史における、かりそめのものに感じられていたのかも知れません。

だから近衛は、大東亜戦争中から昭和天皇の退位にむけて臆することなく積極的に動いたのです。

昭和十九年六月、サイパンが米軍の手におちて連合艦隊がほぼ壊滅し、東條内閣への非難の声は一挙に高まります。

木戸内大臣もこれ以上東條をかばいつづけたら、重臣や政治家たちの攻撃が自分にむかってくることに危惧《きぐ》しはじめます。

そこで木戸は東條打倒に舵《かじ》をきるのです。

このような情勢下、七月八日、近衛が木戸の執務室をたずねます。

木戸は日記に、「近衛公と現下の政情を中心に懇談す」と記しています。近衛は次のように説きました。

「東條内閣は総辞職すべきだ。だが、陸海軍ともに戦争を継続する意思を持っているから、いますぐ講和というわけにはいかない。中間内閣を置き、そのあと東久邇宮《ひがしくにのみや》内閣を戦争終結の内閣にする。講和はイギリスに申し入れる」

さらに、「そのさい、今上《きんじょう》天皇は御退位になり、皇太子に天皇の地位をお譲りになって、高松宮を摂政《せっしょう》とする」と、近衛は早くも「退位」をもちだしたのです。

皇室の存在がアメリカによって保証されたとしても、降伏する前に天皇の退位は不可欠であると、なぜか近衛は考えていました。

「天皇退位の問題の解決なしに降伏はできない」が近衛の持論だったのです。このとき、「天皇は退位しなければならない」と説いていたのは近衛ひとりでした。もちろん、それを耳にしたのもごく限られた人たちでありましたが。

終戦後に公表されたものですが、開戦までの日米交渉を詳細につづった近衛の手記『第二次及第三次近衛内閣に於ける日米交渉の経過』の最終章「日米交渉と陛下及御直宮方」には、天皇退位を求める論拠が一部ふれられています。

近衛は天皇が日米交渉などについて消極的であったと次のように述べています。

「……日本の憲法というものは、天皇親政の建前であって英国の憲法とは根本に於て相違するものである。殊に統帥権の問題は、政府には全然権限無く、政府と統帥部とを両方押さえられるのは天皇ただ御一人なのである。それを英国流の運用で、陛下が消極的であられることは、平時は兎も角、戦時には困ることが多いのである。英国流に激励とか注意とかを陛下が与えられるだけでは納まりの付かぬことを、日米交渉において痛感された次第である」

すなわち、日米交渉にからめて昭和天皇の責任にふれているのです。

近衛は戦後に予想されるアメリカ主導の連合国による日本処理、とくに国体の問題について早くから熱心に情報を集め研究していました。

第二次三次近衛内閣の書記官長であった富田健治は、その著書『敗戦日本の内側―近衛公の思い出』に、近衛が、「御上には最悪の場合のご決心もあると思う。恐れ多いことだが、その際は単に御退位ばかりでなく、仁和寺《にんなじ》とか大覚寺にお入りになり、戦没将兵の英霊《えいれい》を慰められるのも一方法かと思うし、又申すも憚《はばか》られることだが、連合艦隊の旗艦に召されて、艦と共に戦死して頂くことも、これこそが、ほんとうの我国体の護持ではないかとも思う」と語ったと記しています。

また近衛が次のように述懐《じゅっかい》したとしています。

「日本人が全部死んでいく。国体護持のために一億国民が玉砕《ぎょくさい》する。そんなことは意味をなさない。言葉だけのことだと思う。九十歳の老人、生まれたばかりの赤坊も皆日本人が玉砕する。一カ連隊、せいぜい一カ師団の全滅ということならあり得るだろう。いわんや一億玉砕して天皇制を護るというのは意味が解らない。敗戦の暁どうして国体を護持できるか、私は陛下にお願いして、連合艦隊の旗艦に乗って頂いて、最後の決戦に艦と運命を共にして頂く、之こそが天皇制を護る道ではないかと思っている。一億の国民ことごとくを玉砕させて天皇制を護る、そんな馬鹿なことはない。天皇独り免れて国民皆討死させる。これこそ日本の国柄には絶対にないことだと信ずる」

さらに軽井沢の別荘での富田の君主制・共和制に関する質問に対して、近衛は次のように答えたとされています。

「憲法に『天皇は神聖にして侵すべからず』とあることは、その文字の裏に天皇自らその絶対無限の責任を国民に対して負《お》っておられることを示したものである。元来国家の成立には、人民と領土を必要とする。君主制（天皇）であるか、共和制（大統領）であるかは国家論としてはどちらでもよい。そこで日本の場合でも、この日本国民を全部失ってしまうような事態になって、天皇と領土だけということになっては、国家存立の意味をなさない。そこ迄追いつめられて、国体の選択を迫られたなら、私は陛下は天皇制を捨てて、共和制におつきになる場合もあって然るべきものだと思う。国民の利益になることであるならば、日本の天皇はそれをお採りになるべきものだと思う。どんなことがあっても、国民を皆殺しにして天皇制を護るということはあり得ない。寧《むし》ろ天皇の五体を失い、天皇制を捨てても、日本国民と国土をお護りになると信ずる。ただ近衛家の場合は問題は別である。多年皇室の恩寵《おんちょう》を蒙《こうむ》り、ときには皇室に数々のご迷惑をかけてきた藤原、近衛家であるからして、近衛家としては、天皇と運命を共にしなければならないと思う」

かなりしらじらしいといっていい論法です。

近衛がこのような論法を早々にかかげた狙いは何だったのか。

それは、敗戦後のみずからの身の保全と覇権獲得にむけて、まず昭和天皇を戦争責任によって退位させること、天皇退位それ自体にあったのではないでしょうか。近衛の言動からは、そうとしか受けとれません。

この後、近衛は昭和天皇の退位時期の狙いを「敗戦後」に定めます。

そしていち早く「敗戦後」の昭和天皇退位にむけての具体的な準備にとりかかるのです。

近衛からすれば終戦・敗戦はあたりまえの既定のことです。天皇退位のほうは、みずから率先して本気で取りくむべき課題であったのです。

昭和二十年一月、近衛は京都の洛西、宇多野の御室《おむろ》にある虎山荘《こざんそう》にいました。

虎山荘は約三千坪ある陽明文庫の敷地に建てられた新しい別邸です。

近衛の雅号「虎山」にちなんで名づけられました。

今も、うっそうとした竹林と手入れされた庭にかこまれて、当時のままの姿でひっそりとたたずんでいます。

虎山荘の中央の廊下つきあたり右手奥にこぢんまりとした品のよい茶室滴庵《てきあん》があります。この滴庵で、近衛は、重臣岡田啓介、海軍大臣米内光政、それに皇室とゆかりが深い仁和寺の門跡《もんぜき》岡本慈航《じこう》の四人で密議を行ったといわれています。

陽明文庫は近衛家二十九代としての文麿が、昭和十三年十一月にまず書庫一棟をたて、東京にあった累代の貴重資料をおさめ財団法人陽明文庫として発足させたものです。昭和十五年までに事務所棟、第二書庫を紀元二千六百年事業として完成させました。京都大学附属図書館などに寄託されていた藤原鎌足から約一千四百年間、近衛家に伝来してきた藤原氏十八代および近衛家二十九代の古文書や美術品など二十万点が収蔵されました。日本史の宝庫です。

もっとも誇るべきは、のちに世界記憶遺産になった藤原道長《ふじわらのみちなが》直筆《じきひつ》の日記『御堂関白記《みどうかんぱくき》』です。そのほか国宝や重要文化財が数多くあります。

三千点にのぼる近衛文麿関係の資料も一室に収蔵されています。そのうちの相当数は山本有三が永年かけて収集したものです。

陽明文庫の「陽明」は、近衛家の別称です。

京都の大内裏《だいだいり》のかつて近衛家邸宅があった通りは「近衛大路」と呼ばれ、この通りが大内裏の門のひとつ「陽明門」に通じていたのです。だから京都の住人は近衛家の人々を「陽明さん」と呼んでいました。

この陽明文庫の設立は文化事業としておおいに意義あることとです。

しかし、支那事変の戦乱でたいへんな世相のもと、経済的にも国民全体が苦しさを増していたとき、近衛がわざわざ「藤原」の殿堂を華々しく立ちあげたのには、俄《にわ》かには合点がいきません。なにか深いわけがあったのでしょう。

　この陽明文庫が近衛の我が闘争において「藤原」をシンボライズする重要な役割があったからこそ、この時期に計画的に強行したのではないでしょうか。

　さて、この近衛、岡田、米内、そして岡本の四者の密議で敗戦後の昭和天皇の退位が具体的に話しあわれたといいます。

「和平とはいっても場合によっては無条件降伏も覚悟してかからねばなるまい。降伏によって、連合軍が陛下の責任を追及して来たらどうするかだが、万一の時は先例にならって陛下を仁和寺にお迎えし、落飾《らくしょく》を願ってはいかがかと考えている」

　落飾とは出家《しゅっけ》のことです。近衛はこうきっぱりと言いました。落飾にむけた具体的な計画の話を切りだしているのです。「連合国が出家した天皇をどうするこうするとまではいうまい」という理屈まで披露しています。


　仁和寺は虎山荘や陽明文庫の敷地から東へ三百メートルに位置する真言宗御室派《しんごんしゅうおむろは》の大本山《だいほんざん》です。平安時代前期の仁和《にんわ》四年（八八八年）、宇多《うだ》天皇が先帝の遺志をついで完成させ、大内山《おおうちやま》仁和寺と号したのがはじまりです。

　宇多天皇は三十三歳で出家して日本最初の法皇《ほうおう》となられ、境内《けいだい》の地つづきに「御室《おむろ》」と呼ば

仁和寺金堂

れる僧坊《そうぼう》を建てて居を移しました。したがって仁和寺は「御室御所《おむろごしょ》」とも呼ばれます。

以来、仁和寺は明治にいたるまで皇子や皇族が歴代の門跡（住職）をつとめる皇室ゆかりの寺となりました。

かつて「御室」があった場所には、美しい庭を囲んで明るく優美な殿舎《でんしゃ》が建ち並び「御殿《ごてん》」と称せられ歴代の門跡が住まいとしました。

仁和寺は応仁の乱の戦火でほとんどすべての建物が消失したのですが、江戸時代初期に徳川家光の援助のもとで再建されます。

幕末、薩長にかつがれて討幕の密勅《みっちょく》をくだした明治天皇も、もし官軍が幕府軍に敗れれば入御《じゅぎょ》するはずでした。

近衛は、このような歴史にならって、天皇を落飾《らくしょく》させて仁和寺の門跡とする計画を定めたのです。

近衛ははっきりと、「陛下に落飾を願い出る時は、臣下として決意がある」といい、「(陛下は)最悪のご決心があるように拝察し奉る。それで申すのも恐れ多いが、その際は御退位ばかりでなく、仁和寺あるいは大覚寺にお入り遊ばされ、戦没将兵の英霊を供養遊ばされるのも一法だと思っている。僕ももちろん、その時はお供する」と語ったと、近衛の女婿《じょせい》で秘書の細川護貞は伝えています(『情報天皇に達せず　下巻』)。

虎山荘の茶室滴庵での四者による密議の秘話は、岡本が戦後に明らかにしたものです(『天皇家の密使たち』)。

仁和寺としては、「落飾した天皇を裕仁《ゆうにん》法皇と申し上げ、門跡として金堂《こんどう》にお住みいただく計画」であったといいます。その場合、岡本は門跡の下の管長《かんちょう》という地位につく予定でした。

実は、この四者による密議に先だって、近衛はひとりで仁和寺を訪れています。

おもてむきは「御殿」にある霊明殿への参拝ということになっていましたが、「裕仁法皇」がお住まいになる場所をさがすことが本当の目的でした。

近衛は仁和寺の一番奥にある「金堂」こそ「裕仁法皇」がおわすのにふさわしい場所と心に決めたといわれています。

「金堂」は、江戸時代初期に仁和寺が再建されたとき、京都御所の紫宸殿《ししんでん》を移築し、阿弥陀三《あみださん》尊《ぞん》像をおさめる仏堂に改築した建物です。現存する日本最古の紫宸殿で国宝となっています。「金堂」の屋根の上には、亀の上に乗った仙人の瓦《かわら》がめだっています。亀は永遠の象徴であり、文麿の名前の由来でもあります。

そのような京都御所由来のたいへん格式の高い「金堂」ですが、建物を実際に見れば、あくまでも仏堂なのであって「御殿」に比べて、はるかに居住性に劣ることがわかります。建物のつくりもたたずまいも、まるで「幽閉」場所であるかのようなのです。「裕仁法皇」が門跡として住まうのが、なぜ「金堂」なのかしっくりと理解できないのです。

わたしが「金堂」にあがって内部を見学したとき、女性の説明員が、「(裕仁法皇は)日中は『金堂』にいらっしゃるのだけれども、寝起きにはここから少し離れたところにある『御影堂《みえいどう》』を寺としては準備していました。『御影堂』は御所の清涼殿《せいりようでん》を移してきたものです」と説明しました。が、わたしはこれは少しちがうなと思いました。

御影堂は、江戸時代初期に京都御所の清涼殿の古材を使用してつくった小さな建物で、宗祖空海の御尊像を祀っています。清涼殿をそのまま移築したものではありません。「金堂」にもまして住まいには不向きな代物なのです。「金堂」とは別に寝起きのための場所を準備していたというのは、ひょっとしたら眉唾《まゆつば》なのではないでしょうか。

いずれにせよ、「『金堂』こそふさわしい」と近衛は決めたのです。

密議の翌日、近衛は同じ茶室に皇弟の高松宮をお迎えしています。

当時、高松宮は昭和天皇とあまりしっくりいっていないというような噂がありました。昭和十八年十一月から近衛は細川護貞を高松宮の御用掛として派遣し、細川と同郷の高木惣吉海軍少将はじめ各方面からの情報や意見を高松宮に伝えさせていました。

この日、近衛は高松宮に前日の四者による密議のもようを伝え、万一の時に備え、退位した昭和天皇を仁和寺に迎えるてはずを整えていると暗に了承を求めたのです。

高松宮を迎えるにあたっての近衛の気づかいはたいへんなものだったようです。

古くからの近衛の側近で東京から京都に移っていた政界事情通、雑誌『政界往来』発行者の木舎《きや》幾三郎によりますと、接待には近衛の母貞子、夫人千代子、さらに近衛と親しい間柄の前田、三井両家の夫人があたりました。車の手配や湯茶のことまで近衛は東京から手紙で細かく木舎に指示をしました。

京都は東京ほどには憲兵の尾行はなかったのですが、女中が憲兵のスパイであるかも知れないので、ひまを出したという用心ぶりです。

木舎は虎山荘の約一年におよぶ普請を監督したうえに、今回また接待の準備を手伝ったのでした。

高松宮も、「ことここに至っては近衛のいう通り、法皇として仁和寺にお入りいただくのに自分も賛成する」との反応だったとのことです。このあと二人は「御上のご意思による」御退位にむけた段どりをうちあわせた後、乾杯して席をたったといわれています。

近衛はこの二日間の密議の成果に自信を得て、さらに数日間京都に滞在して政治を離れた心持ちでのんびりと過ごしました。千代子夫人をともない日本画家を金閣寺畔の画室に訪ねたり、裏千家の千宗室とお茶を楽しんだりしました。また歌人と料亭で旧交を暖めたり、京大時代の恩師を自邸に招いて談論したりしました。

冬の京の夜空に浮かんだ月は、近衛の瞳にさぞかし美しく輝いてみえたことでしょう。

もちろんこの京での密談については、二月十四日の天皇への上奏においては近衛はおくびにも出しませんでした。細心の注意と最大限の慎重さをもって秘密のうちに準備すべきことがらであったからです。

昭和二十年六月、近衛が語った次の内容も海軍少将高木惣吉が記録にとどめています。

「譲位は強要による形にせず、其の前にご自身の自発的形式をとる。重臣その他も皆引責する。新人物が後図を収拾することを考えている。摂政は勿論、高松宮か（秩父宮）」（『高木惣吉 日記と情報　下』）

ここまでいうと見方によってはクーデターです。

一千四百年の間、藤原氏はいくどとなく、この種のことにかかわってきました。

近衛と親しかった白洲次郎の証言もあります。戦後は、終戦連絡中央事務局次長を務め、連合国軍総司令部（ＧＨＱ）とのパイプ役となったことで知られる白洲です。

白洲はこう言っています。

「近衛はよく、『陛下は退位して京都へ行かれるべきだ』と言っていた。京都人ならいつ天皇が戻っても、『天皇はんお帰りやす』と言ってそっとお迎えするというんだ。僕はそれを聞いて、近衛が天皇を想う気持ちに涙が出たよ」

白洲によると、近衛は、「日本の皇室がこれだけ長く続いたのは、政治の表舞台が京都を離れたあとも、ずっと京都に引っこんでいて国民の多数にその存在を知られていなかったからだ」とも言っていたといいます。

白洲は、「公卿の知恵に驚いた」そうです。何をいまさらの感がある、わざとらしい反応です。

近衛はポツダム宣言受諾後も引きつづいて天皇退位にむけた動きを展開します。

この後、詳しく述べますが、終戦後すぐに近衛はみずからが企図する筋書きにそってアメリカのもとで日本の舵とりにかかわる姿勢を示しました。一方で果敢に昭和天皇の退位を進めようとしたのです。

もちろん内大臣の木戸幸一はあくまでも慎重でした。

マッカーサーが厚木に到着する日の前日、天皇が木戸に対して戦争責任について話題にしたときも、「御退位を仰せ出されると云うが如きは或いは皇室の基礎に動揺を来したる如く考えられ、その結果民主的国家組織（共和制）等の論を呼びおこすの恐れもあり、これは充分慎重に相手方（マッカーサー）の出方も見て御考究遊ばされる要あるべし」と木戸は述べています。

木戸は昭和天皇の退位が皇室の基礎を動揺させるものと懸念していました。木戸のこの感覚と判断は当時としてしごくまっとうなものです。

ところが、近衛は昭和二十年十月二十一日、AP通信記者のインタビューに答えて、マッカーサーから新しい政治の陣頭にたつように言われたことや自らの憲法改正の作業は十一月末までには終わることにくわえて、「ポツダム宣言の履行《りこう》をしたら、陛下は退位されるだろう」と述べたのです。驚くべき発言です。日本中が仰天しました。

近衛は、九月以来繰りかえし似たようなことを述べていましたが、今回のはっきりとした発言に、木戸は、「そんなことをしたらかえって御上を戦争犯罪人にしてしまう。すぐ取り消せ」と猛反発しました。これをもって近衛と木戸の二人の長い間の関係に決定的なひびが入ったといわれています。

木戸は激しい不快感をあらわにして近衛を非難し、「このままでは政治上困るから善処せよ」

と松平秘書官長を使って伝えました。世上でも近衛への非難が高まりました。

近衛も反論できなかったのでしょう。近衛は事態の収拾を考慮し、十月二十四日、記者会見で次のように弁明しました。

「通訳を通してのことで意を尽くされずに発表されてしまった。真意はこうである。……陛下の御退位に関して種々憶測されているが、陛下はポツダム宣言を受諾して履行の義務を負っておられるから宣言の遂行前に御退位遊ばさることは国際信義の上からも軽々しく実行できるものではない。……米国の輿論が非常に硬化していることに陛下も重大なる御関心をお持ちになっておられるとのことである」

ところで、近衛が終戦後に取りくんだ憲法改正案では、天皇の権限を大幅に制限することになっていました。天皇退位論もふくめて改めてその真意を探りましょう。近衛は天皇個人と天皇制という制度をはっきり分けて考えていたとする説を紹介します。次のような説です。

一個人としての天皇に対して欧米の世論は厳しかった。その批判は同時に天皇を神に祭りあげる天皇制批判にもつながっていた。一方、近衛は日本が軍国主義の道を選んだのは、天皇を利用した軍部の横暴のためだと考えていた。濫用《らんよう》されることがなければ、戦後も天皇制は維持できるはずと。近衛は内外の昭和天皇への批判をよく把握していた。大陸侵攻や日米開戦への賛否にかかわらず、統帥権を総攬《そうらん》する天皇はなんらかの形で「ご責任」を示さざるを得ないと近衛は考えていた。天皇個人はなんらかの形で退位し、憲法は天皇の統治権を大幅に制限した民主的なものに改正する。そのことで欧米の世論の批判をかわすとともに、民主化という連合国軍総司令部（GHQ）の要望にもこたえ、結果的に天皇制を存続させる、それが近衛の狙いであったという。天皇個人を焦点にした論議がはげしく交わされていた時代にあって、近衛は制度として天皇制の存続を優先しようとしていた、ということのようです。

さきの木戸の考え方とはまったく相反します。

政府の改憲論議すら遅々として進まない終戦直後に、近衛ががぜん天皇退位論をとなえたことはあまりにも突出しすぎていました。

しかも近衛は、GHQの意向や世論の動向によっては、天皇制に関する国民投票を実施するとの案までもっていました。

そして、天皇制にこだわるあまりに日本の国家としての存立が危うくなるような場合には、共和制もやむなしと考えていたのです。あたりまえの話ですが、共和制と天皇制はまったく相いれないものです。

近衛のロジックは考えれば考えるほど、その内部で矛盾しています。

近衛はいろいろと理屈をつけていますが、戦争中から一貫して昭和天皇の退位を画策しました。それに対して、木戸をふくめ天皇制護持を真剣に考えた人々が真っこうから反対しました。

そしてその甲斐あってか、結局、米国やマッカーサーも昭和天皇に退位を求めていません。近衛がみずからの覇権獲得にむけて進めようとした昭和天皇の退位は果たせないで終わるのです。

さて、細川護貞によると、近衛は昭和二十年十一月、予想に反して戦犯容疑で米国戦略爆撃調査団のきびしい取り調べをうけました。そして、その後ひどく悲観的になりました。

しかしこのときも、あろうことか、「米国があいう考え方でやってくるなら、もう日本の皇室は駄目だ。しかし（米国が天皇を逮捕しても）陛下が自決されれば皇室は助かる」と語ったといいます。

細川は、「近衛が天皇個人に深い親しみを持つとともに、天皇家の存続のために、ひとりの天皇に対して無慈悲になれるという一見矛盾した両面を持っていたことがわかる」と解説しています。

しかし、米国戦略爆撃調査団の取り調べでは近衛自身が徹底的に責めたてられたのです。そのことに近衛が衝撃をうけたのです。近衛は自身のことで愕然《がくぜん》としたのです。谷底につき落とされたのです。

「陛下が自決されれば皇室は助かる」は完全に常軌《じょうき》を逸《いっ》した発言です。

まさか、自らの窮地《きゅうち》を逃れるべくの「陛下が自決されれば自分は助かる」が本意ではなかったと信じたいのですが……。

文隆という駒

近衛はかつて自分の子供たちを前にして次のように語ったそうです。

「将来世界は、アメリカとソ連の世界になる。その勢力が世界を二分する。そして男の子をアメリカとソ連にやる。自分は日本にいる。それで子供たちからいろんな情報をもらって、日本の政治をやっていく」

この言い方はかつてロスチャイルドが子供たちをヨーロッパ各国に配置して情報をとらせ大成功した、あのやり方を連想させます。

そしてソ連とアメリカがけんかするならば、現代版の源平の闘いとして利用するということになります。公家流です。

昭和七年四月、学習院中等科を卒業した近衛の長男文隆はアメリカ留学へと出発しました。近衛の指示により、樺山愛輔の世話でニュージャージー州にある名門ローレンスヴィル高校へ入学するためです。家族や多くの使用人、書生たちと離れ、太平洋をへだててひとりアメリカで高校生活をおくるのですから、文隆はそうとう緊張したことでしょう。近衛は「文隆はアメリカ、通隆はドイツ」と、二人の息子をいきおい盛んなこれらの国へ出すことを早くから考えていたとも言われています。まず文隆はアメリカです。

さて、文隆は留学先のローレンスヴィル高校のゴルフ部で大活躍をしました。その後、進学したプリンストン大学ではゴルフ部のキャプテンです。アメリカのアマチュアゴルフ界でも活躍します。一方で、社交性に富み、荒い金づかいで奔放にアメリカ生活を楽しみました。そのため結局、卒業できないままに昭和十三年七月に帰国します。

滞米中の文隆には共産主義者たちがずいぶんアプローチしたようです。白洲次郎がアメリカまで行って、文隆と太平洋問題調査会やゾルゲ諜報団に属するギュンター・シュタインやコミンテルンの工作員などと引きあわせたという話もあります。

昭和十一年八月には文隆は太平洋問題調査会の第六回ヨセミテ会議に秘書兼連絡係として参加します。父文麿の意向をうけての斎藤博駐米大使の依頼です。文隆は尾崎の助手役でもあったようで、尾崎、そして西園寺とかなり親しくなりました。性格のいい文隆はすっかり彼らと打ちとけ、彼らの輪の中に入っていったことでしょう。そしてこのことは文隆が当然詳細に父文麿に報告していたでしょうし、文麿も先刻承知のうえと思われます。

文隆は後に東京で、牛場に誘われ、ふたたび尾崎、ギュンター・シュタインそしてゾルゲとも会っていたようです。

文隆は彼らに信頼をおいていました。事実、後にソ連に抑留されてから八年目に許された日本への手紙では、文面がソ連側に検閲されることを前提に、文隆はなつかしい牛場、白洲、西園寺に親しく呼びかけています。

文隆はアメリカ留学からの帰国後、いっとき同盟通信社の記者になりましたが、すぐに近衛の首相秘書官に採用されます。

そして文隆は、大陸での見聞をひろげるために、首相の代理としての前線慰問と称して、細川護貞と一緒に支那の主要都市や前線部隊を視察旅行しました。

その後、近衛の指示で上海へ行き、祖父篤麿が設立し、近衛が院長であった東亜同文書院（大学）の学生主事に就任します。この東亜同文書院でも共産主義学生グループが活動していて尾崎らが支援をしていました。上海での文隆は、国民党系の美形の女性スパイ鄭蘋茹《テンピンルー》とつきあいが深くなりすぎたり、「重慶に乗り込んで蔣介石と会い支那事変の行きづまりを打開しよう」というような暴走行動をとったのです。そのため昭和十四年六月、わずか三カ月で帰国を命ぜられます。

昭和十五年一月、枢密院議長であった近衛は、陸軍に根回しして文隆を召集してもらい、満洲国のソ連国境に近い阿城の重砲兵連隊に入隊させました。

近衛の思考方法から判断して、近衛は小さいながらも可能性のあるひとつのシナリオのため、あるいはのちのちの布石とするため、文隆をソ連とのパイプ役にすることを考えたのではないでしょうか。そして文隆を直接ソ連に送るよりは、この時点ではまだソ連との接点、すなわち満洲に狙いを定めたほうがいいと考えたのではないでしょうか。

文隆は、太平洋問題調査会のヨセミテ会議に出席し、しっかりと国際共産主義者の手のなかに入っていたのですから、何かあった場合でも、ソ連の近くにいたとしても安心であるとの計算もあったでしょう。いやそれどころか、近衛としては、文隆にはその培《つちか》った人脈と立場を利用して、のちのちソ連の枢要《すうよう》につながってもらいたいとの願いがあったのではないでしょうか。

近衛は、近衛にとっての最良の見合い結婚を文隆に用意しました。そして、絶対国防圏の要《かなめ》とされたサイパンに米軍が上陸した昭和十九年六月、日本屈指の名家同士、近衛家の長男文隆と大正天皇の貞明皇后の姪にして真宗本願寺派大谷光明《おおたにこうみょう》の令嬢正子との婚約がなされたのでした。真宗本願寺派は長年にわたって近衛の政治活動を支援していました。

媒酌人は内大臣木戸幸一。その年の十月、華燭《かしょく》の典《てん》はハルビン一の大和ホテルで催されました。新婦側は両親、新郎側は母千代子、牛場友彦、岸道三、そしてハルビン総領事や軍隊関係者が多数出席しました。

この時期のこの地における結婚式は、まさに「文隆、満洲にあり」と、その存在をソ連側にアピールするようなものです。

翌月七日、ロシアの革命記念日にスターリンは「日本は侵略者」とする演説を行い、実質上、満洲侵攻にむけて意思を表明しました。結婚後、文隆も正子も満洲に居つづけます。

昭和二十年六月、昭和天皇は内大臣木戸などから提案があった「ソ連を仲介とした和平交渉」を行うことを政府に認め、七月七日に、「思い切って特使を派遣した方が良いのではないか」と鈴木貫太郎首相に述べました。これをうけて、東郷茂徳外相は近衛に特使就任を依頼し、七月十二日に正式に近衛は天皇から特使に任命されました。このとき近衛は、「ご命令とあれば身《しん》命《めい》を賭《と》していたします」と返答したとされています。近衛は訪ソの際には、松本重治を同行させるつもりでした。松本も了解していました。近衛の側近細川護貞は、「近衛さんは嫌がっていましたね。まあしかし、これはしようがないんだ。陛下がいわれたんだから、まあモスクワへ行くといったのだけどもと言って、すこぶる嫌がっていましたね」と戦後に述べています。

天皇は近衛が長男をソ連国境近くに送りこんでいたのはご存じでしたし、半年前の近衛上奏文で近衛のソ連や共産主義への造詣《ぞうけい》の深さを認識していました。この近衛の特使任命は、天皇にとっては考えた末での「近衛という駒」の使い方の妙であり、近衛がどういう態度をとるのかを注意深く観察する狙いもあったでしょう。しかし、近衛のモスクワ派遣は、二月に行われたヤルタ会談で対日参戦を決めていたスターリンに事実上拒否され、実施されませんでした。

近衛が陸軍中将酒井鎬次《こうじ》の草案をベースに作成した対ソ交渉案では、国体護持のみを最低の条件とし、すべての海外の領土と琉球諸島・小笠原諸島・北千島を放棄、「やむを得なければ」軍隊の一部を当分現地に残留させることとし、また賠償として労働力を提供することに同意することになっていました。満洲にいる近衛の長男文隆はどのように扱われると想定していたのでしょうか。さきに述べました戦争末期の米内海相下の海軍の著しく楽観的な親ソ傾向とも一脈通じるものを感じざるを得ません。

近衛にとっては、ソ連というカードの登場はあくまでもマイナーなシナリオでしたが、「備えあれば憂いなし」ということでの文隆という駒による対ソ布石でした。結局、戦争中の日本ではソ連をバックとする革命はまったく起こる気配をみせず、ポツダム宣言受諾と敗戦、そして米軍進駐となったのです。

終戦直前、重砲兵第三連隊第二中隊長としてソ連国境近くに駐屯していた文隆は、応戦するまもなくソ連軍の捕虜となりました。以後、文隆は、六十万人から七十万人、いや、百万人ともいわれるシベリア抑留者のひとりとして筆舌《ひつぜつ》につくしがたい十一年間にわたる抑留生活を「犯罪者」としておくるのです。

シベリア抑留の決定日は昭和二十年八月二十三日。国家防衛委員会議長スターリンの名で、極東ソビエト軍総司令官ほか各方面軍宛に極秘電報が打たれます。

「極東とシベリアの条件のもとで肉体的に作業ができる日本人を、日本軍捕虜の中から五十万人まで選び出すこと……」

このとき相当細かい運営事項もあわせて伝達されていますので、ソ連は対日参戦のかなり前から抑留を準備していたことになります。さきの酒井の草案をベースに作成した交渉案「『やむを得なければ』軍隊の一部を当分現地に残留させることにし、また賠償として労働力を提供することに同意する」が、大使館をつうじて実際にソ連側に伝えられていた可能性も考えられます。

この抑留者たちも、昭和二十七年十月以降、日本で安否を気づかう家族と文通ができるようになりました。文隆からの俘虜《ふりょ》郵便は昭和二十八年一月から東京の荻外荘にいる家族に届きはじめました。昭和三十年に出された俘虜郵便（第二十五便）では、「岸、牛場、白洲、広兼諸氏ニソロソロ歓迎準備ヲ計画スル様に頼ンデクレ。ソレニハ夢顔《ゆめがお》サント相談スルノガヨカロウ。尚、岸、牛場、白洲サンニ、西園寺ノ公チャンニ宜シク伝言ノ程頼ンデクレ……」とあります。郵便はソ連側に検閲されることが前提ですから、文隆には牛場、白洲、西園寺の名前を出すことは文隆自身に対するソ連側の心証を良くするものとの判断があったでしょう。「夢顔サン」は高松宮をさすのではないかと言われています。

牛場、白洲そして西園寺たちが文隆をソ連収容所から救出しようと努力した形跡はありません。彼らは文隆を見捨てていたのでしょう。彼が帰ってきて話されては困ることがらが山ほどあったのだと考えられます。この文隆は、収容所内で、「ソ連のためのスパイとして働かないか」と持ちかけられています。しかし、文隆は頑として応じなかったようです。

東京や京都では何十万人もの文隆帰還を求める署名つきの嘆願書が日本やソ連の政府などに出されたといいます。日ソ交渉では鳩山首相は、近衛文隆を即刻返せ、という条件を出したといわれています。

昭和三十一年十月十九日、日ソ共同宣言がモスクワで調印されました。十二月十二日に発効します。これにより両国の国交が回復し関係も正常化しました。ところが文隆はこの年十月二十九日、イワノヴォ州の収容所で急死してしまうのです。本人も十二月には帰国できると期待していたのに……。文隆は死の数日前から頭痛と体調不良を訴え、治療の甲斐なく急死したとされています。文隆はそれまで健康面での問題がなかったので、薬物投与で殺されたものと容易に推察できます。

アメリカに亡命した元在日ソ連諜報部員ラストボロフはアメリカ上院で、「文隆がスパイになることを承諾せず、このまま帰国させると諜報勤務を勧めたことが暴露されるため殺された」と証言しました。ソ連首脳が、残酷なソ連の収容所システムを知りつくし、しかも日本で大変な人気を博すであろう人物、ソ連のスパイになることをかたくなに拒んだ人物を、東西冷戦のさなか、アメリカの下にある日本に帰国させるわけがなかったのです。

早くから両親をなくし精神的な葛藤《かっとう》と闘いながらしたたかに公卿政治家として成長した文麿とはちがい、文隆は苦労と疑うことを知らないボンボンの現代っ子として育ちました。文隆は、暗い洞窟のさらに奥深くを見透すへびの目をもっていません。父親の駒としても合格点はとれなかったでしょう。

けれども、ソ連のスパイになったふりをして生きて帰国する手は明らかに眼前にあったのです。事実そのようにして生き抜いた軍人はたくさんいました。近衛も生きていたなら、息子にそのくらいのしたたかさを期待したことでしょう。

しかし、文隆の後半生は、それまでの甘さとは打って変わって、文字通り日本人としての「誠実」と「誇り」を形にした人生であったのではないでしょうか。高貴であり、日本人の鏡である存在になって逝ったのです。私はそう理解しています。

ライバル

近衛は、敗戦革命によって共産主義政権が樹立される可能性については、当初からマイナーシナリオとしているだけでした。戦局がすすみ現実に米軍の圧倒的な力を見せつけられるにつれて、マイナーシナリオとして位置づけることさえもほとんど止めました。

しかし警戒はしていたのです。

近衛はそもそも共産主義に造詣《ぞうけい》が深く、さらに外務省などを通じて内外の共産主義者たちの動向も詳細に耳にいれていました。

みずからが米国の占領下で親米の立場で政治的主導権をにぎるというメジャーシナリオに賭けると決めた近衛が、潜在的なライバルとして意識したのが、やがて日本にあらわれるであろう革命の旗手「野坂参三《のさかさんぞう》」でした。

昭和十九年七月、近衛はその日記（『近衛日記』）に、仮に米軍が本土上陸して海岸地帯を占領するような予想外の事態となった場合、意外にも、米軍が元早稲田大学教授で米国在住の大山郁夫、あるいはモスクワから延安に移り、中国共産党と合体した「岡野何某」を中心とする赤化日本兵捕虜三百名らに手っとり早く新政権を樹立させる可能性がある。

「岡野」らは新政権樹立を期して、先般、支那から日本にむけて「早く敗戦すべし」と放送した、と記しています。

外務省筋からの情報に近衛も非常に驚いて日記にしたためたのでしょう。

近衛は、このような「まさか」を警戒していたのでした。だから本土決戦は絶対に避けなければならなかったのです。

「岡野」は、近衛が上奏文において、唯一固有名詞で登場させた日本人です。

「ソ連の此意図は東亜に対しても亦同様にして、現に延安にはモスコーより来れる『岡野』を中心に日本解放連盟組織せられ朝鮮独立同盟、朝鮮義勇軍、台湾先鋒隊等と連絡、日本に呼びかけ居り候」

「岡野（進）」は「野坂参三」のペンネームです。野坂はコミンテルンの幹部会員でもありました。近衛は野坂とは直接会ったことはありませんが、日本の敗戦がせまっていた時期、明らかに野坂を意識していました。


野坂参三について少し詳しく見てみます。

野坂は興味ある社会政策の講義を学ぶために慶應大学に入り、早くも在学中に労働運動に参加します。卒業後、共産党員となり昭和三年に検挙されました。野坂は獄中で病気となって翌々年保釈されますが、保釈中の六年三月に日本を脱出してソ連に亡命します。モスクワではコミンテルンの仕事につきました。

その後、中国共産党の拠点となった延安に移り、支那事変で捕らえた日本人捕虜たちを教育する労農学校をつくり、同時に日本軍に対する反戦の宣伝活動を活発に行いました。昭和十九年二月には日本解放連盟を結成します。

野坂は延安にいて、モスクワや中国共産党と一体の立場であり、ソ連情報機関や中国共産党、タス通信から、そして日本の新聞・雑誌・ラジオなどから日本についての情報を豊富に得ていました。

昭和十八年にはアメリカの使節団が延安に駐在しはじめました。米国務省のジョン・エマーソンは中国共産党や日本人共産主義者とともに対日戦の共同戦線をはり、彼らを日本占領に際して協力させようと企図しました。エマーソンは、野坂らに「自由日本人による国際組織」をつくらせる構想を進めようとしました。野坂はＣＩＡの前身であるＯＳＳ（戦略情報局）とも接触していました。

昭和十九年三月十日、近衛は細川から陸軍中将酒井鎬次《こうじ》からの情報として、「アジア解放連盟なるものあり。中共中に邦人岡野、森、杉本等潜入し、戦後日本にソヴィエト政府を樹立すること、民族自決の政府たること、無賠償等の方針を立ておれり」を聞きました。このときすでに近衛の耳に「岡野」の情報が入っていたのです。

昭和二十年二月十四日、近衛は前述したように天皇に上奏し、日本の軍事的敗北を前提に、ソ連の東欧における共産政権樹立の動向を述べながら「延安にはモスコーより来れる岡野を中心に日本解放連盟組織せられ」あることなどを述べています。

野坂参三は、昭和二十年四月に延安で開催された中国共産党第七回全国大会で「民主的日本の建設」と題する大演説を行います。敗戦後の日本の見とおしについてです。この野坂演説は、OSSとの協力の下になされたと言われています。

以下、野坂の考え方と演説の内容を紹介します。

野坂は、来《きた》る日本の革命を民主主義革命とし、この革命をになう「民主的諸勢力」として、

①共産党
②旧日本無産党
③旧社会大衆党内の誠実な分子
④旧民政党・政友会等の指導者の一部
⑤国外反軍団体

——をあげています。

さらに民主的日本建設のためには、「戦争犯罪人の厳罰」を広範囲にわたって徹底的に行わなければならないと主張します。「戦争犯罪人」は、戦争を推進した軍指導者、反動政治家・官僚、ファシスト、政治警察・思想検事、大軍需資本家などとしています。

野坂がとくに指弾するのは、連合国の一部が逆に希望をかけている「『穏健派』とか『新英米

派』と呼ばれる一部指導者」でした。野坂にすれば、彼らは「大財閥との結託者であり、かつ彼ら自身が侵略的軍部であるか、あるいはその共犯者であり、追放されなければならない」のです。

具体的には、三井・三菱・住友などの財閥、皇室、元老格の政治家、官僚の上層部、老将軍連、民政党・政友会の老指導者たちであり、宇垣一成、南次郎、鈴木貫太郎、米内光政、広田弘毅、近衛文麿、松平恒雄、池田成彬などの名をあげています。戦後日本における野坂の本当の敵です。

そして、この「穏健派」「新英米派」のもっとも代表的人物として、野坂は近衛の名をあげるのです。

野坂の天皇論は慎重なものでした。彼は天皇の作用を、封建的専制的独裁政治機構（天皇制）の首長としての天皇と、「現人神《あらひとがみ》」すなわち半宗教的役割を演じている天皇の二つに分けていました。

前者については、「即時撤廃して民主制度が実現されなければならぬ」とします。

一方、後者については、「われわれは用心深い態度をとらねばならぬ。過去七十年間に一般人民の心底に植えつけられた天皇または皇室に対する信仰は相当に深いものがある」「われわれが天皇打倒のスローガンを掲げない場合には当然われわれの陣営に来り投ずる大衆も、このスローガンを掲げることによって、われわれから離れ、われわれは大衆から孤立する危険がある」「天皇は、現在の戦争の責任者の一人であり、反動政治と復古政治の表象である。……しかし、人民大多数が天皇の存続を熱烈に要求するならば、これに対してわれわれは譲歩しなければならぬ。それゆえに、天皇制存続の問題は、戦後、一般人民投票によって決定さるべきことを、私は一個の提案として提出するものである」としたのでした。

尾崎秀実とほとんど同じ立場です。

野坂が説く民主化政策の内容は、その後占領軍によって遂行された政策とほぼ一致します。注目すべきは、民主化された日本が「高度の工業化」をめざすべきという主張です。野坂は、「平和保証のために、日本の完全な武装解除と軍事工業の破棄だけではなく、工業一般の発達を抑圧または禁止する」という意見はまちがっているといいます。

「戦争中に統制経済の有利な条件がつくり出された」日本が、すでに「高度の工業化」を達成しつつあった点を指摘し、「経済の全面にわたる強力な統制」のもとで、「巨額の軍事費節約」「大資本の戦時利潤の没収」「独占資本の国営または国有」「土地制度の改革」「高率累進税制の採用」によって資金を調達し、さらなる急速な高度工業化を推進すべきと提唱するのです。

野坂は、こうした戦後改革を占領軍の力によって後援してもらい、その下に、「軍部、官僚、財閥、大地主をわが国の政権から駆逐して、勤労人民の利益を代表する民主的人民政府」を成立させることを想定しました。これが彼の人民民主主義革命のイメージです。共産主義者にしてかなりの現実路線です。

野坂は「戦争犯罪人の厳罰」による旧政治家の追及と天皇制問題の棚上げで広汎《こうはん》な民主戦線を結成して、戦後政治の主導権をいっきに掌握《しょうあく》する構想をもっていたのです。

野坂自身は昭和二十一年一月、アメリカの協力を得て十六年ぶりに帰国しました。モスクワ経由の帰国であったという説もあり、後に「野坂ソ連スパイ論」が日本共産党内で喧伝されます。

野坂は一月二十六日の日比谷公園での帰国歓迎国民大会の演説で民主戦線結成を呼びかけ、大反響をまきおこしました。戦後日本の一大英雄の登場です。二月の共産党大会では「占領下での平和革命」が定式化されました。

しかし、野坂と出獄した共産党幹部の徳田球一らとのあいだには、天皇制の問題、社会党との関係についての意見のくいちがいがありました。結局、野坂は譲歩します。「民主的諸勢力」として社会党をふくむことができず、さらに天皇制打倒を綱領として主張したことによって広汎な民主戦線の結集に失敗してしまいます。

米ソ対立の激化という国際情勢の下、民主戦線の構想は、鳩山一郎の公職追放の後を襲った吉田茂の反共戦線に打ちやぶられます。野坂自身も、その穏健路線を身内から責めたてられます。結局、野坂は覇権を摑めなかったのです。

戦後覇権を摑め

いよいよ昭和二十年八月十五日以降の近衛です。

近衛は終戦の詔勅《しょうちょく》は小田原入生田《いりゅうだ》の別邸でヌイや斐子《あやこ》と一緒に聞きました。そして近衛はすぐにアメリカの下で日本の舵とりにかかわる姿勢を示します。具体的にはまず東久邇内閣に副総理格の無任所国務大臣として入閣します。東久邇首相を補佐するためです。

その直前には軽井沢で鳩山一郎との仲なおりを策して、鳩山に、「近衛が政権を担《にな》うべき」と言わしめています。鳩山が先んじて新党を旗あげするのを防ぐ予防措置です。さすが公卿政治家、的確なおさえです。

このころの近衛には、近衛の再々度の総理大臣への出馬を打診する政党関係者や自称米国通にくわえ、真偽とりまぜた忠告者など、面会要求がとても多かったのです。

近衛のほうは、身の安全を第一に考え、八月十五日以降、各所を転々としました。なんといってもわが命第一の近衛です。

世田谷の長尾邸、後藤隆之助邸、細川邸などを転々としました。長尾邸とは、近衛の後援者となっていた「わかもと製薬」創業者長尾欽弥《きんや》・よねの屋敷です。山本ヌイのいる小田原入生田にもしばしば戻りました。

東條英機が自殺に失敗した翌々日の九月十三日、近衛は横浜税関ビルにマッカーサーを訪問します。このときは日本についてまったく勉強していないマッカーサーがひとりしゃべり、通訳も要領を得ず、近衛にとっては収穫がない訪問でした。

十月四日、近衛は再度マッカーサーを皇居前の第一生命ビルに訪問します。こんどの通訳は、八日前に天皇とマッカーサーとの会見の日本側通訳であった外務省参事官の奥村勝蔵《かつぞう》でした。近衛は持論の軍部赤化論と日本の共産化危機論を説明し、同時に共産化を防ぐためにいかに保守勢力が大事かを説きました。

ちなみに、通訳の奥村勝蔵は、在ワシントン日本大使館の一等書記官在任中であった昭和十六年十二月八日に、日米交渉打ちきりの文書を苦手なタイプライターを使い時間を浪費しながら清書したあの人物です。上司の指示があったのかもしれませんが、ともかくも「タイプを遅らせた」人物と言われています。日本がコーデル・ハル国務長官に交渉打ちきりの文書を手渡したのは同日午後二時二十分で、本省からの命令で指定された予定時刻から一時間二十分の遅れであり、すでに真珠湾攻撃ははじまっていました。このためルーズベルトは、真珠湾攻撃は日本によるだまし討ちと扇情的に宣伝できたのでした。

奥村は昭和二十七年に外務事務次官に任命され、昭和三十年までつとめています。

近衛とマッカーサーとの会談には、GHQ参謀長のリチャード・サザランドとGHQに国務省から派遣されていた政治顧問団団長で中国共産党シンパのジョージ・アチソンが陪席しました。近衛がなにを言うのかを摑むため、GHQ参謀第二部対敵諜報局調査分析課長ハーバート・ノーマンと政治顧問団団員ジョン・エマーソンが急遽アチソンに陪席を頼んだのです。

アチソン、エマーソンはともにアメリカ国務省の中でも中国派と呼ばれていました。戦争中は重慶のアメリカ大使館などに在任しながらも、延安の中国共産党を高く評価していました。先に述べましたようにエマーソンは戦後の日本統治を目的に延安で野坂参三と一緒でした。アチソン、エマーソン、そしてノーマンは共産主義者であったといいます。

アチソンがまとめた近衛の発言の要旨をエマーソンとノーマンが読み、エマーソンは近衛がマッカーサーに説いた要点を後に自身の自叙伝のなかで次のように記しています。

「軍閥と極端な国家主義者が、世界の平和を破り、日本を今日の破局に陥れたことには、一点の疑いもないが、皇室を中心とする封建的勢力と財閥とが、演じた役割とその功罪については、米国に相当観察の誤りがあるのではないかと思う。彼等は、軍国主義者と結託して今日の事態をもたらしたと見られているようだが、事実はその正反対で、彼等は常に軍閥を抑制するブレーキの役割を務めたのである。事実は全くの逆であって、財閥と『封建的勢力』は軍国主義的膨張を抑制していたのであり、軍国主義や超国家主義勢力を盛り立てて、満洲事変以来陰険な舞台裏の役割を演じてきたのはマルクス主義者だ」「近衛上奏文」で展開された「共産主義陰謀説」を繰りかえしています。そして、だから自分らは今後も日本で必要とされるとまで言おうとしているのです。

近衛は、「第一次世界大戦でドイツが敗れたとき、ドイツには社会民主党が出現して、これがドイツの安定勢力として、共産主義革命を阻止することができた。現在の日本には社会民主党に似た安定勢力が無い。封建勢力や財閥を取り払ってしまったら、日本はすぐ共産化されるだろう」と主張しました。近衛はマッカーサーにむかって、治安維持法存続の必要性も説きました。

これに対しマッカーサーは、「有益かつ参考になった」と述べたとされています。さらに近衛が、「政府組織および議会の構成につき、御意見なり、御指示があれば承りたい」とたずねると、マッカーサーは近衛に対して、「自由主義勢力を結集して、憲法改正のリーダーシップをとるように」と説いたのです。別れ際には近衛を、「公はいわゆる封建的勢力の出身ではあるが、世界に通暁《つうぎょう》するコスモポリタンである。世界を広くみておられる。しかも公はまだお若い。敢然《かんぜん》として指導の陣頭に立たれよ」と激励したのです。

さあ、近衛にしてみれば、このときわが闘争計画の成就《じょうじゅ》への展望が開け、「してやったり！」

と、さぞ狂喜したことでしょう。

ついに対米開戦以来狙っていた近衛覇権の実現につながる「近衛を頼りにする」というアメリカ側の姿勢(と近衛は思った)を引きだしたのです。

日本について不勉強で、しかも政治にうといマッカーサーにすれば、近衛の説明は耳に入りやすいわかりやすいものでした。

しかし、マッカーサーの下僚《かりよう》として、あるいは政治顧問として入りこんでいた共産主義者たちにとっては、近衛の発言は、数年前までは近衛が手をたずさえていた共産主義者たちを裏切り、近衛だけの身の安全を図ろうとするものであり、さらには自分たちのこれからの企図を破壊する許しがたいものでした。彼らが一番隠しておきたかった共産主義者が仕組んだ戦争への道を、近衛という人間は臆面もなく自分に都合よく加工して、日本統治の最高責任者マッカーサーに語ったのです。

近衛は荻外荘に帰る車の中で奥村に、「今日はえらいことを言われたね」とひとこと言い喜びをかみしめていました。

ところが近衛が第一生命ビルをあとにした三十分前、マッカーサーから新たな命令が日本政府に通達されていたのです。「政治犯の即時釈放、思想警察の廃止、内務大臣、警視総監、全国の警察部長、思想警察の関係者の罷免《ひめん》、市民の自由を束縛する治安維持法など一切の法規の廃止」でした。

荻外荘に着いてこれを知った近衛は驚きました。このマッカーサーの命令は、共産党を再建させ、共産党に完全な活動の自由を与えようとする内容です。

このとき近衛は、GHQ内に容共派が存在していることに気づくとともに、マッカーサーは容共派の部下に、「騙されている」にちがいないと思いました。しかし、事態は進みます。

十月五日、ノーマンとエマーソンは府中刑務所を訪れ、服役していた共産党幹部の徳田球一や志賀義雄を見つけだして釈放が近いと告げたのです。

七日と九日には、ノーマンとエマーソンとは再度府中刑務所へ行き、徳田、志賀、そして朝鮮人共産主義者を第一生命ビルのGHQに連れてきて終日ヒアリングを行いました。ノーマンとエマーソンは、延安の野坂参三とこの徳田・志賀とはやや路線が違い、野坂の方が穏健であることを確認します。

十月十日、徳田、志賀たちはついに出獄しました。徳田、志賀の米軍占領下での活動がはじまります。

ちなみに、このころソ連に占領された欧州の国々は、どこでも同じことが行われました。共産主義者がまずナチスドイツに協力した人々や団体の粛清と追放の先頭にたち、その後、最初に内務大臣のポストをにぎり、内務省と警察を掌握し、新聞とラジオをおさえる。つづいてドイツと結びはしなかったものの、共産党やソ連に批判的な政治家と政党を脅迫し、ときに暗殺し、徐々に無力化していく。十月初め、ブルガリアやルーマニアでも、まだ王制は廃止されていませんでしたが、やがて共産党がすべての権力をにぎってから王制の廃止に乗りだすのは目に見えていたのでした。

治安維持法の廃止や共産主義者の釈放をためらった東久邇内閣は十月五日、総辞職しました。

この日、木戸内大臣は、平沼枢密院議長と後継首相の協議をしました。選考基準は、アメリカ側に反感をもたれていない、戦争責任の疑いがない、外交につうじている、の三つでした。そして二人は幣原《しではら》喜重郎しかいないという結論になります。このとき、富田健治は近衛に組閣させようと動きました。近衛もすぐに、「内閣を引き受けてもいい」と答えていました。国務大臣の小畑敏四郎も第四次近衛内閣誕生に積極的でした。幣原は大正末期から満洲事変勃発まで日本外交の主役でしたが、その後は「水底《すいてい》の人」と自称し、支那事変以降の戦争には無縁であったのです。GHQのサザランド参謀長は幣原が七十三歳と聞いて驚き、近衛のほうが若くていいのではないかと、マッカーサーがいる席で言ったといわれています。

しかし、木戸が反対したのでしょう。木戸に頼まれ外務大臣吉田茂は、いやがる幣原を首相になるよう説得することに成功しました。

東久邇内閣が総辞職したことにより閣僚であった近衛は私人となりました。下野《げや》した近衛は、さっそく近衛新党をつくる構想をねりはじめるのです。近衛はブレーンのひとりである木舎に、「僕もいよいよ決意せねばならぬことが近く来るでしょう。それまでに何とかして自分の陣営を堅めておかねばならぬ。まずこれらの連中を君の名で集めて欲しい」と言って数十人の名前をあげて、十月十五日に荻外荘にて集会をひらくべく手配を依頼したのです（木舎幾三郎『近衛公秘聞』）。

当日、富田をはじめとして、ほとんどのメンバーが集まりました。

ところが奇異なことに元近衛内閣書記官長の風見章はとうとう姿をあらわしませんでした。風見が参加しなかったのには理由があったようです。風見はこれまで一度も近衛に対して悪声を放ったことがなかったのですが、終戦後「近衛上奏文」の内容を知るところとなり、風見たち共産主義者の企図を告発し、みずからは戦争責任を逃れようとしていると見られた近衛に対して、どうにもならぬ断層を感じたのでした。風見自身も、近衛の「その運動に加わるようにしばしば電報や手紙をうけとったが、わたしはいつもそれをことわっていた」と述べていきます。戦争末期に近衛をかつぎだそうとした風見でしたが、敗戦後のいま、親米・反共を掲げることが明らかとなった近衛と政治行動をともにする意志は完全になくなったのでした。

国際共産主義勢力と通じる共産主義者風見と近衛との決定的な決裂の影響は、すぐに近衛の運命の転換という形であらわれてきます。

しかしこの時点では、近衛はいよいよ木舎に新党立ちあげの「決意」を求められ、「君にいよいよ引張られるか、誰に引張り出されるか、何《いず》れにしても出なければならん時期が来たねえ」と言ってにやりと笑いました。おのれの再登板にむけて、嬉しくてしかたがない近衛だったのです。

近衛はアメリカ人新聞記者たちにとって、もっとも関心のある日本人でした。特派員をはじめとして続々といろいろなアメリカ人たちが近衛に面会を求めてきました。近衛はアメリカ人の考え方を知るためにも努めて面会に応じました。白洲次郎や牛場友彦がお膳立てをして、アメリカ人新聞記者を全員招いて近衛主催のパーティーまで催したのです。会場は、山本ヌイのいる世田谷の長尾邸でした。

近衛は十月八日に高木八尺、松本重治、そして牛場友彦をともなってジョージ・アチソン政治顧問団団長を訪ねています。さきに東久邇内閣の副首相格として委嘱されていた憲法改正について意見を求めるためです。このときアチソンは十項目にわたる改憲原則を示しました。これをうけて近衛は昭和天皇から内大臣府御用掛《ないだいじんふごようがかり》に任じられ、憲法改正に関する要綱づくりに取りくみはじめたのです。近衛は新日本の舵をとる政治的地位を確実に得ることができたと思ったことでしょう。

近衛は憲法改正案の起草を、京大名誉教授で憲法学者の佐々木惣一に依頼しました。佐々木は箱根宮の下の奈良屋別館で作業をし、近衛はほとんど毎日奈良屋にでむいて、富田、細川、酒井とともに検討に参加しました。高木、松本、牛場らはＧＨＱ関係者との折衝連絡にあたりました。

このときヌイは小田原入生田から毎日山道を歩いて、お手製のお菓子を近衛たちに届けています。

佐々木案ができあがったのは十一月十九日です。

次章で詳しく述べますが、このころ近衛の運命は暗転しはじめます。近衛は佐々木案にかなり不満で、修正を加え、別に近衛案としています。佐々木案にあった天皇大権を大幅に縮小し、枢密院を廃止し、上院の権能を弱めたのです。

近衛は自分の案を「帝国憲法ノ改正ニ関シ考査シテ得タル結果ノ要綱」として十一月二十二日に天皇に提出しました。

佐々木のほうは改正案を「帝国憲法改正ノ必要」として二十四日に天皇に逐条講義していきます。この日、内大臣府が廃止されました。

第六章

最後の我が闘争

最後の我が闘争

まもなく近衛に対する国内外からの非難攻撃が開始されます。

昭和二十年十月二十九日の朝日新聞は、二十六日のニューヨーク・タイムズの社説「強制による自由」を紹介して、「何回となく首相に就任し日本の圧迫政治に尽くした近衛公がマッカーサー元帥によって戦争犯罪人として牢獄に抛《ほう》り込まれたとしても、恐らく唯一人として驚くものはあるまい」と伝えました。十月三十一日のニューヨーク・ヘラルド・トリビューンの社説は、「日本における民主主義の発展を促進させるためにマッカーサー元帥によってなされた軍のすばらしい行動は、元帥が日本を民主主義に導く人間として近衛を受け入れることによって、全く無効にされてしまっている」と、近衛を登用したマッカーサーを厳しく非難したのです。

近衛攻撃の先頭に立ったのは朝日新聞でした。

十一月一日、GHQは突然声明を発して改憲問題をめぐるGHQと近衛との関係を全面的に否定しました。

五日、GHQ対敵諜報局調査分析課長ハーバート・ノーマンは、近衛はファシズム体制の構築とアジア侵略・対米開戦に責任がある戦争犯罪人だとするレポート「戦争責任に関する覚書」

をアチソンに提出します。十七日、アチソンはこれをバーンズ国務長官に送付しました。ノーマンの覚書は、近衛のことを、「淫蕩《いんとう》なくせに陰気くさく、人民を恐れ軽蔑《けいべつ》さえしながら世間からやんやの喝采《かっさい》を浴びることをむやみに欲しがる近衛は、病的に自己中心的で虚栄心が強い。彼が一貫して仕えてきた大義は己れ自身の野心にほかならない」「彼が公務にでしゃばり、よく仕込まれた政治専門家の一団を使って策略をめぐらし、もっと権力を得ようとたくらみ、中枢の要職に入り込み、総司令官に対し自分が現情勢において不可欠の人間であるようにほのめかすことで逃げ道を求めようとしているのは我慢がならない」と述べています。全体的に感情的な文章との印象を受けます。

しかし、「一貫して仕えてきた大義は己れ自身の野心にほかならない」「もっと権力を得ようとたくらみ、中枢の要職に入り込み」「自分が現情勢において不可欠の人間であるようにほのめかす」など近衛の本質を正確に言いあてています。

それにしてもノーマンは、なぜこれほどまでの感情を直接には一度も会ったことのない近衛にぶつけたのでしょうか？

ハーバート・ノーマンは、戦前は東京のカナダ公使館に書記官として勤務していました。風見章とは家族ぐるみのきわめて親しいつきあいをしていた間柄です。戦後はアメリカ政府の要請でカナダ外務省からGHQに出向し、昭和天皇・マッカーサー会談のGHQ側通訳を務めるなどGHQの中枢にいた共産主義者です。昭和二十一年にGHQが、戦前の日本の政党の活動を禁止したなかで、日本共産党だけはノーマンの助言で、この禁止をうけなかったといわれています。

昭和二十一年八月には駐日カナダ代表部主席に就任します。

彼はまた三笠宮の英語の家庭教師にもなっていますが、後にソ連スパイの容疑をかけられ、エジプト大使として赴任したカイロで飛び降り自殺します。

ノーマンの近衛に対する心証は、ハーバード大学時代の共産主義同志であり、義理の伯父に木戸幸一内大臣をもつ都留重人《つるしげと》、そして家族ぐるみのつきあいのあった風見からの詳細な情報提供によって形成されたと考えられます。

ちなみに、ノーマンはハーバード大学燕京《イエンチン》研究所でロックフェラー財団からの三年間の奨学金を得ながら研究生活を送っていました。

兄宛の手紙で同志都留を次のように紹介していました。

「彼は僕が今まで会った中で最も進んだ、有能なマルクス主義者の一人で、……おそらく、僕が個人的に知る限りでは最も知識を備えたマルクス主義者です。彼はコミュニストかくあるべき、またかくあらざるべき、の両方の模範です」（一九三七年二月四日付）

都留は第八高等学校時代、日本の支那侵入に反対してストライキを起こし河本敏夫（元通産大臣）らとともに学校から除籍される事件を起こしています。このため、日本の大学には進学できず、アメリカ・ウィスコンシン州のローレンスカレッジに一年間留学して、後にハル・ノートの草案作成に関与し、ソ連のスパイと判明したハリー・ホワイトなどの授業を受け、その後、ハーバード大学に入学したのでした。昭和十年に優等賞を得て卒業、大学院に進学します。昭和十五年、博士号を取得し、そのまま講師となります。日米開戦を受けて辞職して昭和十七年、帰国、木戸が重光葵《まもる》に頼んで外務省嘱託に採用してもらいます。昭和十九年六月、東條英機より、木戸に圧力をかける目的で解雇され陸軍に徴兵されましたが、木戸が陸軍にはたらきかけて三カ月で除隊となりました。都留は昭和二十年三月から五月にかけて外務省のクーリエ（外交伝書使）としてモスクワに派遣されています。

近衛は十一月六日と七日、政治顧問団団長のアチソンの部下マックス・ワルド・ビショップに会い、自分に戦争責任がないこと、いかに戦争回避と東條内閣打倒、そして戦争終結に努力したかを釈明しています。英米がかつて日支和平交渉の仲介役を申し出ていた事実を知らなかったなどとの嘘までついての釈明でした。近衛はシナリオの変調のきざしに焦りはじめていたのです。

十一月九日、近衛は米国戦略爆撃調査団の副団長ポール・ニッツと永田町の霞山会館で会談をするてはずでした。米国戦略爆撃調査団とは、米軍による戦略爆撃（空爆と艦砲射撃）の効果を検証するための米陸海軍合同機関です。

調査は同年九月から十二月にわたって各地で実施され、軍事・社会・経済・政治の広い領域におよび、日本の戦争指導者との会談（尋問）の任務を負《お》っていました。真珠湾攻撃の理由、日本が降伏を決定するにいたった経緯、原爆投下の効果なども調査対象でした。ポール・ニッツはウォールストリートの投資会社出身で、後に国防次官となる人物です。

しかし近衛はそこからニッツらに車に乗せられて芝浦桟橋に連れていかれたのです。そこで通訳の牛場友彦だけの同行で舟に乗せられ、なんと驚いたことに、東京湾上に浮かぶ「提督（アドミラル）」という通称をもつ指揮艦アンコン号に連行されたのでした。このとき近衛はこのまま東京湾に投げいれられそうな心理状態に追いこまれたのです。

近衛はアンコン号の船長室で午後二時から四時間近くの厳しい尋問と弾劾にあったのです。米国戦略爆撃調査団のなかで選ばれた近衛に対する尋問者かつ弾劾者は、ニッツの部下でウクライナ生まれハーバード大出の経済学者ポール・バランでした。

バランは近衛を中国侵略と対米戦争を企んだ張本人と指弾しました。バランはとくに気をつけて、「近衛公」と呼ばずに「近衛さん（ミスター近衛）」と呼びました。また近衛の答えのすべてに対して、一から十まで、信用しているという印象を与えないように努めたのです。

木戸が翌日十日、丸の内の明治生命ビルで責任者ポール・ニッツから「侯爵」と呼ばれ、丁重なことばで尋問を受けることと比べると、あまりにも対照的な措置です。

バランの助手として近衛にいくつかの質問をしたのはトーマス・ビッソンでした。近衛は、昭和九年の訪米時の座談会で自分をきびしく攻めたてた反日の旗手ビッソンその人と気づくのに、そう時間を要しなかったことでしょう。彼がコミンテルンの米国における枢要メンバーであり、ソ連軍のスパイであったことが後に『ヴェノナ』で判明しています。ビッソンはGHQ民生局で憲法改正にも関与します。なお、この尋問には経済学の泰斗《たいと》ジョン・ケネス・ガルブレイスも団員として同席しています。

「米国戦略爆撃調査団筆記録」に尋問者側の四十四の質問と近衛の回答が記されています。実際にやりとりされた内容が修正や削除をされずに記載されている保証はありませんが、質問は次のようなものとなっています。

・支那を併合するつもりであったのか？
・アメリカを封じ込める提案をアメリカが受け入れると思ったのか？
・なぜ支那から撤兵できなかったのか？

・昭和十六年九月六日の御前会議はいかなるものだったのか？
・軍事戦略・戦争遂行計画は議論されたか？
・軍事戦略・戦争遂行計画は軍から提示されたか？
・戦争の勝利についてはどのように見こんでいたか？
・空襲の激化はどういう効果を与えたか？
・戦争終結への動きにどのような困難があったか？

これに対して近衛は、もっぱら軍の責任であったことと共産革命の危惧《きぐ》を訴えています。「アメリカを封じ込める提案」などは日米交渉上ありませんでしたので、これはバランのでっちあげです。また、さかんに開戦時の軍事戦略について質問していますが、これは近衛の「対米英蘭戦争終末促進に関する腹案」に対する認識を明らかにしようとする意図であったと思われます。近衛は開戦の場合の軍事戦略の話はいっさいしなかった旨を述べています。

近衛はこの場を利用して、昭和十六年十一月中旬にはほぼ書きあげていた『第二次及第三次近衛内閣ニ於ケル日米交渉ノ経過』と題する文書と「補遺《ほい》」を提出します。近衛がいち早く万全の準備をした「日米交渉への努力」を描いているアリバイ本です。

近衛は、この尋問を通じて、バランによる攻撃とともに、ビッソンの存在に慄然《りつぜん》としたことでしょう。

「なぜビッソンがいるのか？」

マッカーサーには容共派の部下がいることはわかっていました。けれども、このとき近衛は、調査団やGHQのより「奥深く」に多くの反日主義者や左派が入りこんでいるのではないかと危惧しはじめたのです。近衛が自分に都合よく、共産主義者を利用して進めた敗戦革命路線から、親米政権樹立へと鮮やかに切りかえた覇権シナリオに悪影響はないだろうか？　近衛は大きな不安を抱きはじめます。思いかえせば、戦争末期、重光葵が、「日本からアメリカに申し込んでも、ソ連には筒抜けだ」と言っていたのに対して、近衛は、「違うと思う」と述べています。近衛の情報収集力と情勢認識の限界を示すものであったのかも知れません。

調査団が九月六日の御前会議についての詳細な情報をふくめ、入手困難と考えられるさまざまな情報を得ていることも近衛にはわかりました。誰がこのような情報を米軍に提供したのか。調査団側についているとの噂が立っていた都留重人だろうか、その後ろには伯父の木戸がいる……。都留はこの尋問の場にはいませんでしたが、調査団のメンバーとしてこの近衛尋問の前にいろいろとアドバイスをしていたようです。

実は、この時期の都留は米国戦略爆撃調査団の幹部への応対、たとえば日本料理屋でのもてなしなどで毎日とても忙しい身でした。

十月十九日、ビッソンは、都留と木戸が同居している住まいを訪問しています。その後、都留宅でビッソンをはじめ米国戦略爆撃調査団員らやノーマンを招いての豪勢なパーティーが開かれました。

十一月十四日にも都留宅に、木戸、ビッソン、バラン、ノーマン、そしてガルブレイスが集い、楽しい歓談のひとときを過ごしています。近衛の尋問のことも、さぞ話題となっていたことでしょう。ビッソン、バラン、そしてノーマンという気心知れた三人は、その後もたびたび都留宅の夕食会に招待されています。

都留は、太平洋問題調査会の日本ＩＰＲの再建にもかかわっていて、ビッソンに米国ＩＰＲとの連携についての協力を求めています。

彼は戦後、経済安定本部総合調整委員会副委員長（次官級待遇）、一橋大学学長、朝日新聞社論説顧問、ハーバード大学客員教授などを歴任します。

都留とノーマンとのつきあいは長く続きます。昭和二十四年の雑誌『展望』六月号ではノーマンや丸山眞男と「歴史と経済」というテーマでの鼎談《ていだん》を行っています。

近衛はすっかり自信を覆《くつがえ》されました。

帰りの車の中で、「やられた、やられた」と独り言が繰り返されたのを牛場は聞いています。牛場は、「いつも泰然たる公爵に似合わず、この戦略爆撃調査団の調べのときは、全くシドロモドロで、はたの見る目も気の毒な位であった。余程こたえたらしい」と後日話します（『敗戦日本の内側―近衛公の思い出』）。

近衛は牛場に対しては疑いの目をむけていなかったようです。

調査団は、牛場の名前を太平洋問題調査会のメンバーとして知っていました。

数日後の日曜日の夜、ビッソンをはじめとする調査団の面々は、牛場と非公式な会合を開いたようです。太平洋問題調査会のオーエン・ラティモアも東京にいて、ビッソンらと合流します。

十一月十七日、ビッソンら調査団の面々は、日本ＩＰＲのメンバーとの夕食会に招待されます。経済問題がテーマでしたが、都留や牛場もいたことでしょう。とにかく、「太平洋問題調査会」関係の会合は頻繁に開催されました。

牛場友彦について少し触れます。

彼は、秀才の誉《ほま》れが高い牛場四兄弟（牛場道雄、牛場信彦、牛場大蔵）の長男です。生家が実業家で金持ちなので、宮仕えをしたことがありません。昭和九年の近衛の訪米に通訳として同行して以来、近衛の私設秘書や首相秘書官をつづけ、おもに外交部門を受けもちました。牛場は白洲と幼馴染でほぼ同年齢です。ほとんど同時期に牛場はオックスフォード、白洲はケンブリッジで学んだとされています。

牛場の近衛を見る目はつねに冷静です。アンコン号での尋問の場でもそうでした。

戦後の牛場は日本輸出入銀行幹事や日本不動産銀行顧問を歴任します。ちなみに近衛の首相秘書官として同僚であった岸道三は、戦後は経済同友会代表幹事や日本道路公団総裁を歴任します。

アンコン号の尋問では、最後に名誉団長と名乗る年配者が、「文隆はどうしているか?」と近衛に聞いたと言われています。案の定、文隆の名前が出てきました。牛場が、「文隆は満洲にいて、ソ連侵攻後の消息はわからない」と答えます。名誉団長はうなずき、その後は何も言いませんでした。その瞬間、近衛がどう反応したのかは定かではありません。これは文隆を人質にとっているぞ、という近衛へのサインであったのでしょう。この名誉団長はプルデンシャル生命保険社長のフランクリン・ドーリエでした。

近衛はアンコン号でのこのうえない不愉快な体験をへて、早晩確実に戦犯として逮捕命令が出されること、巣鴨拘置所に収容されること、極東国際軍事裁判（東京裁判）の被告となることを確信しました。

数日後の十一月十三日、近衛は箱根の別荘で秘書の細川に、「マッカーサー司令部にはユダヤ人多き為か」「赤化も計りおる如し」と語っています。

十一月二十三日には近衛は山本ヌイと斐子《あやこ》とともに小田原入生田から熱海へ車ででかけ、ミカン狩りを楽しみました。ヌイや斐子との楽しいひとときです。

近衛は裁判対策に本格的に取り組みます。

東京裁判への対処法を完成させるために、十一月二十五日、軽井沢の別荘「草亭」にむかいます。何の犯罪での戦犯容疑なのか、死刑か終身刑か有期刑かなどの想定もつきつめて考えるのです。

軽井沢に行く前日、近衛は枢密顧問官の伊沢多喜男に会いました。

伊沢は、「死んではならぬ、裁判に出て天子をお庇《かば》いしなければならぬ」と言いました。

これに対して近衛は、「絶対に大丈夫です。お上の前に立ちはだかってお護《まも》りする」と答えるとともに、「人の来ない所で落着いて書きたいものがある」と言っていたといいます。この軽井沢行きのことをさしていたのでしょう。

近衛は、軽井沢で、朝日新聞記者小坂徳三郎に会っています。そして今まで部分的に書きとめていた記録をもとにして口述筆記をさせました。

彼はこれを、「自分の政治上の偽らざる告白だ」と表現していたそうです。

生来細心にして慎重かつ科学的な近衛は、きたる東京裁判に対して着々と準備を進めていました。おそらく、ほかの誰もが近衛ほどの細密な準備はしていなかったことでしょう。近衛が元来テロなどに臆病で、飛行機にもいちども乗らず、側近がかげで笑うくらいに自分の命を大切にしていたことは、これまでにも触れてきました。

彼は、支那事変の責任は認めていましたが、対米戦については戦争への道をつくったとは言わず、もっぱら日米和平交渉すなわち戦争回避に力をつくしたとだけ言っていました。

当時の東京裁判に関する観測では、検察側はおそらく支那事変段階ではなく太平洋戦争段階を最重要視するだろうとのことでした。

実際、巣鴨拘置所の部屋割りも、東條被告を中心として木戸、東郷等の順にならべられ、端のほうの部屋の被告ほど罪が軽いと考えられ、平沼、広田などは一番端の部屋を割りあてられています。当時は広田被告は無罪だろうといわれていました。法廷における被告席の配置も同じ考えから、刑の重いと思われるものほど中心に配置されました。

というようなことでしたから、日米和平交渉という実績があり、しかも東條にバトンを渡してしまっていて開戦には直接かかわっておらず、太平洋戦争段階については自信をもっていた近衛は、アンコン号での尋問による衝撃をうけながらも、いや、それだからこそよけい裁判戦に挑む闘志を燃やしたのです。

昭和二十年十二月六日、ついに近衛にGHQから戦犯容疑者として逮捕命令が出ました。国際検察局（IPS）の第四次戦犯指名九名のなかに近衛も含まれていたのです。

近衛が極東国際軍事裁判（東京裁判）で裁かれることが決定した瞬間です。

彼はこの通知を軽井沢で聞きました。

しかし、近衛はとくに驚いたようすを見せませんでした。

近衛にとっては研究に研究を重ねていたことがらです。逮捕命令はもはや織りこみ済みであり衝撃ではなかったのです。巣鴨拘置所に入所する日は十六日ですので、十日の猶予がありました。

近衛の最後の闘いのはじまりです。

第二次・第三次近衛内閣の書記官長富田健治は東京でこの逮捕命令を聞き、すぐに荻外荘にかけつけました。千代子夫人に会い、その場で軽井沢の近衛へ電話しました。

近衛は落ち着いていて、いつもの調子で、「あなたには、今別にこちらへ来て貰う用事はありません。東京におってもらって、色々各方面の情報を集めて下さい。私は尚一週間程当地にいて、それから東京に帰りたいと思っています」と言いました。

近衛は軽井沢で五日間、さらなる裁判対策に余念がありませんでした。法廷闘争における近衛の主張の軸としては、すでに「近衛上奏文」があります。

まず、第一の戦争責任は革命を企図した共産主義者と、それに踊らされた陸軍統制派にあるという戦争責任転嫁の論理です。近衛は迂闊《うかつ》にも支那事変において彼らの意図を看過《かんか》してしまい、彼らの企図を見破ることができなかったという過誤を犯しただけです。法廷では、必要があれば風見や尾崎らの名前をだすことも考えたでしょう。

次に、裁判で最大の焦点になると考えられた日米戦については、近衛は開戦回避にむけて最善をつくしたのです。近衛自身の戦争責任回避のための具体的なアリバイの最重要のものが日米首脳会談に向けた平和への努力です。

近衛は、従来から書きためておいた記録や口述筆記したものをもとに「第一次近衛内閣、支那事変及大政翼賛会設立に就いて」「第二次近衛内閣、三国同盟に就いて」「終戦に就いて」の一連の手記を軽井沢で完成させました。「第二次及第三次近衛内閣ニ於ケル日米交渉ノ経過」は昭和十六年十一月中旬には、ほぼ書き上げていました。

これを「日米交渉に就いて」というタイトルにかえて、他の一連手記と一緒に『平和への努力　近衛文麿手記』と『失はれし政治―近衛文麿公の手記―』としてまとめ、後に発行しました。それぞれ昭和二十一年四月に日本電報通信社から、同年五月に朝日新聞社からとつづけて発行しています。「日米交渉に就いて」は、単独でも『最後の御前会議』との題名で昭和二十一年四月に時局月報社から発行しています。結果的に三冊とも近衛の死後の出版になってしまいましたが、そもそも裁判対策、そして世論対策として終戦後の素早い発表スケジュールが企図されていたことをうかがわせます。

たとえば『平和への努力　近衛文麿手記』は、一、支那事変に就て。二、三国同盟に就て。三、日米交渉に就て——が主な章だてとなっていて、中身は真偽とり混ぜて近衛のいい訳と、とり繕いに終始したものになっています。天皇への責任転嫁もあります。

彼は、東京裁判自体の国際法における法的位置づけについても疑義を呈する予定でした。昭和天皇の根本的な責任についても法廷の関心をむかわせようとしたことでしょう。

近衛は数年間かけた万全の準備と考えぬかれた対策をもって裁判にのぞむ態勢を整えていたのです。極東国際軍事裁判法廷の判事や検事らにとって、彼はもっとも手ごわい相手となるはずでした。そして連合国や国際共産主義者たちにとっても、近衛はもっとも手ごわい公卿政治家であったのです。

これらの準備が予定通り終わると、近衛は十一日夜、軽井沢から自動車で東京にむかいました。むかった先は世田谷の長尾邸です。牛場友彦は近衛と行動をともにしていました。

十二日朝、近衛は事前に約束をしておいた富田と裁判対策の打ちあわせをはじめます。

近衛は富田にこう言いました。

「今日お出を願ったのは他でもありません。伊藤述史《のぶふみ》君と連絡をして貰いたいのです。それは私の逮捕命令にも関係することですが、戦勝国だからといって、無条件降伏だからと言って、終戦後において戦敗国の人間を勝手に裁判にかける、そのために逮捕する。一体そんなことが、国際法の上から許されることでしょうか。自分は色々ずっとこの間から考えて見たんだが、そんな権限は国際法上認められていないと思います。そこで、伊藤君に至急連絡して、この問題を国際法の上から研究して貰って下さい、このことをあなたにお願いしたかったのです」(『敗戦日本の内側―近衛公の思い出―』)と。

伊藤述史は外交官で情報局総裁であった人物です。

要するに「国際法上からは、出頭の義務無し、占領軍に出頭を命令する権限なしとせば、巣鴨出頭を拒否すべきではないか」という論理です。

富田と話したあと、近衛はふたたび小田原入生田の別邸に山本ヌイと斐子に会いにいき宿泊のうえ、ふたりを長尾邸に連れてきたようです。

伊藤の国際法上からの研究結果の返答は、「近衛公の意見にも一理はあるが、仮令《たとい》それを主張して見ても現状では実際問題としてなんとも救済のしようがない」というものでした。

一方、近親者から医師の診断結果をとって巣鴨入りを延ばしてはどうかとの提案がでていました。巣鴨入りが延びるにこしたことはないと、近衛はこの提案にすぐに応じます。

そしてさっそく東大付属病院内科の柿沼博士、外科の大槻博士の診断を受けました。

両博士は、「近衛公の昔からの呼吸器疾患は入所によって悪化の可能性が非常に多い。なるべくなれば、入所を延期するのがよろしいと思う。政治上のことは判らぬが、医者としては、このことを断言する」と述べました。

これを受けて、富田は外務省の公使で巣鴨係を担当していた中村豊一に交渉に行ったのです。中村はアメリカ側にかけあいましたが、こちらも結果は駄目でした。

十三日の夜、富田はこのことを長尾邸にいる近衛に報告しました。

なお、後藤隆之助は、柿沼博士と大槻博士の診断は十五日であったと後に話しています。富田が到着したとき、近衛は、弟の秀麿、山本有三、牛場友彦らと夕食をとっていました。近衛は入所時期の延期は難しいとの報告を聞きがっかりしていたそうです。

十四日の午後には長尾邸に後藤隆之助が訪ねてきました。

死の真実

巣鴨拘置所への出頭日の前々日の十二月十四日金曜日の夕方、近衛は長尾邸からようやく荻外荘に戻りました。十五日土曜日、あるじを迎えた荻外荘は朝から訪問客でごった返します。

荻外荘での近衛はいつもの通り泰然としていて誰かれなく会い、訪問客の慰問、激励、入所中の諸注意事項などに静かに耳をかたむけ、雑談にも興じていました。いわゆる側近者はほとんど全員来ていました。近衛はそのなかでも山本有三、後藤隆之助、牛場、松本、富田、岸らと夜遅くまで語りました。

近衛は巣鴨へ出頭するとは言いませんでしたが、側近に対して、「若《も》し出頭を拒絶せば如何になるか」との質問を発していました。ということは、自殺は考えていなかったということです。自決の意志は少しも示さず、これを懸念しながら問うものがあればキッパリと否定していました。また元内務大臣の安井英二が来て、巣鴨のことや入所している人々のことを話しましたが、近衛は「必要なことは筆記しておいてくれ」と頼んでいます。千代子や家の者が巣鴨に近衛をおくるために、蒲団や寝衣の仕度に心をこめていたときも、近衛はとくに言葉を発しませんでした。夜になって訪問者もしだいに帰っていきました。さしもの広い荻外荘も、その夜は宿泊する親戚と側近者でいっぱいになりましたので、富田は十時過ぎに辞去したといいます。

さて、ここからの近衛の死の直前の状況について丹念に見ていきます。

十五日土曜日には、すでに近衛の「自殺」はあってもおかしくないという雰囲気が周囲に醸《じょう》成《せい》されていたようです。一種の心理操作が施されていたのでしょう。近衛本人には、アンコン号での尋問以来、一部の周辺者や側近者を通じて自殺が慫慂《しようよう》されていたとも思われます。けれども、近衛は法廷闘争を決意していました。準備も万端です。自分には充分なアリバイがある。

悪いのは共産主義者と陸軍（統制派）である。裁判自体の国際法上の疑義を含む法的位置づけについても争う。そして、なんといっても自らの命は地球より重かったのです。もし近衛が自殺を慫慂されていたとしたら、それは近衛にとって憤激の対象であったはずです。しかし、関係者であふれている荻外荘において近衛はそれを口にすることができませんでした。

荻外荘平面図（間取り図、次々頁）を掲載します。

十五日の夜から近衛が死を迎えた十六日の未明にかけて荻外荘に泊まった側近者や家族の誰が、どの部屋にいたかを確認するための準備です。

出頭の前夜、近衛が床につき死を迎えたのは荻外荘の居住棟部分に位置する「書斎」です。近衛は日ごろ、「寝室」ではなく「書斎」で執務し、寝起きしていました。「書斎」は現在も「自決」当時の姿をとどめています。

「書斎」は庭に面する側をのぞく三方が壁となっていて密室度が高い空間です。音は壁を通しては外に漏れません。

近衛が“自決”したとされる書斎

出入り口は、「広縁《ひろえん》」とのあいだの開き戸、「廊下」とのあいだのふすま戸、そして北側で接する「居間」とのあいだのふすま戸の三つです。

「書斎」の西側に壁をはさんで「寝室」があります。「寝室」は建物の一番奥に位置し、もっぱら来客用であったといいます。「寝室」と「書斎」は直接出入りができないようになっています。さらに壁の「書斎」側は床の間風の棚と大きな簞笥《たんす》でふさがれています。

「書斎」の庭に面する側は、ガラスが張られている極めて狭い空間（サンルーム）とのあいだに障子がすえつけられています。

最近、地元自治体が荻外荘の建物内部を見学できる興味深いイベントを開催しています。「居間」や「広縁」は、後に改装され当時の姿とはちがいますが、「書斎」は「現在も『自決』当時の姿をとどめ

近衛文麿居住当時の平面図（昭和12年〜昭和20年）

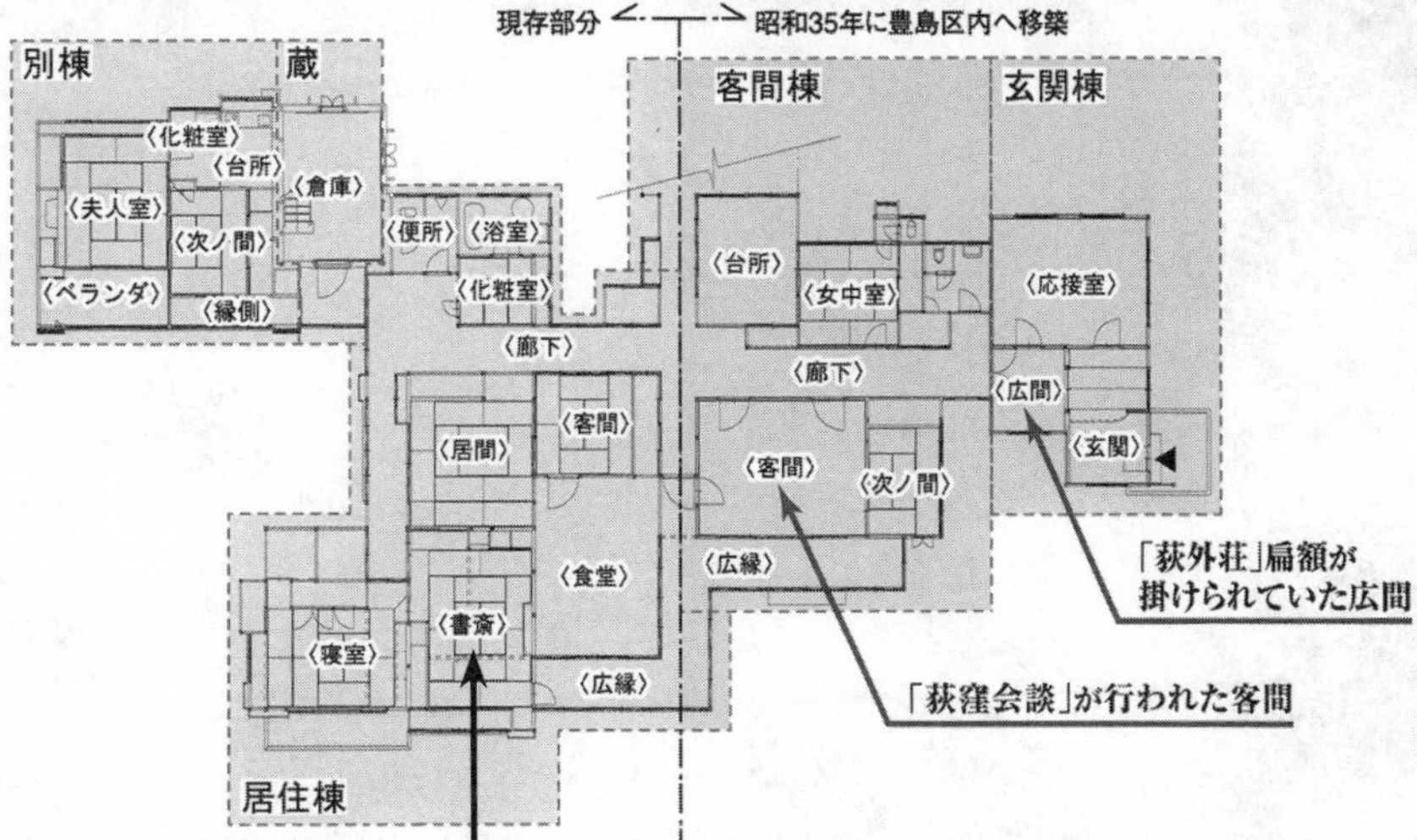

（上）荻外荘平面図（間取り図）
（334ページ写真）「書斎」写真。近衛家の人々が「殿様の間」と呼んだ部屋で、現在も自決当時の姿をとどめている。左側「客間」との間は壁と簞笥
（ともに、杉並区立郷土博物館より）

※本図は、昭和35年（1960）の現況図を参考として作成
・玄関棟の「玄関」、居住棟の「書斎」と「寝室」は、昭和16年〜19年頃に本図のように改修。
・右側は昭和35年に豊島区内へ移築。荻窪に現存するのは左側。

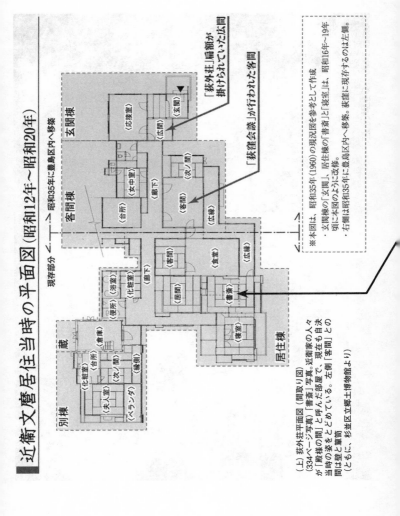

ている」ことを解説つきで、じかに確認できます。
千代子夫人の「夫人室」は別棟にあり近衛の「書斎」からは遠く離れています。

近衛の死の直前をつづった描写は、主なものとして次の何通りかが知られています。

・矢部貞治著『近衛文麿』
・富田健治著『敗戦日本の内側—近衛公の思い出—』
・細川護貞著「元老・重臣の動き」（『語りつぐ昭和史』）
・松本重治著『近衛時代』
・風見章著『近衛内閣』
・勝田龍夫著『重臣たちの昭和史（下）』
・近衛通隆著「通隆氏手記」
・近衛通隆著 寄稿文（雑誌『政界往来』昭和二十六年十二月号）
・近衛秀麿著「兄・文麿の死の蔭に」（雑誌『文藝春秋』昭和二十七年三月号）

これらの証言や他の関係者のそれをひも解きながら、近衛の死の真実に迫っていきます。引用が多くなります。わかりやすいように引用部を太字ゴシックで記載し、かつ前後に「＊」をおきました。

矢部貞治著『近衛文麿』（昭和二十七年発行）は、近衛の伝記としてもっとも著名な労作です。戦後に近衛文麿伝記編纂刊行会の協力の下、矢部が主要な関係者と面談して書いたものです。

富田健治著『敗戦日本の内側―近衛公の思い出―』（昭和三十七年発行）は、富田が、近衛の死後、十二月二十五日に予定されていた近衛の追悼会において死の真相について報告するつもりで、数日間にわたって千代子夫人、通隆、後藤、山本、牛場たちから集めた話を書き記したものです。

近衛の死の直前のやりとりについては両者とも後藤隆之助の証言をもととしています。不思議なことに、当夜いっしょに近衛と話をした後藤と山本有三との記憶は一致していません。が、ともかくも後藤の話にもとづくと矢部本に富田本と三十三回忌法要での後藤談を考慮して次の通りになります。後藤が近衛と最後の会見をするために、荻外荘を訪れるところから始まります。

＊

その夜、後藤が荻外荘に行くと、すでに山本が待っていて、廊下へ呼び出すと、

「近衛が自殺することに、君ひとりが賛成だそうだな」と後藤に言った。

「そんなことはない。おれは巣鴨行きをすすめたんだが、彼が応じなかっただけだ」と後藤は答えた。

「それじゃあ、会おうじゃないか」

「うん、会おう」

荻外荘は応接間も食堂も近親者で一杯で、三々五々とヒソヒソ話をしていて……山本によると、彼は後藤と二人で話したいと思ったけれどそういう状態で話ができないので、午後九時頃二人で勝手に近衛の居間に入った。

二人は、帝大（東大）内科の柿沼博士と外科の大槻博士が近衛を診察している間、それが終わるのを待っていた。診断の結果、「今は特別悪いところはないが、昔かかったことのある胸の疾患は、巣鴨に入所することによって、悪化する懸念があるので、帝大病院に入院して療養する必要がある、という診断書を書くことにしたらどうか」というのが、医者たちの意見であった。

やがて二人が待っていた居間へ近衛が入ってきて、近衛は、

「医者は、一時帝大に入院して療養する要があるという診断書を書くというが、自分は病院行きはやめにした」と言った。それなら、

「それではどうする……」と山本が聞くと、近衛は、

「裁判を拒否するつもりだ」と言う。山本は続けて、

「公爵は最後の場合を考えているのではないか」と聞いたが、近衛は言下に少し首を横にふって、

「いいえ」と答えた。

この時、山本は部屋の入口に近衛の次男通隆が来ていることに気づき、あとの発言を控えていたが、後藤は気がつかず、

「政治家たる近衛公としては、ペタン元帥の如く、法廷に立って堂々と所信を披瀝し、陛下の盾となるのが、取るべき態度ではないか」と言うと、近衛は、

「自分が罪に問われている主な理由は、日支事変にあると思うが、日支事変で責任の帰着点を追及して行けば、政治家としての近衛の責任は軽くなり、結局統帥権の問題になる。従って究極は陛下の責任ということになるので、自分は法廷に立って所信を述べるわけにはいかない」

と言った。

後藤は、それを聞いて、初めて近衛の決意の固いことを知った。そして、その時やっと通隆が立っていることに気がついた。後藤はそれを見て、しばしためらったが、今は言うべきことは言っておかねばならないと覚悟を決めて、

「東條の様な、ぶざまなことのない様にして貰いたい」と言った。

近衛は無言であった。

山本は、

「できるだけ書き残しておいて貰いたい」と言った。近衛は、

「既に書いてある」と答えた。後藤は、

「それは支那事変や日米交渉の手記のことか」

「そうだ」

「それではない。何故死んでゆくのか、その理由をハッキリと書き残して貰いたい」と言ったが、近衛は無言であった。後藤はなおも続けて、

「中野正剛は、あれだけ日頃ははっきり物を言っていたのに、最後は淡々たる心境などというだけで、はっきり言っていないで自決してしまった。ひとつはっきりと書き残して貰いたい」

と言ったが、これに対しても、近衛は無言であった。

座が白け気味となった時に近衛は、

「皆応接間に待っているだろうから、あちらで皆と話そうではないか」と言うので、三人は立って応接間に行った。応接間には後藤と山本のほかに、松本重治、牛場友彦そして通隆などがいた。帰る富田を送り出してから、近衛も入って来た。近衛はウイスキーを取りよせて、皆で飲

みながら雑談した。近衛はウイスキーを皆に注いで回った。近衛は極めて平静な、わざとらしい所の少しもない、親しみ深い態度で、興味深そうに皆の雑談に耳を傾けていた。話題は、闇市のことなどが出ていた。

後藤と山本とは、終電車がなくなるので、あとに心を残しながら荻外荘を出た。後藤は山本がすすめるまま、世田谷の自宅には帰らず、三鷹の山本の家に行って泊まった。二人並んで寝ながら、「近衛はやるな」と語り合った。

翌日十六日日曜日の早朝、まだ床に入っている時に、「自決した」との電話があった。駆けつけると、近衛は居間の真ん中に仰臥《ぎょうが》し、苦悶《くもん》のあともなく、あたかも眠っているように静かな顔をしていた。枕元には二、三の常用薬と一緒に、小さな茶色の瓶が空になって置かれていた。山本は、「ご立派です、ご立派です」と、泣きながら言った。後藤は、昨夜「東條のような、ぶざまなことはしてくれるな」などと言ったことを、心に恥じていた。数奇な、悲劇の運命児近衛文麿は、かくして世を去った。時に数え五十五歳であった。

＊

以上が、後藤によって語られた近衛最期のもようです。後藤は「駆けつけると、近衛は居間の真ん中に仰臥し、苦悶のあともなく……」と語っていますが、近衛が床についたのは紛《まご》うことなく「書斎」であります。近衛が日常、執務だけでなく寝起きもしていた場所です。「居間」

と「書斎」とを取り違えているのは、まず不自然です。

医師の診断による入所延期の件の顚末《てんまつ》も違っています。

さらに重要なことは当時東大文学部国史学科に在籍していた近衛の次男通隆が立ち聞きしたという生涯に一度のショッキングな近衛と後藤の会話についてです。

実は、通隆は雑誌『政界往来』昭和二十六年十二月号に、近衛の死の前日からの経緯を寄稿しています。この寄稿文で通隆は、後藤の話によれば通隆が立ち聞きしたはずのこのショッキングな会話についてまったく触れていないのです。いっさい書いていないのです。

このことだけでも後藤の話の信憑性が疑われます。通隆の寄稿文は後で採り上げます。

次に、近衛は小さな茶色の瓶にはいっていた「青酸カリ」で「自殺」したとされています。しかし、薬学的に見て、「青酸カリ」であっても、気づかれることなく静かに苦悶《くもん》なく即死できることは保証されていません。

「青酸カリ」はシアン化カリウムというシアン化合物の一種です。

体内に入ると、胃酸との結合で生じたシアン化水素が呼吸によって肺から血液中に入り、重要臓器の細胞内で酸化酵素の鉄分と結合して酵素の働きを妨げ、細胞を低酸素により壊死《えし》させることで個体死に至らしめます。全身の臓器が急激に損なわれ、特に脳が深刻なダメージを受けます。嘔吐《おうと》、血圧低下、呼吸困難、心房細動、肺水腫、けいれん、意識消失が生じ、やがて呼吸停止、心停止となります。

「青酸カリ」の分量が充分に多ければ、症状の発現は急激で死に至るまでの時間は短くなります。「青酸カリ」の分量が充分に多い場合、残留する自殺者の呼気に含まれるシアン化水素も多くなりますので、自殺後に残留しているシアン化水素を周囲のものが吸って中毒になる危険があります。

シアン化水素は無色でアーモンド臭があります。

ですから、自殺後、自殺した部屋に入るにあたっては注意が必要です。皮膚からも吸収されるため、直接自殺者の皮膚に触れることもあってはなりません。近衛は短時間での致死量、すなわち充分に多量の「青酸カリ」を飲んでいるはずですから、第一発見者は残留しているシアン化水素を吸ってしまう危険性に注意しなければならなかったのです。

実際、第一発見者はまったく吸わずに済んだのでしょうか？　近衛の「自殺」後、まず「書斎」の窓を開け放してきちんと換気をしたうえで入室したのでしょうか？　そして第一発見者は近衛の肌には触れなかったのでしょうか？　ところで、そもそも近衛の自殺の後、「書斎」にアーモンド臭はあったのでしょうか？

そのような記述はどこにも見られません。素朴な疑問が次々と湧いてきます。「青酸カリ」の件はつきまとい続けますので、覚えておいてください。

次に『語りつぐ昭和史』(朝日新聞社)という本の中にある細川護貞が書いた「元老・重臣の動き」というタイトルの文章を採り上げます。細川護貞は近衛の女婿にして秘書でした。細川は、問題の通隆が立ち聞きしたという後藤・山本と近衛との会話について、これを根本からくつがえす驚くべきことを書いています。

文中の「私」は細川自身、「山本先生」は山本有三です。

*

「私は山本先生に呼ばれまして、『君はあの話を信用してはいけない、あれはフィクションである、自分はあのとき立ち合った唯一の人間であるけれども、あれは事実ではない』と申されました。『自分はたしかに後藤さんと近衛さんをつれて部屋に入った、しかし後藤さんは一言も言わなかった』というのです。……『かくありたいと願ったことが、文章になって出てしまったのであって、あれは事実ではない、あれは後藤君のフィクションである』ということを(山本先生は私に)熱心に説かれたのであります。『もし君が将来何か書くときに、必ず事実を書き改めてもらいたい』、ということでありました……」

*

後藤がつくり話をしていると言っているのです。

後藤はこの細川の文章を読んで、酒井三郎に非常な憤慨を述べたと言われています。酒井三郎とは昭和研究会や大政翼賛会において後藤の側近であった人物です。酒井は後藤と苦楽をともにしてきました。酒井は後藤の発言を『昭和研究会』で、次のように書き残しています。

文中の「私」は酒井自身です。「山本」は山本有三です。「僕」は後藤です。

＊

「あのような重大な場面で言ったことを忘れるはずがない。ことにその場にいたのは、山本と僕と二人きりなのに、フィクションだなんて、山本はよほどどうかしている。それではあと何の話をしたのか、ときくと、山本は『雑談をした』、というのだ。人間が死ぬか生きるかという重要な場面で、雑談などするはずがないじゃあないか。君、どう思うかね」と、聞かれて私もとまどった。

後藤も、山本も、私はよく知っている。山本のような真実を探求する作家が、ウソを言うはずはないし、後藤がウソイツワリを言ったら、彼の身上はない。しかし、これを確かめようにも、すでに山本はこの世を去ってしまった。山本は通隆の姿を見てから、発言を控えてしまったので、後藤も発言をやめてしまったと思ったのだろうか。いずれにしても、今は事実を確かめようもない。

＊

酒井も割りきれないものを感じていたようです。後藤は「雑談などするはずがないじゃあないか」と言っていますが、近衛はあの夜しっかり皆と雑談していました。このことを後藤自身が先に証言しています。ますます後藤の話の信憑性が疑われます。

さて、出頭日前日の十五日に近衛と夜遅くまで語りあった者たちの中に牛場友彦と松本重治もいました。牛場と松本は、夜通し、「書斎」にいる近衛の動静を窺《うかが》っていました。側近者たちの中でそのような役割を担っていたのです。この松本が、後藤との対談を『近衛時代』（昭和六十二年発行）という著書に掲載しています。途中から見ていきます。

＊

まず注目すべきは後藤が、

「そこで、これは自殺するなと思ったから、立派に死ねといおうと思ったら、僕の後ろに千代子夫人と通隆が立っているんだ。僕は気がつかなかった。山本ははやく気がついたもんで、いくらかたじろいだらしい。僕は二人が後ろに立っているのを見て、少し、意気阻喪したわけじゃないが、なんだか言いにくくなったね。だけどこんなことで、言うべきことを言わずにおるわけにはいかないので、……」

——と述べている点です。

部屋の入口に立っていたのが、「通隆」ひとりから、「千代子夫人と通隆」に増えています。これもまったく奇妙な話です。ちなみに千代子夫人は昭和五十五年、すなわち、この対談が公表された七年前に他界してしまっています。

松本と後藤の対談を続けます。

＊

松本　僕、自殺する人の隣の部屋に寝てたなんていうの、ないね。空前絶後。
後藤　あそこへ泊ったのか。
松本　泊ったよ。牛場の友さんと二人で泊ったよ、あの部屋に。
後藤　ああ、そうか。あなたがたは、まだ、僕と山本とは違って、ああいう場面で一応やったのと、やらずに想像しておったのと、少し違いがあったね。
松本　いや、僕は自殺反対論を相当ぶったの。二時間ほど。
後藤　あ、そうか。あのあとで？
松本　いや、その前に。昼、日中だ。
後藤　あ、そうか。反対論ていうのは、どういうの？
松本　いや、自殺しちゃいかんというの、僕は。なんかね、白洲次郎か友さんだか、僕が同盟通信にいたら、どうも近衛さんは、何か決心しているようだといって、僕に電話がかかってきたんですよ。で、僕は、さっとわかったものだから、「じゃ、すぐに荻窪に行くよ」って、それで行ったんだ。二時間話したかな。友さんも傍にいたよ。僕は、「この際恥をしのんで巣鴨に行ってください。極刑にはならないんだと思うから」といったら、やっぱり、木戸がいるからいっていうんだよね。「天皇さまのためには木戸がいるから大丈夫だ」と。だから僕は、木戸一人じゃ危い。あなたが生きてなきゃだめなんだと、いうことを言ったんだよ。そしたら最後にね、「松本君ね、もう話はわかったけれど、最後の私のわがままを聞いてくれ」こういうんだよ。ま、そういわれると仕方ないから、それ以上言うのを諦めたんだ。

*

ここで突然に不自然に、けれどもうがった見方をすれば「やはり」登場した名前が、「白洲次郎」です。十五日に白洲から近衛の自殺予定が連絡されてきたというのです。あまりに唐突な設定です。

次に、松本と牛場は「隣の部室」で寝たと言っています。「書斎」の横に長く接している「寝室」か、ふすま戸でつながっている「居間」のどちらかでしょう。松本は近衛家にとっては客人でもあったので「寝室」と考えても不自然ではないです。しかし、「寝室」は前に述べましたように「書斎」と壁で完全に遮断されていますので、ここでは「居間」としてみます。宿泊者それぞれの寝る（居る）場所はあらかじめ入念に打ち合せて配置を決めていたでしょう。松本と山本は隣室で一晩中、近衛を見守る役であったのです。「居間」ならふすま戸越し、あるいはふすま戸を少し開けて見守ることも可能です。

なにしろ「空前絶後」の体験なのです。

ところで、「ああいう場面で一応やったのと、やらずに想像しておったのと、少し違いがあったね」という発言の意味がわかりません。松本と牛場が「やった」とは何をやったのでしょうか？　ここで何を口走ったのでしょうか？

＊

対談はこの後、松本が「遺言」と呼ぶ文面に関することに移ります。後で詳しく触れますが、通隆は単に「メモ」と呼んでいます。

松本　あれはね、次男の近衛通隆君に会って、一時間ぐらい話したんだよね。それから、通隆君を部屋から外へ出さしといて、あとは自分で書いたんだな、遺言は。そんな気がする。

後藤　そうかあ？

松本　うん。遺言を通隆君に渡したわけじゃないんだもん。

後藤　ああ、そうか。

松本　十二月十六日朝、六時ごろ友さんと私とが、まだ寝ていると、千代子夫人から声がかかって、「友さん、やっぱりやりましたよ」という。二人で跳ね起きて、となりの近衛さんの寝室に行って見ると、近衛さんは苦悶のあとなどなく、静かに大往生を遂げていた。枕元に遺言がのこされていた。

＊

実は、矢部貞治著『近衛文麿』をはじめとする他の著書では、「遺言」については、「通隆が『何か書いておいて下さい』と言うと、近衛は『僕の心境を書こうか』と言って近衛家の用箋に、硯箱のふたを下敷きにして、鉛筆で、床の中で寝たまま、次のような一文を書き流して『字句も熟していないから、ミミ（通隆）だけで持っていてくれ』と言って通隆に渡しました」と書かれています。

松本の話はこれとまったく違っています。

この点に後藤が気がついて、思わず「そうかあ？」と疑問を発しています。

しかし、松本の念をいれた「うん。遺言を通隆君に渡したわけじゃないんだもん」という繰り返しの発言に、なにかを思い出したのか「ああ、そうか」と同意してしまっています。

ここもきわめて不自然です。

隣の部屋にいた人間の証言、しかも大人が二人も隣の部屋（「居間」）に一晩中いて、「書斎」

における近衛と通隆との会話や、近衛がたてる物音に聞き耳を立てていたのです。

当夜、実際にはなにがあったのでしょうか？　大きな疑問が自然と生じます。

ところで、近衛の死後初めて、昭和二十二年二月下旬に、風見章は久しぶりに荻外荘を訪れました。このとき千代子未亡人に近衛の死のことを話させています。風見は、近衛の死について、千代子がどう語るのかを確認したのです。風見はその著書『近衛内閣』（昭和二十六年七月発行）で、次のように書き記しています。

＊

夜が明けるのを待ちかねていた夫人が、あかつきの色もただよいだしたので、そっと寝室にはいり、まくらもとにしのびよったときは、すでに近衛氏は、この世の人ではなかったのだという。夫人の話によると、そのときは、まだ、ほのかに体温がのこっていたというから、近衛氏が青酸加里をのみくだしたのは夜明け前であったにちがいない。……その夜、となりの室には、牛場友彦氏が万一の場合をおもんばかって、近衛氏の寝がえりの音ひとつも聞きもらすまいと、夜どおし、まんじりともせず、聞き耳をたててがんばっていた。だが、ついぞどんな音も耳にはふれなかったという。さだめて、そっと起きて毒薬をとりだしたにしても、足音ひとつたてまいと、心をもちいたものであろう。まことに、いわゆる死をみること帰するがごとく、おちつきはらって、やすらかに大往生をとげたのであることがわかる。

＊

この日の日の出は六時四十三分です。「となりの室」には、牛場と松本がいました。千代子はなぜか松本を抜かしていますが、松本も重大な役割を担っていたのですから、これもおかしな話です。

隣室にいた牛場は、「万一の場合をおもんばかって、近衛氏の寝がえりの音ひとつもききもらすまいと、夜どおし、まんじりともせず、聞き耳をたててがんばっていた」のです。ふすま戸を少し開けていたのでしょうか。「書斎」における会話なども、すべてしっかり聞こえていたはずです。

さきほど述べた「青酸カリ」の件は引きつづき、どう考えても腑に落ちません。

それでは、ここで、矢部貞治著『近衛文麿』や富田健治著『敗戦日本の内側—近衛公の思い出—』を中心にして、夜十一時過ぎからのようすを追っていきます。近衛と千代子との会話などの一部は勝田龍夫著『重臣たちの昭和史（下）』を参考にしています。

＊

かくて夜の十一時過ぎ、いつもの慣わし通り近衛は入浴しました。側近たちは次男で当時東大文学部に復学していた通隆に、近衛の入浴中に、その衣服や居間、手提げカバンなどを調べてもらって、拳銃とか毒物があったら取り上げておくことを頼んでおいたのですが、この身辺調べでは何も発見されませんでした。千代子夫人は通隆に対してこう言いました。「あなたは皆さんの言われる通り探されるも良いでしょう。しかし私は（近衛が）お考えの通りなさるのがいいと思いますから、探しませんよ」。

＊

恐らく長年にわたる菊やヌイの件で、千代子の夫への愛情は完全に醒めていたのかも知れません。いや、それを種に周囲のものたちによって、近衛と千代子との離間工作がはかられていた可能性もあります。

＊

近衛の入浴を手伝って、秘書の塚本義照が背中を流しながら、京都大学時代に近衛の最初の妾となった藤菊の娘幸子の手紙をみせていました。一方、近衛は原田熊雄の病状を心配していました。

「熊さん、この頃どうだね」

「ちょっと……あんまりよくないようです」

「可哀想だねえ」

「私、またお見舞いに行ってきます」

「そうしてくれ」

夜十一時、近衛は千代子夫人に水を書斎の枕元に運ばせました。夫人は、唐紙をしめる前にきちんと座ると、「さようなら」と別れの挨拶をして退いたといいます。

通隆と長女昭子とがしばらく書斎で近衛と話を交わしていましたが、やがて昭子は部屋を出ていきました。通隆が、

「今夜は一緒に寝ましょうか」

と言ったところ、

「僕は人がいると眠れないから、いつもの通り独りで寝かせてくれ。しかし少し話して行ったらどうか」

と言いました。初め長女の昭子も一緒にいましたが、昭子が去ってからも通隆は父の書斎でそれから午前二時頃迄話していたのです。

＊

この近衛と通隆のおよそ二時間にわたる話の中で、次のような言葉があったそうです。

＊

一、自分は支那事変の解決、日米交渉の成立に全力を尽くしたが、力及ばず、今日の事態に立

ち至ったことを深く遺憾とし、上は陛下に対し奉り、下は全国民に責任を痛感していた。
二、自分は大東亜戦争直後（昭和十七年初）「第二次及び第三次近衛内閣に於ける日米交渉の経過」を誌《しる》しておいたから、自分としては言うべきことは大体あの中に尽くしているつもりである。あれによって世論の公正なる批判を受けたい。
三、国体護持の問題については、自分が全力を尽くして護ってきた所のものである。これは国民別して近衛家としては当然そうあらねばならない。
四、家事のことは富田に相談すべきこと、財産上のことについては小林一三に相談すること。

そして、通隆が、

「何か書いておいて下さい」

と言うと、近衛は、

「僕の心境を書こうか」

と言って筆と紙を求めました。近くに筆が無かったので通隆が鉛筆を渡し、有り合わせの長い紙を切って出したら、

「もっといい紙はないか」

というので、近衛家の用箋を探して出すと、硯箱のふたを下敷きにして、鉛筆で、床の中で

寝たまま、次のような一文を書き流して「字句も熟していないから、ミミミ（通隆）だけで持っていてくれ」と言って通隆に渡しました。

次のような文面でした。

「僕は支那事変以来多くの政治上過誤を犯した。

之に対して深く責任を感じて居るが所謂《いわゆる》戦争犯罪人として米国の法廷に於て裁判を受ける事は堪え難いことである。

殊に僕は支那事変に責任を感ずればこそ此事変解決を最大の使命とした。

そして此《この》解決の唯一の途は米国との諒解にありとの結論に達し日米交渉に全力を尽くしたのである。その米国から今犯罪人として指名を受ける事は残念に思う。

しかし僕の志は知る人ぞ知る。

僕は米国に於てさえそこに多少の知己が存することを確信する。

戦争に伴う昂奮と激情と、勝てる者の行き過ぎた増長と敗れた者の過度の卑屈と故意の中傷と誤解に本づく流言蜚語《りゅうげんひご》と是等《これら》一切の所謂世論なるものもいつかは冷静を取戻し正常に復する時も来よう。

其時始めて神の法廷に於て正義の判決が下されよう」

通隆は二時を過ぎて、父の書斎を辞しました。

＊

夫人の挨拶については、あえて触れません。

近衛の背中を流している塚本義照は、近衛が京大生のときから書生として身のまわりの世話をして仕えていた人物で、藤菊や原田熊雄のことをよく知っていました。この夜、近衛がいつも入る風呂が壊れていて、入浴したのは女中風呂であったそうです。

ここでも大きな疑問がわきます。まず時間です。

近衛と通隆はおよそ二時間話をしたと伝えられていますが、「国際検察局（ＩＰＳ）尋問調書第11巻」96頁では、通隆は近衛と夜十一時から二時まで「約三時間」話したと述べています。「二時間」と「三時間」ではおおきく違います。この緊迫した状況で間違いようがないと思われますが、時間の混乱、不整合がほかにも目立ちます。

この後、紹介します通隆が自身で書き残した「通隆氏手記」でも、「約三時間」と書いています（「手記」を訳して「調書」としたようです）。

次に、通隆と近衛の「二時間」にわたる会話で示されている「一、二、三、四」の事項のやりとりは、とてもこれから死ぬ者の最後の言葉というようなものではなく、近衛が巣鴨へ行ってから間違いがないように、万般の準備につけくわえての確認であったような印象を受けてしかたありません。

通隆や家族たちの人生についての示唆、近衛自らの生涯についての総括など哲学的なものはなく、裁判を念頭においた事柄のみです。「通隆氏手記」では、このときの父との会話を「雑談」としています。

近衛ともあろうものが、崇高《すうこう》な最期にのぞむにあたって、遺書を書くために筆やいい紙を用意していなかったというのも解《げ》せません。通隆に渡したとされるものは藤原の末裔たる近衛が後世に残すべき性格の「遺書」であったのでしょうか。原本を確認すると、文頭がきちっとそろっているわけでなく、もれの挿入や訂正の二重線がそのまま残されているなど粗雑な鉛筆書きの文書です。これが陽明文庫にはいって藤原道長の書とならぶことを近衛がよしとしていたとはとても考えられません。

繰り返しますが、「通隆氏手記」では、単に「メモ」と言っています。

さらに気になるのは、近衛が書いたとされているこの「遺書」の文面です。特に最後の一文が気になります。一体「神の法廷」とは何なのでしょうか？　なぜ、ここで突然「神」が出てくるのでしょうか？　あの近衛にしてはあまりにも唐突です。繰り返しますが、近衛にとっての「神」とは何なのでしょうか？　藤原氏の氏神である天児屋命《あめのこやねのみこと》のことでしょうか？　まさか敵の神、ユダヤ教やキリスト教の神ではないでしょう。

　ここで思わずあまりにも有名すぎるゆえについ頭に浮かんでしまうのが、東京裁判で判事をつとめたラダ・ビノッド・パール博士の判決文の最後の部分です。パール博士はその判決文の最後を次の言葉でむすんでいます。

「時が、熱狂と偏見をやわらげたあかつきには、また理性が、虚偽からその仮面を剝《は》ぎとったあかつきには、そのときこそ、正義の女神はその秤《はかり》を平衡に保ちながら、過去の賞罰の多くにその所を変えることを要求するであろう」

　とても似た感性の文章です。たまさか有名な文章なので思い出して引用してしまったのですが、「神」とか「女神」のこのような使い方は、当時の日本人の思惟《しい》ではなかったような気がしてなりません。少なくとも近衛のこれまでの思考形態からはでてこない表現です。この不自然さは、近衛が残したとされるこの文面への第三者の関与を、後世になんとか伝えよう、気づかせようと、近衛が意図的に最後の一文に組みこんだサインとは考えられないでしょうか。もちろん断言はできませんが……。

　近衛の死後、極東軍事法廷主席検事キーナンは近衛をさして次のような声明を公表しました。

「戦争犯罪容疑者として現在拘禁されており、また近く拘禁されようとしているものを含め何人と雖《いえど》も、自分の良心の苛責により自分が有罪であると確信する者以外は、何も恐れる必要はないということをここに強調する」

そして、やっぱり、と言っていいと思いますが、GHQは近衛が残した文面については最後の一文を公にしないように命令しています。

十六日朝、この「遺書」は荻外荘にやってきた国際検事局の検事一行によって押収され、六年を経て、ようやく返還されたといいます。

さきほど述べましたように、通隆は、このときの父との会話について自ら書き記して残しています。これが「通隆氏手記」とのタイトルで陽明文庫に保管されています。次のようなものです。

＊

昭和二十年十二月十六日午前一時ごろ〈午後十一時より翌朝二時に至る約三時間にわたり〈注・括弧内は線が引かれて抹消されている〉〉、父の居まにおいて、雑談したる際、父は今の自分の心境として別紙のようなメモを渡した。字句の整ったものではないが、といいながら、当家の用箋に鉛筆で走り書きをしたものである。勿論、？書としてではなく、気軽に書いたものである。

＊

そして、「僕は支那事変以来多くの政治上過誤を犯した」で始まり、「其時始めて神の法廷にに於て正義の判決が下されよう」で終わる例の文面が挿入や訂正なしで実にきれいに原稿用紙に清書されて、別紙として添付されています。

まず、やはり、通隆は近衛と三時間一緒にいたのではないかと思われます。特徴的なことは、父との会話が「雑談」と表現されていることです。文面は「気軽に書いたもの」で「メモ」と表現されています。「遺書」とはなっていません。「？」の部分は崩し字で判読しにくいですが、「遺」と読めます。そしてこの部分は「調書」からはずされています。

通隆は、この気軽に書かれているので、挿入や訂正があり、文頭もそろっていない父の文面（メモ）を受けとって、きちんとみごとに清書して写しをつくっているのです。父との雑談が終わる二時から、死が発見され騒ぎとなる翌朝六時までの間に、そのような筆写をしていたのでしょうか。通隆としては父とのしばらくの別れを心してのことでしょうか。

さて、ここから先のことについて、通隆の雑誌『政界往来』昭和二十六年十二月号への寄稿文を軸に見ていきます。近衛の死の前日からの経緯を書いた寄稿文です。矢部貞治著『近衛文麿』が通隆の寄稿文をそのまま掲載しています。通隆は、後藤の話によれば「通隆が立ち聞きした後藤と近衛との（ショッキングな）会話」について、まったく触れていないということはすでに書きました。以下、「私達」とは通隆自身と近衛を、「私」は通隆自身をさします。

＊

しかし用箋を（通隆に）渡す時の父は、既に冷静を取り戻し、愛憎を乗り越えた心境にあるような感じがした。

私達は再びもとの話題に会話を戻したのであったが、その際私はいささか感傷的な気味もあるにはあったが、これが永久乃至半永久的な訣別だと思えたので、

「今まで色々と御心配をおかけしておきながら、これといって親孝行をすることもできず、まことに申訳ありません」と、心から素直に詫びる気持で父に申出た。すると父は、ジット私の顔を見据えていたが、

「親孝行って一体何だい？」

と吐き出す様にいって、プイと向うを向いてしまった。その口調は多分に冷やかで、而も私の迂闊《うかつ》さを指摘する底《ママ》のものであったから、私はハッとして口をつぐんでしまった。この時の父の言葉や素振りは、非常に印象的であって、私には永らく忘れられない思い出の一つである。

「随分もう遅くなったようですから、おやすみ下さい。……で、明日は行って下さいますネ」

遂に私は決意して自分の一番気懸りなこと——それでいて今まで一時間余の間、言おうとし

て言えなかった質問を口に出した。

しかし父は、行くとも行かぬとも答えず、黙っていた。私の眼は嘆願する様にして、父の眼を見つめていた筈だが、父の私を見返す眼も、別のものを私に訴えていたように思われるのだった。「まだそんなことを訊くのか、お前にはすっかり判っているだろうと思っていたのに……」、そんな調子の沈欝な、そして半ば私を非難する様な、一種異様な面持ちであった。私はまだかつて、父がこの様な厭な顔をしたのを見たことがなかった。然しここまで来て初めて、私は（愚鈍なことだが）父の真意を直覚し得たのであった。

「若《も》し夜中に御用がおありでしたら、いつでもお呼び下さい、隣室に寝んでおりますから」こう言って私は引退って来た。（父は）黙って淋しく、私に反省を求めるような眼で見返っただけであった。

＊

さて、この「『親孝行って一体何だい？』と吐き出す様にいって、プイと向うを向いてしまった。その口調は多分に冷やかで、而も私の迂闊さを指摘する底のものであったから、私はハッとして口をつぐんでしまった。この時の父の言葉や素振りは、非常に印象的であって、私には永らく忘れられない思い出のひとつである」であるとか、「父の私を見返す眼も、別のものを私に訴えていたように思われるのだった。『まだそんなことを訊くのか、お前にはすっかり判っているだろうと思っていたのに……』、そんな調子の沈欝な、そして半ば私を非難する様な、一種異様な面持ちであった。私はまだかつて、父がこの様な厭な顔をしたのを見たことがなかった」との描写で、通隆はなにを訴えたかったのでしょうか。

ふたりだけの会話です。巣鴨に行くとしても、結果的に死が待っていたにしても、いずれにしても、その前の最後の会話です。（隣室で松本と牛場が聞き耳を立てていたでしょうけれども）もっと美化して残してもいいはずです。

死を強要されている近衛の状況が焦点だったとしか考えられません。

しかも隣室で松本と牛場が聞き耳を立てている異様な状況です。

そんな近衛の人生の最期の隘路《あいろ》をどうしようもできない通隆の迂闊で安易な言葉と近衛の反応を、死から数年後、「あとづけ」で世にしめすことで、通隆自身が叫びをあげているのではないでしょうか。通隆はなにかを世に伝えたくて、真実を訴えたくて、この最後の父との会話をあえてこのように書き記したのではないでしょうか。

もし、そうであれば勇気のいることです。私は、ソ連で祖国を裏切ることなく死を迎えた兄文隆同様、この弟通隆にも「誠実さ」というものを感じることを禁じ得ません。

通隆は続けます。

＊

隣室に引退った時、母と姉はもう眠っていたように思う。私も眠ろうとした。がなかなか眠れなかった。父の一挙手一投足を、暗い闇の中に眼を据えて追い続ける。一寸《ちょっと》した物音でも、耳をすまして聞き逃すまいとしていた。

漸く東の空が白み始めた頃、私は数日来の疲れが出た故か、浅い眠りに落ちた。そして私がウトウトとした瞬間――既にあの決定的な朝は巡っていたのである。

「ミミさん、お起き――」

と、少しせき込んだ母の声が、私の浅い眠りを破った。その瞬間、私は背筋に電撃を喰ったような衝撃を感じた。予期したことが行われただけのことなのだが、その場になると直《す》ぐには床から出て行けなかった。しばし瞑目《めいもく》していると、身体が震えて来た。

私が父の寝室に入った時、父は既に床の上に真直ぐ手足を伸ばしたまま、眠るが如く息を引取っていた。従容《しょうよう》とした静かな往生、取り乱した跡もなく、微塵の苦痛すらも、その表情の上に見出すことはできなかった。

＊

「書斎」に近衛が寝て、松本は牛場と共に「居間」にいました。そうであるとすると、「父の一挙手一投足を、暗い闇の中に眼を据えて追い続ける。一寸した物音でも、耳をすまして聞き逃すまいとしていた」通隆はどこにいたのでしょう。やはり、「居間」にいて、ふすま戸を開けていなければ不可能なことです。しかし、通隆が、松本・牛場と同室であった、あるいは一緒にいたという記録はどこにもありません。これも不可思議なことです。

さらには、通隆は、一生に一度あるかないかの緊張で張りつめた状況で、たった三時間も起きていられなかった、「浅い眠りに落ちた」というのがなんとも解せません。陽明文庫に保管されている別の文書には、「通隆君は隣室を退かれ時々公の寝室に声をかけたりなどしておりました」と記載されているものもあり、混乱が見られます。

さらに先に紹介した勝田龍夫著『重臣たちの昭和史（下）』は次のように伝えています。

＊

十六日未明——近衛の寝室の隣で、「万一の場合をおもんぱかって」聞き耳をたてていた牛場は、「コトコト」とかすかな音を聞いた。近衛が青酸カリを仰いでコップを下に置いた音だったのだろう。同じころ、やはり隣室の千代子夫人は、「ああッ」という声を夢うつつに聞いたような気がしたという。

＊

千代子がいたという「隣室」はどこでしょう？「ああッ」という声が聞こえる場所です。浅い眠りに落ちてウトウトとした通隆、そして松本や牛場もいる「居間」に移って一緒に朝を迎えたのでしょうか？　でも、そのような大事な記述はどこにもありません。通隆に関する状況説明も千代子に関する状況説明もおかしいのです。なぜこんなことになるのでしょうか？

それにもまして夜通し隣室で聞き耳をたてていた牛場と松本が、「コトコト」とかすかな音を聞いたのです。すぐに近衛の「書斎」に飛び込んでいかなかった理由がまったく見あたりません。

一方、先に記しましたが、風見が昭和二十二年二月下旬に荻外荘を訪れて聞いた千代子の証言では、牛場は「聞き耳をたててがんばっていた。だが、ついぞどんな音も耳にはふれなかったという」ことでした。この牛場が聞いたという「書斎」にいる近衛の立てた「コトコト」という音をめぐっても混乱があります。そもそも、青酸カリで「自殺」する人間が、真夜中のしんとした空間で、その程度の音しかたてなかったというのも不思議なことです。

通隆の寄稿文には、近衛の死が発見されたときの状況が書かれていました。矢部貞治著『近衛文麿』では重ねて次のように記しています。

＊

十二月十六日午前六時頃、近衛の寝室にいつになく燈がついているのを見て、千代子夫人が部屋に入って見たら、体の温みはまだ残っていたが、既にこと切れていた。枕頭には「わかもと」など二、三の常用薬と一緒に、小さな茶色の壜が空になって置かれていた。極めて静かに、苦悶のあともなく、恰も眠れる如くであった。

＊

しかし、近衛の「青酸カリ」による「自殺」の後、「書斎」にアーモンド臭がしたという言及はどこにもありません。

それはなぜなのか？ 近衛の死の第一発見者千代子夫人は残留していた近衛の呼気（シアン化水素）をまったく吸わずに済んだのか？ もしかしたら、近衛の「自殺」後、「書斎」の窓を開け放して十分に換気をしたうえで入室したのか？「千代子夫人が部屋に入って見たら、体の温かみはまだ残っていた」とあるので、千代子夫人はやはり近衛の肌には触れたのか？ その際も千代子夫人は中毒にならずに済み、まったく平気であったのか？

腑に落ちないことが多すぎるのです。

＊

最後に、『文藝春秋』昭和二十七年三月号に発表された近衛文麿の異母弟秀麿の「兄・文麿の死の蔭に」と題する寄稿文も見てみます。こうなっています。

明日は巣鴨に出頭を命ぜられているという十二月十五日、しばらくのお別れという意味で、荻窪の兄のところへ親しい人たちが集まった。松本重治君、犬養君も来ていたかも知れない。山本有三氏、それから元秘書官の牛場、細川などが揃って会食をした。「ひとつ法廷に立って、堂々とやってください」などと誰かが言った。肉親でない連中には、兄の気持ちが判らないであろう。僕は、まさか今晩死ぬだろうとハッキリ感じたわけではないが、なんとなく、兄が法廷に立つことはないように感じられてならなかった。しかし、夜半の十二時頃、女の人たちが「明日は朝は早いから支度はどうする」と言ったところが、兄は言下に、「荷物なんか作らんでいい」と答えた。一言、ポツンと言っただけで、また黙りこんだ。それを聴いて慌てて席を立ったのが僕の姉であった。しばらく経て呼ばれたので僕がいって見ると、姉の目が赤い。今まで泣いていたらしい。さすがに肉親には通じるものがあると見えて、姉には兄の覚悟がピンと来たのであろう。

「今晩どうもヘンだから、誰かをつけといたほうがいいんじゃないか」という。

僕は姉の思いつめた感情を柔らげるように、「子供でもそばへ寝かせといたらいい。大丈夫だろう。僕らがわきにいるのも少しおかしいから」と答えたが、実は僕自身も迷っていたのである。兄の決意を邪魔していいものかどうか。邪魔しようと思えば、する方法はいくらでもある。寒い夜ではあったが、ひと晩、起きていて見張れば済む。障子に穴をあけて見ていて、何かやりそうな気配が見えたら、飛び込んでいって押さえればいい。気の弱い兄のことだから、死ぬとすれば、舌を噛み切ったりメスを使ったりするわけがない。やる時は青酸加里に決っている。やがて兄は、

「もう遅い。寝よう」

と言って風呂へ行った。姉と僕はその隙に隈なく検査をして歩いた。風呂場へいって兄の着ていた着物まで振って探したけれども何一つ怪しい物はなかった。恐らく風呂の中へ青酸加里のビンを持っていったのであろう。

しかし、いくら探しても異常がないから、やる気じゃないのかな、とさえ思って安心してしまった。バカな話だが、ほんとうに安心して眠ったのである。

と、一眠りしたらすぐ起こされた。

「大変です。大変です」

「何ッ、やっぱりやったか」

「はい」

「医者を呼んだか」

「呼ぶまでもありません。すっかりこと切れています」

やや書置きらしいものが出て来た。自分のしたことは後世の歴史家が裁いて呉れるであろう、アメリカの法廷にたつことは、自分には耐えられない、というような意味が書いてあった。

＊

秀磨はこの後このような言葉で文章を終えています。

＊

兄は政治などに関係しなければよかったのである。兄に政治をやらせた日本。それほど日本には人がいなかったのだとも言えるが、弟として僕は兄が肉親でもあり、ふびんに思えてならない。やはり、死んだことの方がよかったのだと納得できるようになる迄には、大分の日月を要した。

＊

十五日の昼間、「千代子や家の者が巣鴨に近衛を送るために、蒲団《ふとん》や寝衣《しんい》の仕度《したく》に心をこめていた」のですから、前夜になっての「夜半の十二時頃、女の人たちが『明日は朝は早いから支度はどうする』と言ったところが、兄は言下に、『荷物なんか作らんでいい』と答えた」のやりとりは事実ではないでしょう。荷物の支度などはとっくに終わっていたはずです。これだけでも、この秀麿の文章はかなり創作性があると判断されます。

次に、「ひと晩、起きていて見張れば済む。障子に穴をあけて見ていて、何かやりそうな気配が見えたら、飛び込んでいって押さえればいい」の役は、牛場と松本が代わりに引きうけたはずです。隣室で一晩中聞き耳を立てる重大な役を仰せつかっていた牛場と松本がいっさい登場しません。

「障子に穴をあけて」というのも不思議です。庭に面した窓側には障子がありましたが、この窓側の狭い空間に忍んでいて、何かあったら飛び込んでいって押さえればいいというようなことを言ったのでしょうか？　しかし、ここには身を隠すような場所はどこにもありません。

さらに、こと切れていても、まず急いで医者を呼ぶでしょう（実際は医者を呼んでいました）。それに、ある程度死因が予想されていたなら、事前に医者に緊急措置についての相談をし、待機ぐらいさせていたとしてもおかしくありません。それが常識というものです。

要するにこの文章はかなり出鱈目《でたらめ》です。

問題はなぜ、昭和二十七年三月号に秀麿がこのような文章を発表したのかです。この三カ月前、雑誌『政界往来』昭和二十六年十二月号に通隆が寄稿文を出しています。通隆の寄稿文からは、われわれは重大なメッセージ、通隆の死の真実をめぐる叫びを読みとることができます。この通隆が発しているメッセージを打ち消すことが秀麿の寄稿文のおおきな役割であったのではないでしょうか。

「やや書置きらしいものが出て来た」とも叙述しています。「やや書置きらしいもの」を通隆が父から受けとったこと、すなわち、近衛が「字句も熟していないから、ミミ（通隆）だけで持っていてくれ」と言って、通隆に直接渡したことを打ち消すことにも狙いがあったのではないでしょうか。そうなると「検事に押収された」との自然な整合性がつくれます。シナリオ上のミスをカバーしているのです。秀麿はおそらく誘導されて、この文章を書いたのでしょう。

さきに見た松本の証言も、

＊

松本　通隆君を部屋から外へ出さしといて、あとは自分で書いたんだな、遺言は。そんな気がする。
後藤　そうかあ?
松本　うん。遺言を通隆君に渡したわけじゃないんだもん。
後藤　ああ、そうか。
松本　十二月十六日朝、……二人で跳ね起きて、となりの近衛さんの寝室に行って見ると、近衛さんは苦悶のあとなどなく、静かに大往生を遂げていた。枕元に遺言がのこされていた。

＊

となっていて、この秀麿の寄稿文とであれば整合します。

いずれにしても、近衛は巣鴨拘置所への出頭の期限日である十二月十六日日曜日の未明五時ごろに荻外荘において何らかの薬物によって人生の幕を閉じたのです。午前二時から五時ごろまでのわずか三時間でのできごとです。

「国際検察局（IPS）尋問調書　第11巻」によりますと、医者は七時二十分に現場に到着、近衛の体はまだいくぶん温かかったとのことです。検察は八時に到着。十時半には米軍将校が中村公使にともなわれて来たとのことです。

渋谷の関係者宅に泊まっていた富田のところへは、朝六時半に電話で「殿様は今朝五時にお亡くなりになりました」という知らせがありました。

富田が荻外荘に着くと、玄関にはすでに三、四人の靴が脱がれていました。富田はまっすぐに勝手知ったる近衛の十二畳の寝室（「書斎」）へ飛び込んでいきました。白い羽二重ふとんにおおわれて近衛は仰臥《ぎょうが》していました。顔にのせられた白布をとると、近衛の顔はなお、やや薄赤くさえ見えました。千代子夫人がそこに座っていました。

ヌイと斐子は塚本に連れられて世田谷の長尾邸からかけつけて来ました。ヌイは近衛にかけられていた白布をとると、「あなた！」と声をかけました。

そのうちに、連合国軍総司令部から早々とキーナン検事の代理将校ら三名が検死にやってきました。富田が見たところ、謙虚な態度でしたが、近衛の亡骸《なきがら》を確認しただけで検死はろくにしていません。さかんにフラッシュをたいて写真をとっていました。

彼らは、千代子夫人、通隆、牛場らに種々の質問をし、通隆らの談話、近衛の「遺書」そして「自決」前後の模様について、そのまま公にすることを禁じました。

ＧＨＱは近衛が残した文面の特に最後の一文「戦争に伴う昂奮と激情と、勝てる者の行き過ぎた増長と敗れた者の過度の卑屈と故意の中傷と誤解に本づく流言蜚語《りゅうげんひご》と是等一切の所謂世論なるものもいつかは冷静を取戻し正常に復する時も来よう。其時始めて神の法廷に於て正義の判決が下されよう」について公にしない、新聞掲載などしないよう命令したといいます。この件はさきほど触れました。

なお、軽井沢の別荘にあった本や書類も、かなりのものがＧＨＱに接収され、ゆくえがわからないままのものが多いそうです。国際法関係はもちろんのこと、事の経緯やアリバイを証するものを含め、幾重にもロジックが組まれた裁判対策関係の書類がたくさんあったことでしょう。手紙の類もいっぱいあったはずです。これらは東京裁判で日の目をみることはありませんでした。

なんといっても、「陸軍を踊らせ、近衛を騙した」共産主義者たちの陰謀が近衛によって東京裁判で世界にむけて披露されることがなくなったのです。

近衛の死をめぐる関係者の証言はこれまで見てきたように混乱をきわめています。私たちはこの混乱の中から、歴史というスクリーンに映しだされるひとつのメッセージを引きださなければなりませんし、「混乱」していること自体がすでに強烈なメッセージを発しています。

次のように考えることが自然ではないでしょうか。近衛は自殺をするつもりはなかった。裁判に死力をつくすつもりだった。相当の戦いができると信じていた。自殺など慫慂《しょうよう》されても拒んだ。しかし近衛は死んだ。死因は薬物注射。静かに数分で死ぬ。呼気の危険もない。「青酸カリ」のストーリーは無理がある。

もしこのように考えることが自然であるのならば、恐らく、強力な複数の腕力に押さえつけられての薬物注射でしょう。複数の腕の中にはＧＨＱ（米軍）関係者のものもあったかもしれません。松本と牛場は、隣室にいて、「万一の場合をおもんぱかって、近衛氏の寝がえりの音ひとつもききもらすまいと、夜どおし、まんじりともせず、聞き耳をたててがんばってい」ました。

近衛の死後に検察が押収した近衛の「遺書」とされているもの、通隆は「メモ」と呼んだものを、通隆が近衛から直接受けとったことを松本は否定しています。きっと、通隆がいったん受け取るのではなく、「近衛自身によって枕元に置かれる」ストーリーであったからなのでしょう。そんな気がします。

ちなみに、「遺書」は筆跡鑑定がなされていないようです。近衛本人の筆跡であっても、近衛が「書かされた」可能性も考えなければなりません。用意された無難な文案のとおりに書いた可能性があります。ただし、その場合も、最後の一文の「神」はやはり近衛があえて付けくわえたものではないかと推測します。

当然、近衛の死後、状況説明に関して、家族を含め「書斎」の周囲にいたものたちの間で確

昭和20年12月16日。死後の近衛、キーナン検事の代理将校が検死

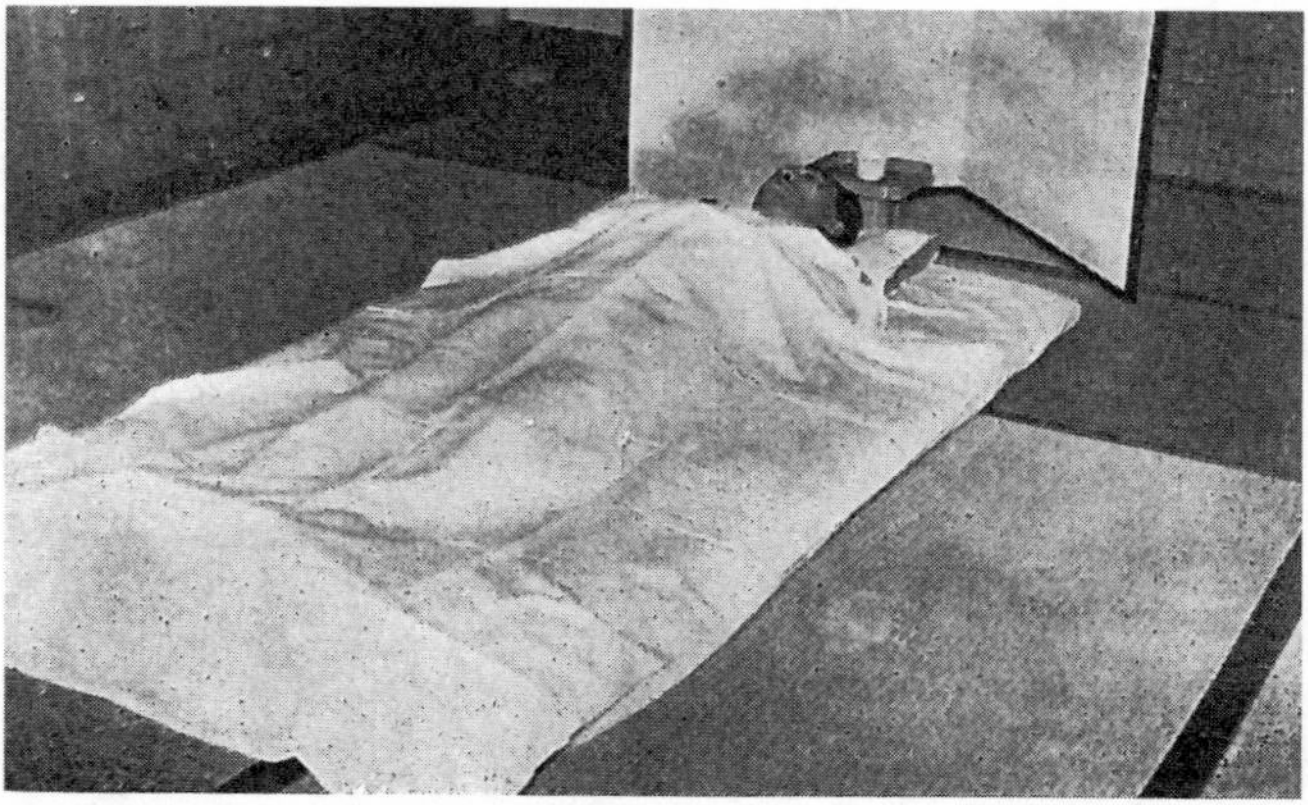

昭和20年12月16日。死後の近衛

認や統一がはかられたことでしょう。

けれども、仮に口裏あわせがあったとしても、「書斎」で起きたことの重大さと異常さゆえに、その後、不自然さと混乱が生じることとなったのです。「通隆氏手記」が一番すっきりとした内容です。それゆえに他の記述には、よけいなものが多く書かれすぎ混乱をきわめている印象をいっそう強く与えます。情報操作もあるのでしょう。

実は、通隆は近衛の死の翌日、細川護貞に、死の直前に巣鴨行きをうながした際の近衛の返答は、「あぁそれあ行くとも」であったと伝えているのです（『情報天皇に達せず　下巻』）。

近衛の死後、近衛の遺体にむけて日米のカメラマンによって実に多くのフラッシュがたかれました。あまりにも多くの「服毒自殺後の近衛文麿」の写真が報道され公開され、今日まで伝わっています。貴種《きしゅ》の死に臨んで、この国にして、この扱いは誠に不自然で異様です。「静かな自殺」の印象づけの作業でしょうか。

満五十四歳での死は日本の首相経験者ではもっとも若い年齢です。死因が「自殺」とされている首相経験者は近衛のみです。

いずれにしても、こうして近衛文麿の我が闘争、〝昭和の藤原の乱〟は終わりを告げたのです。かつて近衛の脳裏《のうり》に映ったあの望月の燦然《さんぜん》とした輝きは、ついに近衛のものとはなりませんでした。

最後に、近衛の死後、言論界の巨人徳富蘇峰《そほう》が終戦後日記に記した文章を紹介します。徳富翁は必ずしもすべての裏事情を読みきるほどの情報はもちあわせてはいなかったはずです。しかしこの文章は徳富翁が憂国のオピニオンリーダーとして、正直な魂と直感にもとづいて書いた胸うつ文章です。

近衛は真っ先にマッカーサーを訪《おとの》うて、自己弁護を為し、それも一度ならず、二度であった。その他他の機関を通して自己弁護を為した事は、数うるに遑《いとま》なかったであろう。しかし様子が甚《はなは》だ面白くなかった為めに、あるいは支那に謝罪使として、赴《おもむ》かん事を運動、あるいは憲法改正の問題を提げて、自らその役を買って出《い》で、あるいは機会あらば、新政党の首領ともなり兼ねまじき所であった。しかし彼の従来の行動は、天知る、地知る、日本人知る、アメリカ人亦《ま》たこれを知る。遂に如何なる運動も策略も、利目《ききめ》がなかった。而《しか》して最後が即ちこの服毒自殺であった。しかしこのまま生存して法廷に出で、余計な弁護をしたならば、更に醜態の極みとなり、国の為にも、自分の為にも、最も不利不幸であったと思う。されば最後において自決した事は、おそくはあったが、尚《な》お賢明であったと、言わねばならぬ。

元来戦争の準備は、九分九厘まで、近衛及び近衛の内閣によって行われた。しかるに九分九厘の所で、彼は踏み留まった。かくて戦争中は、しきりに戦争反対の運動を為し続けた。当初から戦争をせぬ積りならば、その準備を九分九厘まで、するべき理由はない。した以上は、それに向かって全力を尽くすべきである。しかし、一所懸命にその準備をして、いざとなれば逃げ出すばかりでなく、その妨害をしたという事は、我等には到底了解が出来ない行動である。近衛をして弁護せしむれば、定めて何かの申訳はあるであろうが、要するに彼が戦争の原因を作ったる巨魁《きょかい》であり、同時にまた彼が敗戦の動機を作りたる巨魁である事は、彼の行動が、明かにこれを示しているから、二つながらその責を免がるることは出来ない。今ここにかく言うことは、死屍《しし》に鞭《むち》打つが如く、甚だ好ましからぬ事であるが、歴史家としては、かく判断するの外はない。

近衛が如何なる程度まで、ムッソリーニ、ヒットラーに私淑《ししゅく》したるかは知らぬが、彼は確かに国民再組織、一国一政党の考案を持ち、それが種々の経緯で、大政翼賛会は出で来たのである。かかる会は、近衛の力でなければ、何人の力でも、容易に出来得べき事ではない。予は当初から国民再組織なるものに反対で、しばしばその意見を、新聞に掲げた。独逸や伊太利では、その必要もあろうが、日本では決してその必要はない。日本は本来既に、国民的組織は、出来上がっている。この上再組織をするという事は、却って国民を分離に導く事になる。いわゆる屋上屋《おくじようおく》を架《か》するものである。しかし遂にそれが行われた。しかし近衛は、折角《せつかく》自分でその家をこしらえたが、やがてはそこを逃げ出し、これを他人に明け渡した（徳富蘇峰『頑蘇夢物語』）。

日曜日だからということかも知れませんが、『昭和天皇実録』は、近衛が死んだ昭和二十年十二月十六日にはなにも記事を記していません。けれども、近衛が死んだことを知ると、昭和天皇は、「近衛は弱いなあ……」と仰せになったといいます。

近衛の葬儀は死から五日後の二十一日にとり行われました。近衛の墓所は京都市内の大徳寺にある近衛家廟所《びようしよ》です。天皇は葬儀の前日に荻外荘へ勅使を遣わされています。

朝日新聞において十二月二十日から「日米交渉に就いて」が『近衛公手記』として十一回にわたり掲載されました。開戦前の日米交渉に自身が果たした役割が語られています。これを読んだ昭和天皇は、「近衛は自分にだけ都合の良いことを言っているね」とあきれ気味に語りました。

後遺症

近衛のメジャーシナリオ、親米反共路線をしっかり継承し政権を手にいれたのは結局、吉田茂でした。鳩山一郎は意外にも公職追放となってしまいます。したがって、最後に私は吉田茂の戦後の軌跡を詳しく追ってみたいのですが、紙幅の都合があり、またすでに他の書物がこれを扱っているので、そちらに譲ることにします。

近衛のもうひとつあったシナリオ、マイナーシナリオを、近衛の裏切りにあってからも生涯追求しつづけたのが風見章です。この風見の戦後の動きについては今日ではあまり知られていませんので、この本のしめくくりに教訓めいて恐縮ですが書き記したいと思います。

戦前の日本において社会主義思想が蔓延《まんえん》していました。

ソ連や中国共産党の直接的な手先でなくとも、自律的なシンパが学会・マスコミ・官界などに多数存在していました。恐慌など資本主義の蹉跌《さてつ》を背景に、大正・昭和期、きわめて多くの日本人、とくにインテリ・指導者層が社会主義を理想化していました。

風見や尾崎は完全なコミュニストです。近衛も若い頃、社会主義に理想をみて反英米を主張しました。これまで見てきたように、近衛は風見や尾崎など共産主義者たちを政権中枢に入れたのです。彼らが、支那事変から対米英戦でめざしたのは、レーニンの「革命的祖国敗北主義」、つまり「帝国主義戦争を内乱（革命）に転化せよ」というスローガンにもとづいて敗戦革命へのレールを敷《し》くことでした。

風見は、近衛とともにコミンテルンの意向にそった動きを巧妙かつ大胆に行ったのです。世界の共産主義陣営の風見に対する評価は不動のものとなりました。彼は戦後ふたたび果敢に活動しはじめます。

風見は、終戦後いちはやく、東久邇内閣当時、松本重治が主宰する言論雑誌『民報』において天皇制廃止、天皇退位や天皇の役割の非政治化というテーマで松本重治、そして緒方竹虎と鼎談《ていだん》をしています。

風見は昭和二十六年にも今度は雑誌『改造』九月号で、やはり松本や緒方と鼎談をしています。このときは「政治と言論」をテーマに、松本をリード役として柳橋二葉にて行っています。署名入り記事をみますと、松本は風見を「新聞界の大先輩にしてこれからの政界になくてはならない人物」とおおいに持ちあげています。

松本と風見との親密ぶりがうかがわれます。

昭和二十二年二月二十四日、風見にGHQから出頭命令が来ました。そこで息子の精二が終戦連絡中央事務局次長に就任していた白洲次郎に会いに行っています。

翌日の『風見章日記』にこうあります。

「二月二十五日　二時頃あせだく〳〵で精二が帰って来る。その報告によると、ちょうど都合よく白洲氏に面会が出来て、同氏からC・I・S（GHQ参謀第二部民間情報局）の隊長らしいのに電話をかけて事情を聞いたが心配なことではないのが判り、どうせ一時間位で話が片づくだろうから、折よく明日はひるに築地の蜂龍という場所で、故原田熊雄の追悼会を西園寺公一や牛場友彦等も出席してやるので、そこへ出席してくれとの話があったという。この報告で家人も不安を少からず和げられる」

白洲が、風見の件でGHQとのあいだで骨を折ったというのです。あの支那事変と新体制運動をしかけた張本人の風見が戦犯になっていないことは実におかしなことです。白洲やノーマンらの計らいと工作があったからでしょうし、国際共産主義者たちの意向でしょう。白洲が西園寺や牛場と連絡をとりあっていたこともわかります。

風見は上京するとすぐに白洲に車を都合してもらうべく依頼し、その後、第一生命ビルにあるGHQ民間情報局にむかいました。二時間半の会談は、風見が、戦争遂行者たちを「狂人」とみなし、あとは自己弁護を述べただけで「了」とされて、あっさり終わりました。

風見はこの後、岸道三とともに車で荻外荘を訪ねます。風見は近衛の死を聞いても荻外荘に駆けつけず、葬儀にも出席していません。風見はこのときの荻外荘訪問について『近衛内閣』で、次のように書き記しています。

＊

この玄関も、その前の広場も、それをとりまく木立も、どれひとつとして、無量の思い出のたねならざるはない。わたしがひんぱんにここを訪れたころは、ここの主人公の一ぴん一笑が、日本の政局にかならず波瀾をおこさせ、しばしば世界の政局をすら動かしたのである。……。いちばん奥の室にとおされたが、ここは近衛氏生前の居間である。第一次内閣のおり、一九三八年の四月だ。からだの調子をわるくして、近衛氏はこの室で三週間も寝たきりであった。そのときは、ほとんど毎日のように、この室をおとずれたものである。そして、陸相更迭の計画などを、ここで相談したのであった。わたしにとっては思い出深い室である。近衛氏の霊は、応接間につづく、玄関前広場に面した室に、まつられてあった。その霊前にぬかずいてから、ありし日は近衛氏の書斎であり、執務室であり、そして最後の夜をすごしたという室で、岸氏とともに晩餐のもてなしを受けながら、未亡人や文隆（嗣子《しし》）夫人と、よもやまの話に時をすごした。いまは近衛家も、文隆氏がソ連に抑留中というので、この二人のほか、次男の通隆氏と家族同様の老女一人、コック一人きりという小人数である。

なぜ、近衛の死後一年以上も様子を見たうえで、荻外荘の千代子未亡人のもとを訪れたのかの説明はありません。風見は続けます。

＊

近衛氏が寝床にはいるのを世話した夫人は、心にかかるものがあったのだろう。しばし時をおいて、ふたたび寝室の扉をあけ、もう一度、おやすみなさいとあいさつしたおりも、しずかに、いつもの口調で、それにこたえ、これぞといって、かわったところは、ちっともなかったそうだ。

ところが、夜が明けるのを待ちかねていた夫人が、あかつきの色もただよいだしたので、そっと寝室にはいり、まくらもとにしのびよったときは、すでに近衛氏は、この世の人ではなかったのだという。夫人の話によると、そのときは、まだ、ほのかに体温がのこっていたというから、近衛氏が青酸加里をのみくだしたのは夜明け前であったにちがいない。……その夜、となりの室には、牛場友彦氏が万一の場合をおもんばかって、近衛氏の寝がえりの音ひとつも聞きもらすまいと、夜どおし、まんじりともせず、聞き耳をたててがんばっていた。だが、ついぞどんな音も耳にはふれなかったという。さだめて、そっと起きて毒薬をとりだしたにしても、足音ひとつたてまいと、心をもちいたものであろう。まことに、いわゆる死をみること帰するがごとく、おちつきはらって、やすらかに大往生をとげたのであることがわかる。

＊

最後の部分はさきほど引用しましたので繰りかえしになっています。

風見は、近衛の死について千代子未亡人がどう語るのかを確認し、また風見としての後世への伝え方を記したのでしょう。

昭和二十二年四月、初の参議院選挙では全国区から無所属で西園寺公一が立候補しました。風見は、西園寺のゾルゲ事件での対応が立派であったといつも褒めていました。西園寺は風見の地元からの票で当選できたといわれています。

昭和二十六年、風見は白洲次郎の努力で追放解除となりました。その後、彼は占領政策転換後の反共・反ソ政策に抗していきます。そして講和条約締結の対象にソ連および共産党政権下の中国をふくむべきとする「全面講和」論にそって、中国共産党との接触をつよめます。

風見は、帆足計《ほあしけい》や高良《こうら》とみらの現元国会議員が外務省の制止をふりきって日本の公人として戦後初めてソ連入りし、モスクワで開催された国際経済会議へ参加するのを手助けします。帆足は昭和研究会に所属し、近衛の朝飯会の幹事役でもあった元革新商工官僚です。帆足らはモスクワからそのまま北京入りし、アジア太平洋地域平和会議準備会に出席し、第一次日中民間貿易協定を締結します。高良は、香港から日本にむけて「中共は今まで抑留していた日本人を送還し、日本との貿易をはかろうとする意向だ」との放送までしています。

風見は昭和二十七年十月の衆議院選挙で「平和憲法擁護」と「日中・日ソ国交回復」を公約の二本柱として無所属で立候補し、国会への復帰をはたします。昭和二十八年の特別国会では風見らの采配で「日中貿易促進の決議」が満場一致で採択されました。国会議員団の訪中も開始されます。この訪中で風見が推進したのが、日中国交樹立にむけた中国共産党要人との交流と「お詫び」外交です。

彼は支那事変をさんざん煽った人間です。近衛の側近として、近衛とともに戦犯となってもおかしくありません。そんな人物がなぜ中国共産党との交流の日本側窓口のトップとして歓迎されるのか。この点に、支那事変の裏の構造と風見の正体があらわになっています。

彼は昭和二十九年、「憲法擁護国民連合」代表委員に就任。昭和三十年には左派社会党に入り、同年、左右統一時に社会党顧問となりました。さらに「日ソ協会」副会長、「日中国交回復国民会議」理事長に就任し政界の親中派親ソ派をひきいます。三十一年の鳩山首相による日ソ国交回復は、風見が早くから鳩山に働きかけ、かつ日ソ間を取りもったことが背景にあるといわれています。

昭和三十二年、彼はモスクワでフルシチョフ第一書記と、つづいて北京で周恩来首相と、平壌では金日成主席と会見し、くわえてベトナム人民共和国に招待されてホー・チミン主席と会見しています。彼らにとって風見は支那事変拡大の「偉大な」仕掛け人であり、東アジアの共産主義者の鑑《かがみ》であったのです。

昭和三十三年、風見が満を持して左翼同志によびかけたのが、中国に対する日本側の「反省」と「お詫び」の表明です。この表明を中国側はおおいに喜びかつ歓迎しました。そして、さっそく風見らへ「肝胆《かんたん》照《て》らし合う友」としての招待状を送りました。風見を団長とする訪中風見ミッションがすぐさま結成され、一月の国慶節に参列後、人民外交学会との共同声明に調印しました。

共同声明の要旨は、「現在の台湾海峡をめぐる戦争の危機は、アメリカ帝国主義の侵略的挑発行為に基くものである。沖縄をはじめ日本国土にある米軍基地は、中国に対するアメリカの作戦行動に使用されている。したがって米帝国主義は日中両国人民の共通の敵である」です。

風見の中国共産党とのパイプが、戦後のわが国の謝罪外交の基礎をつくり、かつ左翼反米運動の基本的な構図をうちたてたのです。

彼は、昭和三十四年に体調をくずし、翌年、九度目の当選を果たしましたが、昭和三十六年十二月二十日に七十五歳で亡くなりました。日本で共産主義革命が実現することを信じつづけた革命児の最期でした。

二十二日の衆議院本会議では、冒頭に全議員が一分間黙禱《もくとう》し、弔詞《ちようし》を贈ることを決議し、同郷の元防衛庁長官赤城宗徳《あかぎむねのり》が追悼演説を行いました。

風見の危篤の知らせをうけた水海道《みつかいどう》市議会は臨時議会をひらき、名誉市民条例案を満場一致で可決し、第一号に風見を指定しています。叙正三位、叙勲一等授瑞宝章です。

これが残念ながら歴史が見えていない日本の姿です。

本書の第二章、第三章でご覧にいれました風見が企図した日本国民の厖大《ぼうだい》な犠牲については、決して許されることではありません。

現代の日本人にとっては戦前・戦中と戦後とは、まるで断絶しているかのようです。しかし実は中国共産党や日本の左翼にとっては紛れもなくひとつの流れであり、太くしっかりとつながっています。彼らの反日謀略の系譜も脈々と引きつがれています。彼らには歴史がよく見えています。

自虐史観と謝罪外交の元祖たる風見の戦後の「事績」は、そもそも近衛が風見を内閣書記官長に抜擢《ばってき》したことからもたらされた置き土産です。

さらに風見の抜擢は、反日分子がそ知らぬ顔で政権中枢に入り込むということが現代日本で繰り返されているとしたら、そのさきがけ、あるいは原型となっているのです。

その意味で、いまもわたしたちは風見後遺症に悩まされているのです。

これまでみてきたように、昭和史における風見という革命児の存在はきわめて弊害が大きくて抜き差しならないものです。

われわれ日本人はこのような教訓をふまえながら、もういちど真剣にみずからの近現代史を見つめ直さなければなりません。

近現代史を見つめ直し、背筋が寒くなる思いと、われわれ自身の迂闊《うかつ》さへの気づきを共有することが必要なのです。

そのことがわが国の安全保障を強固にするための第一歩でもあります。

おわりに――近衛文麿の大望は歴史から拒絶された

杉並区荻窪。

閑静な住宅街に近衛文麿の旧宅「荻外荘《てきがいそう》」があります。

重要文化財の築地本願寺や平安神宮、そして靖國神社の神門などで知られる伊東忠太《いとうちゅうた》が設計した現存する数少ない邸宅建築のひとつです。伊東忠太は建築界初の文化勲章受章者です。

近衛はこの邸宅を健康相談の相手であった東京大学医学部教授で宮内省侍医頭の入澤達吉から購入しました。当初は二万坪あったといいます。

近衛が購入したときに元老西園寺公望が「荻外荘」と名づけました。

高台にのぞむ建物のすがたや重厚な門構え、縁側下斜面のみごとなつつじ、広い敷地内の樹林……。

「荻外荘」のたたずまいは、かつて五摂家筆頭当主の権勢をみごとに伝えていました。

近衛は昭和十二年の第一次内閣期から二十年十二月の死にいたるまでをここですごし、「荻窪会談」など政治の転換点となる重要な会談をひらいています。

会談が行われた客間は昭和三十五年に豊島区内の宗教団体（天理教）に移築されましたが、近衛が死んだ「書斎」などは現在も当時のすがたをとどめています。近衛は「書斎」で執務とともに寝起きをしていました。内装は洋風から和風に改装しています。

近衛の死後、昭和二十二年七月から一年ほど、第一次吉田内閣と第二次吉田内閣のあいだの野党時代の吉田茂が「荻外荘」にくらしています。近衛が死んだ「書斎」に寝起きしていました。

平成二十八年三月、「荻外荘」は国の史跡に指定されています。

昭和23年。荻外荘に立つ吉田茂

さて、わたしは、四十五年ぶりに車でこの荻外荘にむかいました。

荻外荘の思い出をたどりに。といっても、わたしのそれです。とうに時効だから、お話ししましょう。

あれから、四十五年。地元自治体が荻外荘を近衛家から購入し、二千坪弱の敷地のうち、庭の部分を「荻外荘公園」として一般に開放していました。

荻外荘には、梅や赤松など八百六十本の樹木が生い茂っています。四十五年前の当時、屋敷は大人の背丈よりも高い塀でかこわれていました。いまではこの塀はとり払われ、見通しのよい真新しい柵にかわっています。芝生がとてもきれいです。以前はここにショートホールがありました。一族がゴルフ好きであったことは有名です。このときあったグリーンやバンカーは今はなくなっています。

さらに昔は、南側を流れる善福寺川を超えたむこう岸の雑木林までが庭であって、目の前のひろい芝生のさきに大きな池があったそうです。おおきな池は、戦後地下鉄丸ノ内線の工事からでるダンプカー百八十台分の残土によって埋められたといいます。

芝生のわきにあるベンチの後ろの道路側の柵の近くに、盛り土から、昔の風情を残しつつ、けれども四十五年のあいだにさらに生長して、より高く大きく、あたりを睥睨《へいげい》するかのように楠《くすのき》がそびえています。楠は、樹齢が数百年、まれに千年を超えると言われています。

楠は丁度広い芝生をはさんで、広縁があった母屋のむかいに位置しています。当時は、芝生のまわりはうっそうと木が生い茂り、天井の高い樹林となっていました。楠は、そのなかになかば埋もれるように立っていたのです。懐かしい……。

わたしは子供のころ荻外荘の近くに住んでいました。もちろん近くに住んでいただけで、私の家は比べるべくもない狭い家でしたが。小学校への通学路も城壁のように思えた高さの長い古い土の塀づたいの道でした。

当時子供たちは、いまのように部屋にこもってのゲーム遊びというようなことはなく、十人くらいで徒党を組んで毎日陽が暮れるまで外を飛びまわっていました。

現在の荻外荘公園。かつて楠上に小屋（“秘密基地”）をつくった

わたしのグループはそうとうな腕白《わんぱく》でした。というのも、塀のむこうの荻外荘に目をつけて、ジャンプして飛びついた塀を乗りこえて忍び込み、楠の太い幹と枝の上に、持ち込んだ板や角材を組み合わせてテレビで見たターザンにならったような小屋（〝秘密基地〟）をつくったのです。

床は二畳分くらいあったでしょうか。屋根と壁は不完全です。

そして、この楠上の小屋は樹林のなかに隠れていて、家人には長い間、何年も見つからなかったのです（とずっと思っていました）。少なくとも壊されなかった。

けれども、いま思い返せば、近衛家の方々は、ありがたいことに腕白少年たちの冒険に微笑んでくれていたのかも知れません。

そんないたずらな思い出を語りましたが、わたしは、いま、ふたたび、激動の昭和史の舞台としての荻外荘に忍びこんだことになります。今度は、近衛の息づかいまでを探る冒険です。はたして、今度の小屋のできばえはどうであったでしょうか？


現在、杉並区役所は移築されていた客間部分などをもとに戻したうえで、荻外荘の建物を一般に公開することを計画しています。

往時のごとく復元された荻外荘に、多くの人々が訪れる日がくるのが待ち遠しく楽しみです。けれどもそのとき、人々はどれだけ近衛文麿の人生の軌跡をたどることができるのでしょうか？　どれだけ近衛文麿の実像に迫れるのでしょうか？　そして、そこからどんな教訓を学ぶのでしょうか？

近衛は大望を持っていました。他の人間は彼にとってすべて駒でした。そして国民は近衛の大望のために早くから耐乏生活を強いられたうえに軍人軍属二百三十万人、民間人八十万人という厖大《ぼうだい》な犠牲をはらったのです。

この図式がいままで明らかになってこなかったのは、われわれ日本人が総じて善人であるからです。

結局のところ近衛の大望は実現することを許されませんでした。近衛はミスを犯し、それが致命傷になりました。しかしそれ以上に、近衛は内外の諸勢力から、国民から、天皇から、歴史から拒絶されたのです。

人間の価値は富や名声ではなくて自らに問うて胸をはれるかどうかです。国民にとってリーダーの選択はその真の志こそ第一であって、富や名声、そして幻想に負うものであってはなりません。

そして、近衛文麿のような人間に引きずられた歴史の汚点を割り引けば、日本人はもっと自分の国に誇りを持っていいはずです……。

主要参考文献

・『歴史と私』（伊藤隆　中央公論新社）
・『昭和天皇実録　明治34年〜昭和60年』（ＣＤ　国会議員閲覧用）
・『大元帥昭和天皇』（山田朗　新日本出版社）
・『木戸幸一日記 上・下・東京裁判期』（東京大学出版会）
・『情報天皇に達せず―細川日記　上・下巻』（細川護貞　同光社磯部書房）
・『細川家十七代目』（細川護貞　日本経済新聞社）
・『重臣たちの昭和史　上・下』（勝田龍夫　文藝春秋）
・『大東亜戦争の真実　東條英機宣誓供述書』（ワック）
・『大東亜戦争全史』（服部卓四郎　原書房）
・『杉山メモ 上』（参謀本部編　原書房）
・『大本営陸軍部戦争指導班　機密戦争日誌　上』（軍事史学会編　錦正社）
・『近現代日本人物史料情報辞典』（伊藤隆・季武嘉也編　吉川弘文館）
・『近衛文麿公関係資料目録』（防衛庁防衛研究所戦史部）
・『近衛文麿関係文書目録』（国立国会図書館憲政資料室）
・『近衛文麿関係文書 マイクロフィルム リール』（国立国会図書館憲政資料室）
・『日支両国の識者に望む　遍く東亜の同志に想う』（近衛文麿・岡部長景　東亜同文会）
・『近衛文麿公・手記―最後の御前会議』（時局月報社）
・『「平和への努力」―近衛文麿手記』（日本電報通信社）

・『失はれし政治―近衛文麿公の手記』（朝日新聞社）
・『近衛日記』（共同通信社）
・『大統領への証言』（近衛文麿　毎日ワンズ）
・『国際検察局（IPS）尋問調書　第4巻』（日本図書センター）
・『国際検察局（IPS）尋問調書　第11巻』（日本図書センター）
・『国史跡指定記念特別展「荻外荘」と近衛文麿 展示図録』（杉並区立郷土博物館）
・「兄・文麿の死の陰に」（近衛秀麿　『文藝春秋』昭和二十七年三月特別号　文藝春秋）
・『濁流―雑談　近衛文麿』（山本有三　毎日新聞社）
・『近衛公秘聞』（木舎幾三郎　高野山出版社）
・『内政史研究資料　第66～第70集』（内政史研究会）
・『近衛文麿』（矢部貞治　読売新聞社）
・『近衛文麿』（杉森久英　河出書房新社）
・『語り継ぐ昭和史2』（細川護貞　朝日新聞社）
・『近衛時代　上・下』（松本重治　中央公論社）
・「風にそよぐ近衛」（牛場友彦　『文藝春秋』昭和三十一年八月号　文藝春秋）
・『近衛新体制―大政翼賛会への道』（伊藤隆　中央公論社）
・『敗戦日本の内側―近衛公の思い出』（富田健治　古今書院）
・『近衛内閣史論―戦争開始の真相』（馬場恒吾　高山書院）
・『公爵近衛文麿』（立野信之　大日本雄弁会講談社）
・『近衛文麿―「運命」の政治家』（岡義武　岩波書店）

・『近衛文麿―《天皇と軍部と国民》』（岡田丈夫　春秋社）
・『近衛文麿「黙」して死す』（鳥居民　草思社）
・『われ巣鴨に出頭せず』（工藤美代子　日本経済新聞社）
・『無念なり―近衛文麿の闘い』（大野芳　平凡社）
・『近衛文麿―教養主義的ポピュリストの悲劇』（筒井清忠　岩波書店）
・『近衛文麿』（古川隆久　吉川弘文館）
・『終戦史録』（外務省編纂）
・『外交史料館報　第25号』（外務省外交史料館）
・『近衛上奏文と皇道派―告発　コミンテルンの戦争責任』（山口富永　国民新聞社）
・『終戦と近衛上奏文―アジア・太平洋戦争と共産主義陰謀説』（新谷卓　彩流社）
・「近衛文麿と野坂参三」（『歴史と人物』昭和五十年八月号　伊藤隆　中央公論社）
・『憲兵秘録』（大谷敬二郎　原書房）
・『特高警察秘録』（小林五郎　生活新社）
・『人物日本史　昭和―時代小説大全集6―近衛文麿』（尾崎秀樹　新潮社）
・『徳富蘇峰終戦後日記―「頑蘇夢物語」』（徳富蘇峰　講談社学術文庫）
・『近衛内閣』（風見章　中央公論社）
・『歴史とアイデンティティ　近代日本の心理＝歴史研究』（栗原彬　新曜社）
・『近衛家七つの謎―誰も語らなかった昭和史』（工藤美代子　ＰＨＰ研究所）
・『近衛家の太平洋戦争』（近衛忠大・ＮＨＫ「真珠湾への道」取材班　日本放送出版協会）
・「近衛文麿公の蔭に生きて」（『婦人公論』昭和三十二年四月号　海老名菊　中央公論社）

・「公卿宰相のかげに―近衛公の愛に生きて廿年」(『東京タイムズ』昭和三十二年二月十九日〜五月二日　五十六回　山本ヌイ)
・『プリンス近衛殺人事件』(V・A・アルハンゲリスキー　新潮社)
・『近衛秀麿―日本のオーケストラをつくった男』(大野芳　講談社)
・『転向研究』(鶴見俊輔　筑摩書房)
・『日本外交の座標』(細谷千博　中央公論社)
・『敗戦前後―昭和天皇と五人の指導者』(吉田裕・荒敬他　青木書店)
・『この世をば　上・下』(永井路子　新潮社)
・『藤原氏の正体』(関裕二　新潮社)
・『日本史の影の主役藤原氏の正体―鎌足から続く1400年の歴史』(武光誠　PHP研究所)
・『風見章日記・関係資料』(みすず書房)
・『[回想記]信毎時代一』(ほか　風見章関係文書　大学史資料センター・保守と革新の近現代史データベース　早稲田大学)
・『鬼怒川雑記』(風見章　常陽新聞社)
・『祖国』(風見章　理論社)
・『風見章とその時代』(須田禎一　みすず書房)
・『風見章―評伝・野人政治家の面目』(宇野秀　茨城新聞社)
・『政治家風見章』(利根川一沙　筑波書林)
・『早稲田大学史記要　第37巻・第38巻　父・風見章を語る―風見博太郎氏に聞く』(早稲田大学大学史資料センター)

・『現代史資料(1)　ゾルゲ事件(一)』(みすず書房)
・『現代史資料(2)　ゾルゲ事件(二)』(みすず書房)
・『現代史資料(3)　ゾルゲ事件(三)』(みすず書房)
・『尾崎秀実伝』(風間道太郎　法政大学出版局)
・『ゾルゲ・東京を狙え　上・下』(ゴードン・W・プランゲ　原書房)
・『白洲次郎の嘘―日本の属国化を背負った「売国者ジョン」』(鬼塚英昭　成甲書房)
・『聞書・わが心の自叙伝』(松本重治　講談社)
・『上海時代　上・中・下』(松本重治　中央公論社)
・『昭和史への一証言』(松本重治　毎日新聞社)
・『「高木文庫」IPR関係資料』(東京大学アメリカ太平洋地域研究センター図書室)
・「太平洋問題：第六回太平洋会議報告」(尾崎秀美・牛場友彦・鶴見祐輔ほか　日本国際協会)
・「オーウェン・ラティモアの場合―太平洋問題調査会と共産党」(天羽英二　『世界とわれら』一九五四年十号　日本国際連合協会)
・「太平洋問題調査会の天皇論―E・H・ノーマンらの見解をめぐって」(武田清子　『世界』第三八八号　岩波書店)
・「太平洋問題調査会(IPR)と満州問題―第三回京都会議を中心として」(片桐庸夫　『法学研究』第五十二巻第九号　慶応義塾大学法学研究会)
・「グンター・シュタインについて：太平洋問題調査会とマッカーシズムとの関係」(山岡道男　『アジア文化』第二十九号　アジア文化総合研究所出版会)
・「太平洋問題調査会(IPR)と政治的勢力均衡及び平和的調整問題―第六回ヨセミテ会議を中心として」(片桐庸夫　『社会科学討究』第四十三巻第一号　早稲田大学アジア太平洋研究センター)

・「研究資料シリーズ第一号　太平洋問題調査会関係資料　太平洋会議参加者名簿とデータ・ペーパー一覧」（早稲田大学アジア太平洋研究センター）
・『牛場友彦氏談話記録　第一回―第三回』（木戸日記研究会）
・『岩畔豪雄氏談話速記録』（木戸日記研究会）
・「J・K・エマーソン氏談話速記録」（竹前栄治・天川晃　『東京経大学誌』第九十九号　東京経済大学）
・『東京旋風：これが占領軍だった』（ハリー・エマーソン・ワイルズ　時事通信社）
・『宇垣・孔祥熙工作』（防衛大学校紀要　昭和六十二年九月　五十五号　社会科学分冊　戸部良一　防衛大学校）
・『揚子江は今も流れている』（犬養健　文藝春秋新社）
・『有馬頼寧日記④　昭和十三年～昭和十六年』（山川出版社）
・『鳩山一郎・薫日記　上巻　鳩山一郎編』（鳩山一郎　中央公論新社）
・『日本の曲り角―軍閥の悲劇と最後の御前会議』（池田純久　千城出版）
・『陸軍葬儀委員長―支那事変から東京裁判まで』（池田純久　日本出版協同）
・『赤色革命は迫る―日本敗戦の裏面史』（山崎倫太郎　自由評論社）
・『秘録永田鉄山』（永田鉄山刊行会編　芙蓉書房）
・『永田鉄山―平和維持は軍人の最大責務なり』（森靖夫　ミネルヴァ書房）
・『永田鉄山―昭和陸軍「運命の男」』（早坂隆　文藝春秋）
・『未完のファシズム―「持たざる国」日本の運命』（片山杜秀　新潮社）
・『近代日本史料選書　1-1　真崎甚三郎日記　昭和七・八・九年一月～昭和十年二月』（山川出版社）
・『近代日本史料選書　1-2　真崎甚三郎日記　昭和十年三月～昭和十一年三月』（山川出版社）
・『近代日本史料選書　1-3　真崎甚三郎日記　昭和十一年七月～昭和十三年十二月』（山川出版社）

・『近代日本史料選書　1-5　真崎甚三郎日記　昭和十六年一月～昭和十八年四月』（山川出版社）
・『評伝　真崎甚三郎』（田崎末松　芙蓉書房）
・『隠された真相―暗い日本に光明』（真崎勝次　思想問題研究会）
・『亡国の回想』（真崎勝次　国華社）
・『年報・近代日本研究―昭和初期の軍部』（伊藤隆ほか　山川出版社）
・『東條英機と太平洋戦争』（佐藤賢了　文藝春秋新社）
・『石原莞爾の素顔―東條と対立した悲劇の予言者　新版』（上法快男編　芙蓉書房）
・『板垣征四郎と石原莞爾　東亜の平和を望みつづけて』（福井雄三　ＰＨＰ研究所）
・『秘録　板垣征四郎』（板垣征四郎刊行会編　芙蓉書房）
・『橋本大佐の手記』（中野雅夫　みすず書房）
・『軍務局長　武藤章回想録』（上法快男編　芙蓉書房）
・『最後の参謀総長　梅津美治郎』（上法快男編　芙蓉書房）
・『大東亜戦争の実相』（瀬島龍三　ＰＨＰ研究所）
・『悪魔的作戦参謀辻政信―稀代の風雲児の罪と罰』（生出寿　光人社）
・『日中戦争の真実』（黒田紘一　幻冬舎）
・『毛沢東　日本軍と共謀した男』（遠藤誉　新潮社）
・『日本陸軍と日中戦争への道―軍事統制システムをめぐる攻防』（森靖夫　ミネルヴァ書房）
・『崩壊　朝日新聞』（長谷川熙　ワック）
・『日本の内と外』（伊藤隆　中央公論新社）
・『近代日本研究入門』（中村隆英・伊藤隆編　東大出版会）

・『太平洋戦争への道―開戦外交史4　日中戦争　下』(日本国際政治学会太平洋戦争原因研究部　朝日新聞社)
・『ヴェノナ』(ジョン・アール・ヘインズ　ハーヴェイ・クレア　監訳者：中西輝政　PHP研究所)
・『大東亜戦争とスターリンの謀略―戦争と共産主義』(三田村武夫　自由社)
・『アメリカの社会主義者が日米戦争を仕組んだ』(馬渕睦夫　KKベストセラーズ)
・『アメリカ側から見た東京裁判史観の虚妄』(江崎道朗　祥伝社)
・『昭和研究会―ある知識人集団の軌跡』(酒井三郎　TBSブリタニカ)
・『昭和塾』(室賀定信　日本経済新聞社)
・『十五年戦争と満鉄調査部』(石堂清倫　野間清　野々村一雄　小林庄一　原書房)
・『滞日十年　下巻』(ジョセフ・C・グルー　筑摩書房)
・『現代日本記録全集　20　昭和の動乱』(今井清一編　筑摩書房)
・『日英米戦争の岐路―太平洋の宥和をめぐる政戦略』(塩崎弘明　山川出版社)
・『太平洋戦争開戦過程の研究』(安井淳　芙蓉書房出版)
・『大戦略なき開戦―旧大本営陸軍部一幕僚の回想』(原四郎　原書房)
・『日米開戦の政治過程』(森山優　吉川弘文館)
・『日本外交史　第23巻　日米交渉』(加瀬俊一　鹿島研究所出版会)
・『よみがえる松岡洋右　昭和史に葬られた男の真実』(福井雄三　PHP研究所)
・『謀略―かくして日米は戦争に突入した』(橋本惠　早稲田出版)
・『日米開戦の謎』(鳥居民　草思社)
・『高木惣吉日記』(毎日新聞社)
・『高木惣吉　日記と情報　下』(伊藤隆編　みすず書房)

・『日米開戦　陸軍の勝算―「秋丸機関」の最終報告書』（林千勝　祥伝社）
・『石井秋穂回想録』（石井秋穂）
・『陸軍・秘密情報機関の男』（岩井忠熊　新日本出版社）
・『戦時経済』（近代日本研究会編　山川出版社）
・『戦時日本経済』（東京大学社会科学研究所編　東京大学出版会）
・『開戦期物資動員計画資料　第3巻　昭和16年』（現代史料出版）
・『昭和社会経済資料集成　第十巻　海軍省資料』（大東文化大学東洋研究所）
・『現代史資料43　国家総動員Ⅰ』（みすず書房）
・『激動30年の日本経済　私の経済体験記』（稲葉秀三　実業之日本社）
・『戦時経済体制の構想と展開　日本陸海軍の経済史的分析』（荒川憲一　岩波書店）
・『有沢広巳の昭和史3　回想』（『有沢広巳の昭和史』編纂委員会編）
・『学問と思想と人間と』（有沢広巳　『有沢広巳の昭和史』編纂委員会編）
・『有沢広巳の昭和史2　歴史の中に生きる』（『有沢広巳の昭和史』編纂委員会編）
・『世界恐慌と国際政治の危機』（有沢広巳・阿部勇　改造社）
・『戦争と経済』（有沢広巳　日本評論社）
・『産業動員計画』（有沢広巳　改造社）
・『ワイマール共和国物語　下巻・余話』（有沢広巳　東京大学出版会）
・『ＣＩＡの対日工作　上・下』（春名幹男　共同通信社）
・『戦前・戦時日本の経済思想とナチズム』（柳澤治　岩波書店）
・『戦争と経済』（武村忠雄　慶応出版社）

・『国防国家の綱領』（企画院研究会編　新紀元社）
・『二十一世紀を望んで　続　回想90年』（脇村義太郎　岩波書店）
・『朗風自伝』（秋丸次朗　非売品）
・『資料年報　昭和15年12月1日現在』（陸軍省主計課別班　昭和15年12月）
・『陸軍省主計課別班報告書（秋丸機関報告書）』（有沢広巳　16年3月）
・『経研報告　第1号（中間報告）経済戦争の本義』（陸軍省主計課別班　16年3月）
・『経研報告　第3号　独逸経済抗戦力調査』（陸軍省戦争経済研究班　16年7月）
・『英米合作経済抗戦力調査（其一）』（陸軍省主計課別班　16年7月〈東京大学経済学図書館所蔵資料デジタルアーカイブ〉）
・『経研資料調　第65号　独逸大東亜圏間の相互的経済依存関係の研究：物質交流の視点に於ける』（陸軍省主計課別班　17年3月）
・『秋丸陸軍主計大佐講述要旨　経済戦史』（総力戦研究所　17年7月）
・『占領接収旧陸海軍資料総目録：米議会図書館所蔵』（田中広巳編　東洋書林）
・『戦史叢書　大東亜戦争開戦経緯（5）』（防衛庁防衛研究所戦史室　朝雲新聞社）
・『戦史叢書　大本営陸軍部（3）（4）』（防衛庁防衛研究所戦史室　朝雲新聞社）
・『戦史叢書　大本営海軍部（2）』（防衛庁防衛研究所戦史室　朝雲新聞社）
・『戦史叢書　南西方面　海軍作戦　第二段作戦以降』（防衛庁防衛研究所戦史室　朝雲新聞社）
・『GHQ歴史課陳述録　終戦史資料（下）』（佐藤元英・黒沢文貴編　原書房）
・『大東亜戦争収拾の真相』（松谷誠　芙蓉書房）
・『日本陸軍戦争終結過程の研究』（山本智之　芙蓉書房出版）

・"Strategy and diplomacy, 1870-1945"（Paul Kennedy　Allen & Unwin）
・『日本海軍の歴史』（野村實　吉川弘文館）
・『五人の海軍大臣』（吉田俊雄　文藝春秋）
・『四人の軍令部総長』（吉田俊雄　文藝春秋）
・『真珠湾の真実』（ロバート・B・スティネット　文藝春秋）
・『総点検・真珠湾50周年報道』（杉田誠　森田出版）
・『海よ永遠に―元帥海軍大将永野修身の記録』（永野美紗子編　南の風社）
・『米内光政』（阿川弘之　新潮社）
・『山本五十六と米内光政』（高木惣吉　光人社）
・『山本五十六の恋文』（望月良夫　考古堂書店）
・『山本五十六』（阿川弘之　新潮社）
・『山本五十六の大罪』（中川八洋　弓立社）
・『山本五十六　戦後70年の真実』（ＮＨＫ取材班　ＮＨＫ出版）
・『山本五十六の生涯』（工藤美代子　幻冬舎）
・『異聞　太平洋戦記』（柴田哲孝　講談社）
・『主力艦隊シンガポールへ』（Ｒ・グレンフェル　錦正社）
・『第二次大戦回顧録 13』（Ｗ・チャーチル　毎日新聞社）
・『ドゥーリトル日本初空襲』（吉田一彦　三省堂）
・『日米全調査 ドーリットル空襲秘録』（柴田武彦・原勝洋　アリアドネ企画）
・『澤本頼雄海軍大将業務メモ　叢2』

・『大陸命綴　巻九』(防衛庁防衛研究所資料室)
・『参謀本部第一部長　田中新一中将業務日誌　七分冊の二』(防衛庁防衛研究所資料室)
・『インド独立』(長崎暢子　朝日新聞社)
・『潜艦U-511の運命：秘録・日独伊協同作戦』(野村直邦　読売新聞社)
・『帝国を中心とする世界戦争終末方策(案)』(陸軍参謀本部第一部第十五課　昭和18年3月)
・『太平洋戦争日本の敗因6　外交なき戦争の終末』(NHK取材班編　角川書店)
・『天皇家の密使たち―秘録・占領と皇室』(高橋紘・鈴木邦彦　徳間書店)
・『ハーバート・ノーマン全集　第二巻』(岩波書店)
・『スパイと言われた外交官―ハーバート・ノーマンの生涯』(工藤美代子　筑摩書房)
・『ビッソン日本占領回想記』(トーマス・アーサー・ビッソン　三省堂)
・『ガルブレイス著作集⑨　回想録』(TBSブリタニカ)
・『GHQ焚書図書開封9　アメリカからの「宣戦布告」』(西尾幹二　徳間書店)
・『西尾幹二全集　第十六巻　沈黙する歴史』(西尾幹二　国書刊行会)
・『閉された言語空間―占領軍の検閲と戦後日本』(江藤淳　文藝春秋)
・『中山優選集』(中山優　中山優選集刊行委員会)

1938年(昭和13) 1月	トラウトマンの日中戦争和平案を拒絶。「国民政府を対手とせず」と発表(第1次近衛声明)
11月	「東亜新秩序建設」を発表(第2次近衛声明)
12月	対中国和平における3つの方針(善隣友好、共同防共、経済提携)を示した(第3次近衛声明)
1939年(昭和14) 1月	平沼騏一郎内閣発足
9月	ドイツ軍がポーランド侵攻、英仏が独に宣戦布告し第2次世界大戦勃発
1940年(昭和15) 1月	米内光政内閣発足
3月	日本が汪兆銘を擁立し南京に中華民国政府を樹立
5月	日本軍による重慶爆撃
7月	第2次近衛文麿内閣発足。米国が対日屑鉄輸出を全面禁止、ABCD包囲網による経済封鎖が本格化
9月	日独伊三国同盟に調印
10月	大政翼賛会を結成し総裁就任
11月	西園寺公望死去
1941年(昭和16) 3月	松岡洋右外相、ナチス・ドイツのヒトラーを表敬訪問
4月	松岡外相、スターリンを訪問、日ソ中立条約調印
6月	独ソ戦開戦
7月	第3次近衛文麿内閣発足、松岡外相を放逐。米国が在米日本資産を凍結し英蘭らも追随
8月	米国が対日石油輸出全面禁止
9月	ゾルゲ事件。御前会議で「帝国国策遂行要領」を定め対米開戦決意
10月	東條英機内閣発足
12月	日本海軍の真珠湾攻撃・陸軍のマレー侵攻で大東亜戦争開始
1942年(昭和17)	ミッドウェー海戦で日本海軍大敗
1943年(昭和18) 9月	ムッソリーニ・イタリアが連合国に降伏
11月	東京で大東亜会議を開催
12月	米英中が「カイロ宣言」発表
1944年(昭和19) 6月	マリアナ沖海戦敗北・サイパン島陥落
7月	小磯國昭内閣発足
1945年(昭和20) 2月	米英ソがヤルタ会談(ソ連の対日参戦を秘密合意)
2月	「近衛上奏文」を天皇に上呈
3月	東京大空襲はじめ米軍の空爆開始。沖縄戦が始まる
4月	鈴木貫太郎内閣発足
5月	ドイツが連合国に降伏
8月	米軍が広島・長崎に原子爆弾投下。日本がポツダム宣言に基づく降伏を通告。マッカーサー連合軍最高司令官が着任し連合軍進駐開始
9月	日本代表が降伏文書に調印し第2次世界大戦終結、ソ連は満洲・千島列島侵略を止めず北朝鮮まで制圧
10月	文麿(国務相)がマッカーサーと会談、憲法改定起草に乗り出す。幣原喜重郎内閣発足
11月	文麿、東京湾上に停泊中の米海軍艦アンコンに呼び出され、米国戦略爆撃調査団による尋問を受ける
12月	GHQは日本政府に対し文麿を逮捕するよう命令を発出。文麿、荻外荘で死亡(享年54)
1956年(昭和31)	文隆、イヴァノヴォ収容所(ソ連)で死亡

1891年(明治24)	公爵近衛篤麿の嫡子・文麿が東京市麹町にて出生
1904年(明治37)	篤麿の死により、文麿が近衛家の当主となる
2月	日露戦争開戦
1909年(明治42)	学習院中等科を卒業。第一高等学校(現・東大教養部)英文科へ進む
1912年(大正元)	東京帝国大学哲学科へ入学。のちに京都帝国大学法科大学へ転入
1913年(大正2)	毛利千代子(子爵毛利高範の次女で、母は子爵井伊直安の養女〈井伊直咸の娘〉・賢子)と結婚
1914年(大正3)	第1次世界大戦勃発
1915年(大正4)	長男・文隆誕生
1916年(大正5)	貴族院公爵議員となる
1917年(大正6)	京都帝国大学を卒業
1918年(大正7)	雑誌『日本及日本人』に論文「英米本位の平和主義を排す」を寄稿(第1次世界大戦終結)
1919年(大正8)	パリ講和会議に参加、松岡洋右と昵懇となる(ベルサイユ条約で第1次世界大戦の講和成立。日本全権は西園寺公望・牧野伸顕)
1922年(大正11)	次男・通隆誕生
1923年(大正12)	関東大震災
1925年(大正14)	「太平洋会議」第1回ホノルル会議
1926年(昭和元)	大正天皇が崩御し、昭和天皇が即位
1927年(昭和2)	貴族院内「研究会」を離脱し「火曜会」を結成(「太平洋会議」第2回ホノルル会議)
1928年(昭和3)	張作霖爆殺事件
1929年(昭和4)	「太平洋会議」第3回京都会議
1930年(昭和5)	幣原喜重郎外相と海軍条約派がロンドン海軍軍縮条約調印を断行
1931年(昭和6)	関東軍参謀の石原莞爾・板垣征四郎らが柳条湖事件を起し、満洲事変勃発。文麿は満洲事変を正当とする主張を発表。「太平洋会議」第4回杭州・上海会議
1932年(昭和7)3月	満洲国建国
5月	5・15事件〜海軍将校らが武装蜂起し犬養毅首相死亡。政党内閣が終焉
1933年(昭和8)6月	貴族院議長に就任
8月	「太平洋会議」第5回バンフ会議
1934年(昭和9)	訪米しハウス大佐、トーマス・ラモント、ルーズベルト大統領、フーバー前大統領と会見
1936年(昭和11)2月	2・26事件
3月	広田弘毅内閣発足。文麿、西園寺公望からの組閣要請を拒否
8月	「太平洋会議」第6回ヨセミテ会議
1937年(昭和12)6月	第1次近衛文麿内閣発足
7月	盧溝橋事件で日中戦争が始まる。近衛内閣の増派決定で日中戦争拡大
8月	日本軍が北京・天津・上海を攻略(第2次上海事変)。石原莞爾の停戦案を近衛首相が拒否
9月	第2次国共合作成立
10月	近衛内閣が統制経済推進のため企画院を開設
12月	日本軍が国民政府の首都南京を占領

林千勝（はやし　ちかつ）
近現代史研究家・ノンフィクション作家。東京大学経済学部卒。富士銀行（現みずほ銀行）等を経て、近現代史の探求に取り組む。著書に『日米開戦　陸軍の勝算』（祥伝社）、『日米戦争を策謀したのは誰だ!』『近衛文麿　野望と挫折』（ワック）、『ザ・ロスチャイルド―大英帝国を乗っ取り世界を支配した一族の物語』（経営科学出版）、翻訳に『ロスチャイルドの代理人が書いたアメリカ内戦革命のシナリオ「統治者フィリップ・ドルー」』（ハウス大佐著・高木書房）がある。ネット番組の「これが本当の近現代史」「インサイダー・ヒストリー」では、原爆やプランデミック等の本質的情報も発信中。

近衛文麿《このえふみまろ》 **野望**《やぼう》**と挫折**《ざせつ》

2023年7月23日　初版発行

著　者　林　千勝

発行者　鈴木 隆一

発行所　ワック株式会社
東京都千代田区五番町4-5　五番町コスモビル　〒102-0076
電話　03-5226-7622
http://web-wac.co.jp/

印刷製本　大日本印刷株式会社

ISBN978-4-89831-883-6